D1386449

# HOROSCOPE CHINOIS
# 2012

Infographie : Chantal Landry

Catalogage avant publication de Bibliothèque et
Archives nationales du Québec et Bibliothèque et
Archives Canada

Somerville, Neil
   L'horoscope chinois
   Traduction de : Your Chinese horoscope.

   ISSN 0849-1631
   ISBN 978-2-7619-3164-9

   1. Astrologie chinoise. 2. Horoscopes. I. Titre.

   BF1714.C5S6514    133.5'9251    C91-030512-9

08-11

© 2011, Neil Somerville

Traduction française :
© 2011, Les Éditions de l'Homme,
division du Groupe Sogides inc.,
filiale du Groupe Livre Quebecor Media inc.
(Montréal, Québec)

L'ouvrage original a été publié
par HarperElement,
succursale de HarperCollins*Publishers* Limited,
sous le titre *Your Chinese Horoscope*.

Dépôt légal : 2011
Bibliothèque et Archives nationales du Québec

ISBN 978-2-7619-3164-9

DISTRIBUTEURS EXCLUSIFS :

Pour le Canada et les États-Unis :
**MESSAGERIES ADP***
2315, rue de la Province
Longueuil, Québec J4G 1G4
Téléphone : 450 640-1237
Télécopieur : 450 674-6237
Internet : www.messageries-adp.com
* filiale du Groupe Sogides inc.,
   filiale du Groupe Livre Quebecor Media inc.

Pour la France et les autres pays :
**INTERFORUM editis**
Immeuble Paryseine, 3, Allée de la Seine
94854 Ivry CEDEX
Téléphone : 33 (0) 1 49 59 11 56/91
Télécopieur : 33 (0) 1 49 59 11 33
**Service commandes France Métropolitaine**
Téléphone : 33 (0) 2 38 32 71 00
Télécopieur : 33 (0) 2 38 32 71 28
Internet : www.interforum.fr
**Service commandes Export – DOM-TOM**
Télécopieur : 33 (0) 2 38 32 78 86
Internet : www.interforum.fr
Courriel : cdes-export@interforum.fr

Pour la Suisse :
**INTERFORUM editis SUISSE**
Case postale 69 – CH 1701 Fribourg – Suisse
Téléphone : 41 (0) 26 460 80 60
Télécopieur : 41 (0) 26 460 80 68
Internet : www.interforumsuisse.ch
Courriel : office@interforumsuisse.ch
**Distributeur : OLF S.A.**
ZI. 3, Corminboeuf
Case postale 1061 – CH 1701 Fribourg – Suisse
**Commandes :**
Téléphone : 41 (0) 26 467 53 33
Télécopieur : 41 (0) 26 467 54 66
Internet : www.olf.ch
Courriel : information@olf.ch

Pour la Belgique et le Luxembourg :
**INTERFORUM BENELUX S.A.**
Fond Jean-Pâques, 6
B-1348 Louvain-La-Neuve
Téléphone : 32 (0) 10 42 03 20
Télécopieur : 32 (0) 10 41 20 24
Internet : www.interforum.be
Courriel : info@interforum.be

Gouvernement du Québec – Programme de crédit d'impôt
pour l'édition de livres – Gestion SODEC –
www.sodec.gouv.qc.ca

L'Éditeur bénéficie du soutien de la Société de développement des
entreprises culturelles du Québec pour son programme d'édition.

Le Conseil des Arts du Canada
The Canada Council for the Arts

Nous remercions le Conseil des Arts du Canada de l'aide
accordée à notre programme de publication.

Nous remercions le gouvernement du Canada de son soutien
financier pour nos activités de traduction dans le cadre du
Programme national de traduction pour l'édition du livre.

Nous reconnaissons l'aide financière du gouvernement du
Canada par l'entremise du Fonds du livre du Canada pour
nos activités d'édition.

# Neil Somerville

# HOROSCOPE CHINOIS 2012

L'année du Dragon 龍

*Traduit de l'anglais par Carl Angers*

LES ÉDITIONS DE L'HOMME
Une compagnie de Quebecor Media

Pour Ros, Richard
et Emily

# Un mot de l'auteur

Cette année marque le 25ᵉ anniversaire d'*Horoscope chinois,* ce qui est non seulement une étape personnelle importante pour moi, mais aussi l'occasion d'exprimer ma gratitude envers bien des gens.

J'ai été impressionné par la qualité de bien des éditions en langue étrangère et j'aimerais remercier les maisons d'édition pour le soin qu'elles y mettent et pour avoir contribué à diffuser *Horoscope chinois* le plus largement possible. Les mots reçus des lecteurs au fil des ans m'ont beaucoup touché et je suis particulièrement reconnaissant envers ceux qui achètent le livre chaque année pour leur fabuleux soutien. À tous mes lecteurs, anciens ou nouveaux, je vous souhaite bonne fortune.

J'espère pouvoir écrire *Horoscope chinois* pendant encore de nombreuses années. Les premières 25 années ont été intéressantes… et offrent un avant-goût des possibilités qui nous attendent.

Je vous souhaite mes meilleurs vœux.

# Remerciements

Pour l'écriture d'*Horoscope chinois 2012,* je reconnais l'aide et le soutien inestimable de ceux qui m'entourent.

J'aimerais aussi remercier Theodora Lau pour son livre *The Handbook of Chinese Horoscopes* (Harper & Row, 1979 ; Arrow, 1981), qui m'a été particulièrement utile dans mes recherches.

En plus de l'ouvrage de M^me Lau, je recommande les livres suivants à ceux qui voudraient se renseigner davantage sur les horoscopes chinois : Kristyna Arcarti, *Chinese Horoscopes for Beginners* (Headway, 1995) ; Catherine Aubier, *Chinese Zodiac Signs* (Arrow, 1984), une collection de 12 tomes ; E. A. Crawford et Teresa Kennedy, *Chinese Elemental Astrology* (Piatkus Books, 1992) ; Paula Delsol, *Chinese Horoscopes* (Pan, 1973) ; Barry Fantoni, *Barry Fantoni's Chinese Horoscopes* (Warner, 1994) ; Bridget Giles et le Diagram Group, *Chinese Astrology* (HarperCollins*Publishers,* 1996) ; Kwok Man-Ho, *Complete Chinese Horoscopes* (Sunburst Books, 1995) ; Lori Reid, *The Complete Book of Chinese Horoscopes* (Element Books, 1997) ; Paul Rigby et Harvey Bean, *Chinese Astrologics* (Publications Division, South China Morning Post Ltd, 1981) ; Ruth Q. Sun, *The Asian Animal Zodiac* (Charles E. Tuttle Company inc., 1996) ; Derek Walters, *Ming Shu* (Pagoda Books, 1987) et *The Chinese Astrology Workbook* (The Aquarian Press, 1988) ; Suzanne White, *The New Astrology* (Pan, 1987), *The New Chinese Astrology* (Pan, 1994) et *Chinese Astrology Plain and Simple* (Eden Grove Editions, 1998).

Au moment où nous nous dirigeons vers une année nouvelle, nous avons tous nos espoirs, nos ambitions et nos rêves.

Parfois le destin et les circonstances viendront à notre secours, parfois nous nous démènerons et nous perdrons espoir, mais nous nous devons d'avancer.

Car ceux qui poursuivent la marche et qui entretiennent leurs aspirations ont les meilleures chances d'obtenir ce qu'ils souhaitent.

Avancez avec détermination et vous serez récompensé d'une manière ou d'une autre.

# Introduction

L'origine de l'horoscope chinois se perd dans la nuit des temps. C'est un fait connu que les astrologues orientaux pratiquaient déjà leur art il y a plusieurs milliers d'années. Encore de nos jours, l'astrologie chinoise éveille la curiosité et la fascination.

Le zodiaque chinois compte douze signes, chacun étant symbolisé par un animal différent. Nul ne sait au juste comment cette désignation a eu lieu, mais la légende nous offre un début d'explication.

Pour fêter le Nouvel An chinois, le Bouddha aurait invité tous les animaux du royaume à venir lui rendre hommage. Malheureusement, pour des raisons que les animaux sont les seuls à connaître, douze d'entre eux seulement se présentèrent : d'abord le Rat, puis le Bœuf, ensuite le Tigre, le Lièvre, le Dragon, le Serpent, le Cheval, la Chèvre, le Singe, le Coq, le Chien et, enfin, le Cochon.

Afin de leur manifester sa reconnaissance, le Bouddha assigna une année à chacun de ces animaux et décréta que toute personne née durant cette année hériterait de certains traits de la personnalité de l'animal correspondant. Ainsi, les personnes nées durant l'année du Bœuf seraient dures à la tâche, énergiques et entêtées comme l'est le Bœuf, tandis que celles nées durant l'année du Chien seraient dotées de la loyauté et de la fidélité du Chien. Bien qu'il soit impossible que toutes les caractéristiques d'un signe se retrouvent chez un seul individu, il est tout de même surprenant de voir à quel point les similitudes sont nombreuses. C'est là une des principales raisons pour lesquelles le zodiaque chinois nous fascine encore et toujours.

En plus de ses douze signes, le zodiaque chinois comprend cinq éléments qui renforcent ou modèrent l'influence de chaque signe. Nous expliquons en détail les effets de ces éléments dans les chapitres consacrés à chacun des douze signes.

Pour savoir quel signe animal vous gouverne, consultez les tableaux des pages qui suivent. Puisque l'année chinoise se fonde sur le calendrier lunaire (elle commence toujours vers la fin du mois de janvier ou au début du mois de février), il est de toute première importance que les personnes nées en janvier ou en février vérifient très soigneusement les dates de l'année chinoise de leur naissance.

En appendice, le lecteur trouvera aussi deux tables de compatibilité affective et professionnelle entre les signes, et des détails sur les signes qui gouvernent les différentes heures de la journée. Ces renseignements lui permettront de trouver son ascendant. Comme dans l'astrologie occidentale, l'ascendant a une incidence profonde sur la personnalité.

En écrivant ce livre, j'ai fait un choix inhabituel : combiner la nature curieuse des horoscopes chinois au désir, courant chez les Occidentaux, de savoir ce que leur réserve l'avenir. J'ai ainsi basé mes interprétations sur différents facteurs se rapportant à chaque signe. Depuis la première édition d'*Horoscope chinois,* j'ai pu constater au fil des ans que mes prédictions sont appréciées des lecteurs, et j'espère qu'elles leur ont été utiles et qu'elles se sont révélées productives. N'oubliez cependant jamais que vous êtes en tout temps maître de votre destinée. Je souhaite vivement qu'*Horoscope chinois 2012* sache piquer votre curiosité et vous aider dans votre traversée de l'année qui s'annonce.

# Table des années chinoises

| | | | | | | | | |
|---|---|---|---|---|---|---|---|---|
| Cheval | 25 | janvier | 1906 | au | 12 | février | 1907 |
| Chèvre | 13 | février | 1907 | au | 1er | février | 1908 |
| Singe | 2 | février | 1908 | au | 21 | janvier | 1909 |
| Coq | 22 | janvier | 1909 | au | 9 | février | 1910 |
| Chien | 10 | février | 1910 | au | 29 | janvier | 1911 |
| Cochon | 30 | janvier | 1911 | au | 17 | février | 1912 |
| Rat | 18 | février | 1912 | au | 5 | février | 1913 |
| Bœuf | 6 | février | 1913 | au | 25 | janvier | 1914 |
| Tigre | 26 | janvier | 1914 | au | 13 | février | 1915 |
| Lièvre | 14 | février | 1915 | au | 2 | février | 1916 |
| Dragon | 3 | février | 1916 | au | 22 | janvier | 1917 |
| Serpent | 23 | janvier | 1917 | au | 10 | février | 1918 |
| Cheval | 11 | février | 1918 | au | 31 | janvier | 1919 |
| Chèvre | 1er | février | 1919 | au | 19 | février | 1920 |
| Singe | 20 | février | 1920 | au | 7 | février | 1921 |
| Coq | 8 | février | 1921 | au | 27 | janvier | 1922 |
| Chien | 28 | janvier | 1922 | au | 15 | février | 1923 |
| Cochon | 16 | février | 1923 | au | 4 | février | 1924 |
| Rat | 5 | février | 1924 | au | 23 | janvier | 1925 |
| Bœuf | 24 | janvier | 1925 | au | 12 | février | 1926 |
| Tigre | 13 | février | 1926 | au | 1er | février | 1927 |
| Lièvre | 2 | février | 1927 | au | 22 | janvier | 1928 |
| Dragon | 23 | janvier | 1928 | au | 9 | février | 1929 |
| Serpent | 10 | février | 1929 | au | 29 | janvier | 1930 |
| Cheval | 30 | janvier | 1930 | au | 16 | février | 1931 |
| Chèvre | 17 | février | 1931 | au | 5 | février | 1932 |
| Singe | 6 | février | 1932 | au | 25 | janvier | 1933 |
| Coq | 26 | janvier | 1933 | au | 13 | février | 1934 |
| Chien | 14 | février | 1934 | au | 3 | février | 1935 |
| Cochon | 4 | février | 1935 | au | 23 | janvier | 1936 |
| Rat | 24 | janvier | 1936 | au | 10 | février | 1937 |
| Bœuf | 11 | février | 1937 | au | 30 | janvier | 1938 |
| Tigre | 31 | janvier | 1938 | au | 18 | février | 1939 |

| | | | | | | |
|---|---|---|---|---|---|---|
| Lièvre | 19 | février | 1939 | au | 7 | février | 1940 |
| Dragon | 8 | février | 1940 | au | 26 | janvier | 1941 |
| Serpent | 27 | janvier | 1941 | au | 14 | février | 1942 |
| Cheval | 15 | février | 1942 | au | 4 | février | 1943 |
| Chèvre | 5 | février | 1943 | au | 24 | janvier | 1944 |
| Singe | 25 | janvier | 1944 | au | 12 | février | 1945 |
| Coq | 13 | février | 1945 | au | 1er | février | 1946 |
| Chien | 2 | février | 1946 | au | 21 | janvier | 1947 |
| Cochon | 22 | janvier | 1947 | au | 9 | février | 1948 |
| Rat | 10 | février | 1948 | au | 28 | janvier | 1949 |
| Bœuf | 29 | janvier | 1949 | au | 16 | février | 1950 |
| Tigre | 17 | février | 1950 | au | 5 | février | 1951 |
| Lièvre | 6 | février | 1951 | au | 26 | janvier | 1952 |
| Dragon | 27 | janvier | 1952 | au | 13 | février | 1953 |
| Serpent | 14 | février | 1953 | au | 2 | février | 1954 |
| Cheval | 3 | février | 1954 | au | 23 | janvier | 1955 |
| Chèvre | 24 | janvier | 1955 | au | 11 | février | 1956 |
| Singe | 12 | février | 1956 | au | 30 | janvier | 1957 |
| Coq | 31 | janvier | 1957 | au | 17 | février | 1958 |
| Chien | 18 | février | 1958 | au | 7 | février | 1959 |
| Cochon | 8 | février | 1959 | au | 27 | janvier | 1960 |
| Rat | 28 | janvier | 1960 | au | 14 | février | 1961 |
| Bœuf | 15 | février | 1961 | au | 4 | février | 1962 |
| Tigre | 5 | février | 1962 | au | 24 | janvier | 1963 |
| Lièvre | 25 | janvier | 1963 | au | 12 | février | 1964 |
| Dragon | 13 | février | 1964 | au | 1er | février | 1965 |
| Serpent | 2 | février | 1965 | au | 20 | janvier | 1966 |
| Cheval | 21 | janvier | 1966 | au | 8 | février | 1967 |
| Chèvre | 9 | février | 1967 | au | 29 | janvier | 1968 |
| Singe | 30 | janvier | 1968 | au | 16 | février | 1969 |
| Coq | 17 | février | 1969 | au | 5 | février | 1970 |
| Chien | 6 | février | 1970 | au | 26 | janvier | 1971 |
| Cochon | 27 | janvier | 1971 | au | 14 | février | 1972 |
| Rat | 15 | février | 1972 | au | 2 | février | 1973 |
| Bœuf | 3 | février | 1973 | au | 22 | janvier | 1974 |
| Tigre | 23 | janvier | 1974 | au | 10 | février | 1975 |
| Lièvre | 11 | février | 1975 | au | 30 | janvier | 1976 |

# Table des années chinoises

| | | | | | | | |
|---|---|---|---|---|---|---|---|
| Dragon | 31 | janvier | 1976 | au | 17 | février | 1977 |
| Serpent | 18 | février | 1977 | au | 6 | février | 1978 |
| Cheval | 7 | février | 1978 | au | 27 | janvier | 1979 |
| Chèvre | 28 | janvier | 1979 | au | 15 | février | 1980 |
| Singe | 16 | février | 1980 | au | 4 | février | 1981 |
| Coq | 5 | février | 1981 | au | 24 | janvier | 1982 |
| Chien | 25 | janvier | 1982 | au | 12 | février | 1983 |
| Cochon | 13 | février | 1983 | au | 1er | février | 1984 |
| Rat | 2 | février | 1984 | au | 19 | février | 1985 |
| Bœuf | 20 | février | 1985 | au | 8 | février | 1986 |
| Tigre | 9 | février | 1986 | au | 28 | janvier | 1987 |
| Lièvre | 29 | janvier | 1987 | au | 16 | février | 1988 |
| Dragon | 17 | février | 1988 | au | 5 | février | 1989 |
| Serpent | 6 | février | 1989 | au | 26 | janvier | 1990 |
| Cheval | 27 | janvier | 1990 | au | 14 | février | 1991 |
| Chèvre | 15 | février | 1991 | au | 3 | février | 1992 |
| Singe | 4 | février | 1992 | au | 22 | janvier | 1993 |
| Coq | 23 | janvier | 1993 | au | 9 | février | 1994 |
| Chien | 10 | février | 1994 | au | 30 | janvier | 1995 |
| Cochon | 31 | janvier | 1995 | au | 18 | février | 1996 |
| Rat | 19 | février | 1996 | au | 6 | février | 1997 |
| Bœuf | 7 | février | 1997 | au | 27 | janvier | 1998 |
| Tigre | 28 | janvier | 1998 | au | 15 | février | 1999 |
| Lièvre | 16 | février | 1999 | au | 4 | février | 2000 |
| Dragon | 5 | février | 2000 | au | 23 | janvier | 2001 |
| Serpent | 24 | janvier | 2001 | au | 11 | février | 2002 |
| Cheval | 12 | février | 2002 | au | 31 | janvier | 2003 |
| Chèvre | 1er | février | 2003 | au | 21 | janvier | 2004 |
| Singe | 22 | janvier | 2004 | au | 8 | février | 2005 |
| Coq | 9 | février | 2005 | au | 28 | janvier | 2006 |
| Chien | 29 | janvier | 2006 | au | 17 | février | 2007 |
| Cochon | 18 | février | 2007 | au | 6 | février | 2008 |
| Rat | 7 | février | 2008 | au | 25 | janvier | 2009 |
| Bœuf | 26 | janvier | 2009 | au | 13 | février | 2010 |
| Tigre | 14 | février | 2010 | au | 2 | février | 2011 |
| Lièvre | 3 | février | 2011 | au | 22 | janvier | 2012 |
| Dragon | 23 | janvier | 2012 | au | 9 | février | 2013 |

**Note :** Les appellations des signes du zodiaque chinois peuvent varier d'un livre à l'autre, sans pourtant modifier, de quelque façon que ce soit, les caractéristiques de ces signes. Ainsi, dans certains livres, le Bœuf porte les noms de Buffle ou de Taureau ; le Lièvre, ceux de Lapin ou de Chat ; la Chèvre, celui de Mouton ; et le Cochon, celui de Sanglier.

Ce livre s'adresse à tous, hommes et femmes, mais dans le but d'en simplifier la lecture, seul le masculin a été utilisé.

# C'est l'année du Dragon

Vif, excitant et coloré, le Dragon ouvre la marche de plus d'un carnaval. Il se faufile entre les applaudissements et les réjouissances pour charmer les foules. Il est audacieux et flamboyant et en 2012, peu échapperont complètement à son influence. Cela n'est pas une année ordinaire ni une époque banale.

Les années du Dragon sont mouvementées et propices aux initiatives importantes. Comme l'affirme le proverbe chinois : « Mieux vaut agir que s'abstenir ».

Cette année, étant donné certaines difficultés économiques éprouvées ces dernières années, bien des gouvernements et organisations vont concentrer leurs efforts sur la stimulation de la croissance et favoriser les industries et les investissements. Des incitatifs importants vont être mis de l'avant pour remédier à la situation ; dans de nombreux pays, des projets seront mis sur pied pour créer des emplois et on offrira un financement supplémentaire aux fins de l'éducation et de la formation. Les années du Dragon favorisent la marche du progrès, mais il faut savoir saisir les occasions qui se présentent. Pendant cette année riche en événements, il n'y a pas de temps à perdre.

Des élections auront lieu dans plusieurs pays cette année, et l'économie prendra une importance particulière dans plus d'une campagne. Pendant les élections américaines en particulier, on passera une bonne partie de l'année à trouver une façon d'aller de l'avant. Controverses, surprises et drames seront à l'ordre du jour. Cette élection, tout comme les autres qui se tiendront en 2012, sera un vecteur de changements et de nouvelles initiatives ambitieuses.

Un autre facteur important sera la question de l'identité nationale : bien des gens s'interrogeront sur le rôle joué par leur pays dans le monde. Dans certains pays, on pourrait assister à des campagnes nationales pour exprimer certains points de vue, durant lesquelles les minorités et les partis plus petits pourraient s'activer et exercer une influence. C'est ce qui s'est produit avec le mouvement polonais Solidarité pendant l'année du Dragon de 1988, où les grèves ont provoqué des changements monumentaux en Europe de l'Est. Les voix dissidentes auront également leur importance pendant cette année du Dragon.

En plus des incitatifs et des projets d'investissement lancés pendant l'année, d'autres développements importants auront lieu dans nombre de domaines. Dans le domaine de la construction et des infrastructures, certains projets de grande envergure vont démarrer qui amèneront des améliorations considérables dans certaines régions, alors qu'en science et en médecine, des avancées prometteuses seront réalisées. D'ailleurs, la pénicilline n'est qu'une des découvertes majeures survenues lors d'une précédente année du Dragon.

En 2012, le système solaire va sans doute nous livrer d'autres secrets. Pendant la dernière année du Dragon, deux nouvelles planètes ont été identifiées et cette année encore, d'autres découvertes majeures vont être faites. Pour les astronomes, cette année pourrait s'avérer d'une importance particulière.

Il y aura également des développements significatifs dans le domaine des transports, surtout dans la création de liaisons à haute vitesse et dans la fabrication de véhicules écologiquement durables. La technologie durable fera grande impression pendant l'année, et l'Exposition 2012 en Corée du Sud sera l'occasion de mettre en vedette de nouvelles conceptions réellement novatrices.

Une caractéristique des années du Dragon est de favoriser l'expression sous toutes ses formes. Dans le monde de la mode, de nouveaux styles vont sans doute captiver l'imaginaire, pendant que les musiciens vont expérimenter et promouvoir de nouvelles sonorités et mettre sur pied de nouveaux groupes qui s'attireront un public international. Fait intéressant, c'était lors d'une année du Dragon que les Beatles sont devenus un phénomène planétaire, ce groupe étant le premier à réaliser une prévente d'un million d'exemplaires avant la mise en marché d'un disque.

L'industrie du cinéma aura également droit à des réussites notoires ; non seulement à de spectaculaires succès au box-office, mais aussi à des avancées en matière de technique cinématographique.

Internet continuera d'avoir un impact considérable, donnant lieu à des nouveaux sites populaires et à des avancées dans le divertissement au foyer.

Comme c'est la coutume en cours d'année du Dragon, certaines idées vont s'enraciner et prendre une ampleur considérable. Ce fut le cas avec Wikipédia, lancé pendant la plus récente année du Dragon, qui est devenu un vaste répertoire de ressources.

Il y aura incontestablement une ambiance particulière qui régnera pendant l'année, et bien des gens la trouveront inspirante et emballante. Cela sera particulièrement vrai dans le cas des Olympiques d'été à Londres. Des gens de partout dans le monde suivront les destinées d'athlètes de haut niveau et auront droit à des exploits spectaculaires. L'excitation créée contribuera à la diffusion d'un sentiment de bien-être qui nous permettra d'échapper, du moins pendant un certain temps, aux considérations plus terre à terre.

La famille royale britannique ne cesse jamais de faire les manchettes et 2012 promet d'être une année pleine de rebondissements. En 1952, il y a de cela 60 ans, la jeune princesse Élisabeth accédait au trône. Cette année du Dragon sera prétexte à une grande pompe et à des célébrations, avec quelques surprises.

Les années du Dragon dégagent énormément d'énergie positive mais, malheureusement, peuvent également entraîner des désastres. Cette année sera de nouveau marquée par des catastrophes naturelles, possiblement assez tôt dans l'année. Non seulement pourrait-il y avoir des tremblements de terre dans diverses parties du monde et l'éruption de volcans, mais les aléas du climat pourraient causer des ravages dans certaines régions. Cependant, lorsqu'une tragédie s'abat, de nombreux pays se rallient et apportent leur soutien. De grands gestes seront faits, comme pour la Course contre le temps, une œuvre caritative qui réunit des fonds pour combattre les maladies infantiles, qui a eu lieu dans une précédente année du Dragon et qui a mobilisé 50 millions de personnes autour du monde.

En tant que maître du carnaval, le Dragon dynamise l'événement, et nombreux sont ceux qui trouveront que c'est une année pour passer à l'action. Les Chinois considèrent l'année du Dragon comme un signe de bonne fortune qui favorise le mariage et la fondation d'une famille ou d'un commerce. Peu importe quels sont vos plans, c'est un temps pour aller de l'avant.

Certains signes se porteront certes mieux que d'autres, mais l'année du Dragon créera des occasions pour tous. Assurez-vous de profiter le plus possible de ces douze mois car vos gestes vont, d'une façon ou d'une autre, faire la différence.

Je vous souhaite tous les succès et une bonne fortune.

# Le Rat

| | |
|---|---|
| 18 FÉVRIER 1912 – 5 FÉVRIER 1913 | Rat d'Eau |
| 5 FÉVRIER 1924 – 23 JANVIER 1925 | Rat de Bois |
| 24 JANVIER 1936 – 10 FÉVRIER 1937 | Rat de Feu |
| 10 FÉVRIER 1948 – 28 JANVIER 1949 | Rat de Terre |
| 28 JANVIER 1960 – 14 FÉVRIER 1961 | Rat de Métal |
| 15 FÉVRIER 1972 – 2 FÉVRIER 1973 | Rat d'Eau |
| 2 FÉVRIER 1984 – 19 FÉVRIER 1985 | Rat de Bois |
| 19 FÉVRIER 1996 – 6 FÉVRIER 1997 | Rat de Feu |
| 7 FÉVRIER 2008 – 25 JANVIER 2009 | Rat de Terre |

# La personnalité du Rat

Voir, et percevoir
ce que d'autres ne voient pas.
Voilà la vision véritable.

Le Rat est né sous le signe du charme. Il est intelligent, populaire et adore les sorties mondaines et les grandes manifestations sociales. Il se lie d'amitié avec une facilité remarquable et, en général, les gens se sentent bien en sa compagnie. C'est un être très sociable qui s'intéresse réellement au bien-être et aux activités d'autrui. Il a une bonne compréhension de la nature humaine, et ses conseils et opinions sont souvent recherchés.

Le Rat est un travailleur acharné et assidu. Il est également très imaginatif et n'est jamais à court d'idées. Il manque parfois de confiance en lui, toutefois, pour promouvoir ses idées, ce qui peut l'empêcher d'obtenir la reconnaissance qui lui revient.

Le Rat est un fin observateur et de nombreux Rats sont devenus d'excellents écrivains et journalistes. Le Rat se démarque également en gestion du personnel et des relations publiques et dans tout autre emploi qui l'amène à être en contact avec les gens et les médias. Ses habiletés sont particulièrement appréciées en temps de crise, car il a un sentiment fortement développé de conservation de soi. Lorsqu'il s'agit de se dépêtrer d'une situation difficile, il est certainement celui qui trouvera la solution.

Le Rat aime se tenir près de l'action mais s'il se retrouve dans un milieu très bureaucratique ou restrictif, il peut devenir pointilleux sur la discipline et la routine. Il est également un brin opportuniste et cherche sans cesse des façons d'améliorer sa situation financière et son style de vie. Il laisse rarement passer une occasion et peut s'impliquer dans une telle quantité d'entreprises et de combines, qu'il gaspille parfois ses énergies et accomplit finalement peu de choses. Il est également plutôt crédule et peut se faire avoir par des moins scrupuleux que lui. Une autre caractéristique du Rat a trait à son rapport à l'argent. Il est très économe et peut paraître un peu pingre pour certains. La raison en est tout simplement qu'il préfère garder son argent pour sa famille. Il peut faire preuve d'une grande générosité envers son conjoint ou sa conjointe, ses enfants, ses amis proches et ses parents. Il peut également se montrer généreux envers lui-même, le fait de se priver d'un luxe ou d'un objet qu'il affectionne lui étant souvent impossible. Très âpre à posséder, c'est un garde-tout notoire. Aussi abhorre-t-il le gaspillage. Il n'est que rarement disposé à jeter quelque chose. Il peut se montrer plutôt avide et refusera rarement une invitation à manger ou un billet de faveur pour une réception somptueuse.

Le Rat est un brillant causeur tout en se montrant parfois un peu indiscret. Il peut être très critique envers autrui – c'est un critique redoutable qui s'exprime de façon honnête et objective – et il utilisera parfois des informations confidentielles à son propre avantage. Cependant, sa nature vive et irrésistible fait en sorte que la plupart des gens sont prêts à lui pardonner ses légères indiscrétions.

Tout au long de sa vie longue et bien remplie, le Rat se fera beaucoup d'amis et s'acoquinera particulièrement bien avec ceux qui sont nés sous son signe, ainsi qu'avec le Bœuf, le Dragon et le Singe. Il s'entend également bien avec les signes du Tigre, du Serpent, du Coq, du Chien et du Cochon, mais le Lièvre et la Chèvre, plutôt sensibles, le trouveront trop critique et direct à leur goût. Le Cheval et le Rat auront peu d'atomes crochus : le Rat cherche ardemment la sécurité et trouvera les humeurs changeantes et la nature plutôt indépendante du Cheval un peu déconcertantes.

Le Rat est très proche de sa famille et est capable de tout pour plaire à ses intimes. Il est particulièrement loyal envers ses parents et peut lui-même être un parent très attentionné et affectueux. Il s'intéressera à toutes les activités de ses enfants et verra à ce qu'ils ne manquent de rien. Il a habituellement une grande famille.

La Ratte est de nature gentille et extravertie et s'implique dans une multitude d'activités diverses. Elle a un grand cercle d'amis, aime recevoir et se montre très attentionnée envers ses invités. Elle est également consciencieuse dans sa façon de tenir maison et a du goût pour le choix du mobilier. Elle est d'un grand secours envers les membres de sa famille et peut réussir dans pratiquement toute carrière qu'elle entreprend, en raison de sa nature aimable, persévérante et débrouillarde.

Même si le Rat est essentiellement une personne ouverte, il est également un individu très privé. Il a tendance à garder ses sentiments pour lui et même s'il ne répugne pas à savoir ce que les autres font, il n'admet pas qu'on s'immisce de trop près dans ses propres affaires. De plus, il n'aime pas la solitude et peut facilement sombrer dans la déprime s'il est seul pendant un certain temps.

Le Rat est incontestablement très doué mais est parfois peu apte à miser sur ses nombreuses habiletés. Il a tendance à s'impliquer dans trop de combines et à saisir trop d'occasions à la fois. S'il réussit à ralentir et à se concentrer sur une chose à la fois, il peut obtenir beaucoup de succès. Sinon, le succès et la richesse se feront attendre. Mais grâce à son charme irrésistible, il sera rarement, voire jamais, sans amis.

# Les cinq types de Rats

Aux douze signes de l'astrologie chinoise sont associés cinq éléments dont l'influence vient tempérer ou renforcer le signe. Sont décrits ci-après leurs effets sur le Rat, de même que les années au cours desquelles ces éléments exercent leur influence. Ainsi, les Rats nés en 1960 sont des Rats de Métal; ceux qui sont nés en 1912 et en 1972 sont des Rats d'Eau, etc.

## Le Rat de Métal (1960)

Le Rat de Métal fait preuve d'un goût très sûr et il apprécie le raffinement, comme en témoigne son intérieur. Il adore recevoir, ce qu'il fait souvent, et fréquenter les cercles mondains. Grâce à un sens des affaires aiguisé, il sait faire fructifier son argent. Chez le Rat de Métal, les apparences sont parfois trompeuses : alors qu'il semble plein d'entrain et d'assurance, intérieurement, il est préoccupé par des soucis qu'il se crée lui-même, bien souvent. Tant à l'égard des amis que de la famille, il manifeste une loyauté exceptionnelle.

## Le Rat d'Eau (1912, 1972)

Le Rat d'Eau est intelligent et très perspicace. C'est un être réfléchi, qui sait exprimer ce qu'il pense de manière claire et convaincante. Toujours avide d'apprendre, il est doué dans plusieurs domaines. Le Rat d'Eau jouit habituellement d'une grande popularité, mais la peur d'être seul pourrait faire qu'il se retrouve en mauvaise compagnie. Il manie la plume avec bonheur, c'est une de ses forces. Toutefois, comme il est facilement distrait, il doit apprendre à concentrer ses efforts sur une tâche à la fois.

## Le Rat de Bois (1924, 1984)

Le Rat de Bois a une personnalité engageante, aussi collègues et amis recherchent-ils sa présence. Il a l'esprit vif et aime se rendre utile à son entourage. Il ressent de l'insécurité face à l'avenir, mais c'est bien sans raison, vu son intelligence et ses aptitudes. Il a un excellent sens de l'humour et raffole des voyages. Étant donné sa nature hautement imaginative, il peut être écrivain ou artiste.

## Le Rat de Feu (1936, 1996)

Le Rat de Feu est rarement inactif ; on dirait qu'il possède d'inépuisables réserves d'énergie et d'enthousiasme, que ce soit pour découvrir des contrées inconnues, pour explorer des idées nouvelles ou pour faire campagne pour une cause qui lui tient à cœur. C'est un esprit original qui déteste les contraintes et les ordres. Il sait exprimer ses vues sans détour, mais, quelquefois, emporté par le feu du moment, il risque de s'engager dans des entreprises en négligeant d'en mesurer toutes les implications. Toutefois, il ne se laisse jamais abattre et, bien épaulé, il ira loin dans la vie.

## Le Rat de Terre (1948, 2008)

Le Rat de Terre possède finesse et sang-froid. Il est rare de le voir prendre inutilement des risques et, bien qu'il ait toujours en tête d'améliorer sa situation financière, il sait être patient et ne laisse rien au hasard. Le Rat de Terre a probablement l'esprit moins aventureux que les autres types de Rats; le familier lui plaît davantage que l'inconnu et il répugne à se lancer tête baissée dans ce qu'il ne connaît pas à fond. Il est doué, consciencieux et bienveillant à l'égard de ses proches. Il se soucie parfois trop de l'image qu'il veut projeter.

# Perspectives pour le Rat en 2012

Le Rat a une nature vive et aime arriver à ses fins rapidement. Cependant, l'année du Lièvre (du 3 février 2011 au 22 janvier 2012) est souvent lente et le Rat aura vécu des frustrations à plus d'une reprise. La patience n'est pas un de ses points forts. Il peut toutefois s'encourager à l'idée que son sort va s'améliorer : en effet, les derniers mois de l'année du Lièvre lui offriront davantage de possibilités.

Une des forces du Rat est sa capacité à entrer en relation avec autrui et pendant les derniers mois du Lièvre, il devrait s'efforcer de maximiser les occasions de rencontrer des gens. S'il est à la recherche d'un emploi ou souhaite faire avancer sa carrière, il constatera qu'en parlant à ceux qui sont susceptibles de lui venir en aide, il peut profiter de conseils et d'une assistance importante. Les mois de septembre et de novembre pourraient s'avérer riches en développements importants.

Le Rat appréciera également le soutien de sa famille et de ses amis dans les derniers mois de l'année du Lièvre et multipliera les activités sociales pendant cette période. Il est important pour lui d'entrer en relation avec les autres, de discuter de ses projets et de se montrer flexible dans les modalités quand l'horaire est chargé. On pourrait lui réserver des surprises, y compris des occasions de voyager ou de rencontrer des gens qu'il n'a pas vus depuis longtemps. De plus, un de ses intimes pourrait lui annoncer une nouvelle intéressante.

Les années du Lièvre peuvent être coûteuses, cependant, et avec les multiples événements qui pourraient survenir dans les derniers mois, le Rat aura besoin d'être discipliné dans ses dépenses et, si possible, de faire des provisions pour les dépenses de fin d'année.

Globalement, même si le Rat a peut-être vécu quelques frustrations pendant une partie de l'année du Lièvre, il aura acquis de l'expérience et vécu de bons moments avec les gens ; il pourrait même voir sa famille s'élargir, dans certains cas. À l'approche de 2012, bien des Rats sentiront que le vent tourne et que l'avenir leur réserve de meilleures perspectives.

L'année du Dragon commence le 23 janvier et est très favorable au Rat. Il pourra tirer profit de ses forces et obtenir d'excellents résultats. Pour un Rat qui est démoralisé en commençant l'année du Dragon, il est temps de saisir l'occasion au lieu de se sentir contraint par ce qui a précédé. Avec un peu de résolution et de détermination, on peut maintenant aller de l'avant.

Le Rat verra des développements positifs dans presque tous les domaines de sa vie, en particulier dans ses perspectives profession-nelles. C'est très certainement une année pour s'avancer et assumer des responsabilités enrichissantes.

Pour les Rats qui sont bien établis dans une société ou dans une profession en particulier, l'occasion leur sera donnée de hausser leur carrière à un autre niveau. Des perspectives d'avancement ou des postes à combler pourraient subitement s'ouvrir, dont bien des Rats pourraient profiter s'ils sont rapides à proposer leur candidature. Les événements peuvent se succéder rapidement pendant une année du Dragon, et le flair du Rat pour saisir l'occasion pourrait bien lui servir.

Pour les Rats qui sentent que les perspectives leur sont présente-ment limitées, c'est une année pour rester à l'affût et faire en-quête. Leurs contacts pourraient parfois leur être utiles pour les prévenir de nouvelles possibilités. Pendant cette année mouvemen-tée et favorable, nombre de Rats trouveront des postes plus satis-faisants et mieux rémunérés.

De nouvelles possibilités s'ouvriront également aux Rats qui cherchent du travail. Encore une fois, s'ils sont rapides à poursuivre les postes à combler qui les intéressent, ils pourraient avoir la chance de faire leurs preuves dans une nouvelle fonction. Ce n'est pas une année pour se retenir. Des possibilités particulièrement intéressantes pourraient s'offrir en janvier (surtout au commence-ment de l'année du Dragon), en février, en septembre et en octobre, mais la nature de l'année est telle que les occasions pourraient sur-venir à tout moment.

Le temps est le nerf de la guerre en 2012 et pour ceux qui sai-sissent l'occasion, les récompenses pourraient être considérables. En particulier, les Rats qui occupent un nouveau poste tôt dans l'année pourraient se voir offrir de nouvelles possibilités en cours d'année ou très tôt en 2013.

L'avancement dont jouit le Rat au travail va également l'aider financièrement. Il devra cependant surveiller ses dépenses de près, idéalement en mettant de l'argent de côté pour des achats et des projets particuliers. De cette façon, il pourra profiter encore plus de ce qu'il peut se permettre. Si possible, il devrait également envisager d'utiliser des incitations fiscales pour économiser, investir dans sa pension ou réduire ses dettes. Avec une saine gestion financière, sa position actuelle et future sera meilleure.

Une des caractéristiques de l'année du Dragon est de fournir l'occasion d'introduire de nombreux nouveaux produits et des idées novatrices. Le Rat aime se tenir à jour dans ces développements, et cela explique pourquoi il s'en tirera plutôt bien dans cette année riche et mouvementée.

Sur le plan personnel, il fera l'objet de sollicitations. Il sera également très en forme cette année et en impressionnera plus d'un. Pour les célibataires, la flèche de Cupidon pourrait frapper sans avertissement, presque en tout temps. L'année du Dragon comporte un élément d'excitation qui pourrait se traduire par un important changement de situation, en particulier pour les Rats qui ont subi des déceptions récentes. Les activités sociales seront à leur comble de la mi-avril à juin, et en novembre et décembre, mais pendant une bonne partie de l'année, le Rat se tiendra occupé et aura des projets pour le tenir en haleine.

Le Rat attache énormément d'importance à sa vie familiale. Cette année encore, il s'activera et s'impliquera beaucoup pour proposer des améliorations, démarrer des projets ou venir en aide à ses proches d'une façon ou d'une autre. Il importe, cependant, qu'il demeure ouvert et franc et qu'il consulte les autres à propos de ses idées et de ses propositions, et ce, pendant toute la durée de l'année. Le fait de tenir certaines choses pour acquises pourrait entraîner malaises et malentendus.

De plus, bien que le Rat soit toujours disposé à aider son entourage, il devra veiller à ce que les autres ne profitent pas de ses bonnes dispositions ni ne lui en demandent trop. S'il se sent sous pression ou s'il a des inquiétudes à tout moment, il doit faire valoir son point de vue. Cela vaut non seulement pour sa vie familiale mais également pour ses nouvelles relations d'amitié et ses collègues de travail. Les temps lui sont certes favorables, mais le Rat devra défendre son territoire.

L'année du Dragon peut comporter des occasions de voyager et tous les Rats devraient en profiter pour s'évader, pour prendre des vacances, pour faire une pause ou pour voir des gens. Encore une fois, l'année du Dragon leur offre une grande latitude et beaucoup de choses peuvent survenir en peu de temps. La nature vive et curieuse du Rat lui offrira d'excellentes occasions d'améliorer son sort cette année, en plus de faire avancer ses idées et ses intérêts. C'est le moment de prendre l'initiative et de mettre ses talents à profit. Pendant toute cette période, le Rat appréciera le soutien de son entourage et sa vie personnelle s'en ressentira favorablement. Globalement, cette année sera bonne et satisfaisante à son égard et sera l'occasion de mettre à profit sa personnalité et ses habiletés.

## Le Rat de Métal

C'est un temps particulièrement riche en occasions pour le Rat de Métal. En particulier, les Rats de Métal qui ont subi des revers récemment dans leur avancement personnel trouveront dans l'année du Dragon les occasions tant souhaitées. Les Rats de Métal qui sont déjà solidement établis au sein d'une organisation particulière auront souvent la chance de faire avancer leur carrière à un autre niveau, par avancement ou spécialisation, ou en se faisant offrir la chance d'utiliser leurs compétences à d'autres fins. Non seulement cela représente-t-il un changement intéressant pour le Rat de Métal, mais cela lui donnera en outre un défi et un incitatif qui lui ont peut-être fait défaut ces dernières années.

Les Rats de Métal qui se sentent limités par leur situation actuelle devraient explorer d'autres possibilités. C'est le moment de passer à l'action et ceux qui feront preuve de résolution et de débrouillardise réussiront à se trouver un nouveau travail qui leur conviendra parfaitement.

Cela s'applique également aux Rats de Métal qui cherchent du travail. Il est évident que la recherche d'un emploi peut être décourageante, mais le Rat de Métal est conscient de ce qu'il a à offrir et, à la fin, sa patience, sa confiance en soi et sa détermination prévaudront. L'année du Dragon en est une de grandes possibilités et de nombreux Rats de Métal feront des avancées professionnelles importantes.

La nature perspicace du Rat de Métal lui permettra d'identifier des occasions à saisir à presque tout moment, mais s'il aperçoit quelque chose qui lui plaît, il doit agir rapidement. Janvier, février, septembre et octobre pourraient être l'occasion d'assister à des développements intéressants. En outre, pour les Rats de Métal qui profitent de changements dans les premiers mois de l'année, d'autres possibilités pourraient survenir plus tard en 2012. Cette année sera riche en événements de toutes sortes.

L'avancement professionnel du Rat de Métal va l'aider financièrement, et il pourrait de plus bénéficier d'un heureux coup du sort, peut-être en raison d'un placement, d'une politique gouvernementale, d'un cadeau ou d'un boni. Toutefois, bien que les finances du Rat de Métal soient sous une bonne étoile cette année, il aurait intérêt à utiliser tout redressement éventuel de sa situation pour améliorer sa position actuelle et future : réduire ses emprunts, par exemple, ou mettre des sommes de côté pour des projets et des achats particuliers. Il se félicitera de sa discipline et de sa prudence.

Pour ce qui est du travail et de ses autres engagements, il importe que le Rat de Métal veille à son bien-être, y compris par des exercices réguliers et une saine alimentation. Lorsqu'il est sous pression, il est également important de se garder un moment de répit au lieu de se sentir toujours obligé de foncer. C'est peut-être une année positive pour lui, mais le Rat de Métal doit maintenir son style de vie en équilibre pour en profiter le plus possible.

Il peut s'attendre à vivre des développements importants dans sa vie familiale, et les réalisations de ses intimes vont sans doute être une source de grande fierté pour lui. C'est une année qui favorise l'ouverture et la saine communication, et tous, dans l'entourage du Rat de Métal, peuvent bénéficier des encouragements et des conseils qu'ils se prodiguent l'un pour l'autre. Ici encore, la capacité d'empathie du Rat de Métal sera très efficace et il appréciera le temps qu'il passera avec ses proches. L'année du Dragon peut également comporter un élément de spontanéité et le Rat de Métal aura souvent l'occasion de profiter de moments qui surviennent spontanément ou qui sont rapidement planifiés, dont des pauses et des week-ends à l'extérieur.

Sur le plan familial, cette année s'annonce active et intéressante. Grâce à sa nature sociable et engageante, le Rat de Métal connaît beaucoup de gens et sa présence au cours de l'année sera de nouveau sollicitée. Son travail et ses intérêts vont sans doute le mettre en contact avec de nouveaux individus avec lesquels il aura des rapports particulièrement fructueux, et son cercle social s'agrandira encore plus. Les activités sociales seront à leur zénith de la mi-avril à juin, en novembre et au début de janvier 2013.

Pour les Rats de Métal seuls qui voudraient lier de nouvelles amitiés ou s'engager dans une liaison amoureuse, l'année du Dragon pourrait être l'occasion d'une amélioration sensible de leur situation. En poursuivant leurs intérêts et en vaquant à leurs occupations quotidiennes, ils seront nombreux à rencontrer une nouvelle personne importante ou un groupe d'amis privilégiés. L'année du Dragon est tout indiquée pour les liaisons amoureuses et une vie sociale plus riche et plus satisfaisante, et pourrait transformer la vie de bien des Rats de Métal qui sont actuellement démoralisés.

Globalement, l'année du Dragon pourrait s'avérer stimulante pour le Rat de Métal. De multiples occasions s'offriront à lui, sur le plan personnel ou professionnel, et en les saisissant, le Rat de Métal peut espérer faire des progrès importants et profiter d'un succès bien mérité.

## Conseil pour l'année

Soyez déterminé. Avec un peu de résolution et de confiance en vous, toutes les possibilités s'offriront à vous. La bonne fortune favorisera les audacieux et les entreprenants.

## Le Rat d'Eau

Cette année sera déterminante pour le Rat d'Eau. Elle marquera non seulement le début d'une nouvelle décennie dans sa vie, mais certaines des décisions qu'il prendra auront des retentissements lointains. Pour commencer l'année du bon pied, le Rat d'Eau devra réfléchir à sa situation actuelle et considérer ce qu'il souhaite réaliser dans les douze prochains mois. Le fait d'avoir concrétisé ses projets non seulement lui permettra d'y travailler activement, mais augmentera ses chances de profiter des occasions qui vont bientôt s'offrir à lui. Il devra écouter les conseils de ses proches dans sa façon de gérer son temps. Leurs points de vue et leurs encouragements peuvent bien des fois consolider ses idées et mener à de meilleurs résultats.

Certaines des décisions que prendra le Rat d'Eau concerneront sa situation professionnelle. Pour tout Rat d'Eau qui se sent morne, ennuyé et insatisfait, c'est un excellent temps pour faire des changements. En examinant les possibilités et en cherchant conseil, nombre de Rats d'Eau pourraient être sensibilisés à un nouveau type de travail qui utiliserait leurs forces de nouvelles façons. Même si cela pourrait impliquer une rééducation professionnelle et certains ajustements, ces Rats d'Eau verront souvent leurs perspectives d'une façon plus positive pour la première fois depuis longtemps. Cela vaut également pour les Rats d'Eau qui sont à la recherche d'un travail. S'ils sont admissibles à des cours de formation ou de perfectionnement, ils seraient bien avisés d'envisager cette avenue. Avec un peu de volonté, ils verront des perspectives s'ouvrir à eux. Au cours de l'année, beaucoup de Rats d'Eau vont décrocher des postes très différents de ceux qu'ils occupaient auparavant et lancer leur carrière dans une nouvelle direction satisfaisante. L'année du Dragon leur offre cette latitude et cette possibilité, mais il incombe très certainement au Rat d'Eau de persister, de s'adapter et de se mettre en valeur.

Quant aux Rats d'Eau bien installés dans leur vie professionnelle, c'est aussi un temps pour d'importants développements. Avec l'expérience acquise, ils seront nombreux à se sentir prêts à aller de

l'avant. Souvent, des occasions se présenteront au sein de leur société ou de leur organisation ; leur réputation et leur connaissance
de la maison en feront des candidats idéals et les destineront à jouer
un plus grand rôle. Les responsabilités assumées par bon nombre
de ces individus leur permettront également d'approfondir leurs
connaissances de leur métier et de marquer une étape importante
dans l'avancement de leur carrière.

Les Rats d'Eau qui estiment qu'ils pourraient améliorer leur situation en changeant d'employeur doivent rester actifs et alertes pendant leurs recherches. En faisant des enquêtes, en discutant avec des
contacts et en soumettant des demandes d'emploi, ils vont s'apercevoir que c'est grâce à leur expérience et à leur résolution que, bien
des fois, ils obtiennent le poste convoité. Les occasions peuvent se
présenter subitement presque à tout moment, mais la période de
janvier jusqu'au début de mars et les mois de septembre et d'octobre
pourraient donner lieu à d'importants développements.

Le Rat d'Eau peut également compter sur une amélioration de
sa situation financière au cours de l'année. Il devra cependant gérer
ses finances avec soin, y compris en faisant des provisions pour des
engagements déjà pris et en mettant des sommes de côté pour des
projets à venir. De nombreux Rats d'Eau pourraient décider de
souligner le début de la quarantaine d'une manière spéciale et il est
avisé de prévoir cette éventualité, surtout si un voyage est envisagé.
C'est une année où une planification détaillée peut leur permettre
de réaliser davantage de projets. L'année sera aussi bénéfique du
point de vue des occasions qui se présentent, surtout en ce qui
concerne les intérêts et les activités récréatives du Rat d'Eau. Il
pourrait être invité à participer à des activités, décider de se joindre
à un groupe local, découvrir un nouvel intérêt ou adopter une
forme d'exercices qui l'intrigue. En tirant le meilleur parti de ces
occasions, il pourrait y prendre un grand plaisir. Pour un Rat d'Eau
qui cherche à s'épanouir, c'est une excellente année pour commencer un nouveau passe-temps ou s'intéresser à une nouvelle activité
de loisir. Ce qui est initié en 2012 peut avoir une incidence immédiate et future.

Le Rat d'Eau étant à la base un être ouvert et cordial, il attribue une grande importance à sa vie sociale et élargira son cercle d'amis et de connaissances au cours de l'année. Pour tout Rat d'Eau qui accueille de nouveaux amis ou peut-être une liaison amoureuse dans sa vie, l'année du Dragon renferme de grandes promesses. De la mi-avril à juin, ainsi qu'en novembre et en décembre, il pourrait se présenter de bonnes occasions de rencontrer des gens et de mener une vie sociale active.

La vie familiale du Rat d'Eau sera également bien remplie et lui demandera beaucoup de son temps. En raison de cette profusion d'activités, c'est une année où il faudra se mettre d'accord pour planifier l'horaire et partager les tâches domestiques. Dans de nombreux foyers tenus par des Rats d'Eau, on commencera d'ambitieux projets, en particulier des rénovations, et certains Rats d'Eau pourraient également déménager. Peu importe ce que le Rat d'Eau prévoit faire, il doit chiffrer méticuleusement ses projets de rénovation et prévoir amplement le temps pour les faire.

L'année du Dragon sera également l'occasion de vivre de bons moments en famille, et bien des Rats d'Eau seront réconfortés par l'amour et l'affection qu'on leur témoignera au moment où ils entament la quarantaine. Dans de nombreux foyers, il y aura de bonnes nouvelles de la famille.

En général, l'année du Dragon renferme énormément de promesses pour le Rat d'Eau. Grâce à sa capacité de flairer les occasions et d'en tirer profit et à sa disposition à aller de l'avant, il est bien placé pour réussir cette année. Le soutien et les conseils de ceux qui l'entourent, ainsi que ses propres forces et sa nature amène, lui permettront de réaliser bien des choses et de profiter des occasions offertes. De plus, ses réalisations pendant l'année risquent de porter fruit à long terme.

## Conseil pour l'année

C'est une excellente année pour la croissance personnelle. Utilisez les occasions qui vous sont offertes pour développer vos habiletés et en acquérir de nouvelles. Ce que vous accomplissez maintenant aura des répercussions positives pour vous et votre avenir.

## Le Rat de Bois

Cette année sera chargée pour le Rat de Bois qui aura droit à d'importants développements personnels.

Les perspectives professionnelles sont particulièrement encourageantes et l'année du Dragon pourrait fournir l'occasion aux Rats de Bois qui languissent dans leur poste actuel de progresser. Ces derniers, cependant, feraient bien de parcourir les possibilités et d'obtenir des conseils sur les options disponibles de manière à en profiter pleinement. En étant à l'écoute des conseils, des directives et de l'aide disponibles, nombre de Rats de Bois parviendront à se trouver un nouveau poste, souvent avec un potentiel de croissance pour l'avenir. Avec de la volonté et de l'initiative, bien des Rats de Bois verront en effet de nouvelles portes s'ouvrir à eux.

Les événements peuvent se précipiter dans l'année du Dragon et certains Rats de Bois pourraient se faire offrir un nouveau poste à occuper presque sans délai. On doit saisir les occasions qui se présentent dès qu'elles surviennent.

Les perspectives sont également bonnes pour les Rats de Bois qui ont des carrières bien établies. Au cours de l'année, vous serez nombreux à recevoir des incitations à jouer un plus grand rôle, surtout en raison de réalisations récentes. Même si cette situation entraîne un besoin de formation accru, et il y aura fort à faire, ces Rats de Bois, en relevant le défi, vont non seulement faire évoluer leur situation professionnelle mais augmenter leur revenu et acquérir une précieuse expérience. Les réalisations de cette année peuvent constituer une étape importante dans l'évolution globale de leur carrière.

Pour tous les Rats de Bois, les mois de janvier et de février et la période de septembre au début de novembre seront sans doute chargés et mouvementés pour le travail.

Les progrès réalisés par le Rat de Bois au travail peuvent également l'aider financièrement. Les Rats de Bois seront nombreux non seulement à jouir d'un meilleur salaire, mais pourraient aussi se trouver un passe-temps ou un loisir pour compléter celui-ci, grâce à leur esprit entreprenant. Même si les perspectives sont encourageantes, le Rat de Bois doit maintenir une discipline dans ses dépenses et son budget, surtout s'il a des dépôts appréciables à faire ou s'il est impliqué dans d'importantes transactions. Et s'il se trouve à s'engager dans une entente importante, il se doit d'être vigilant et de vérifier les conditions et les conséquences.

Le style de vie sera une autre considération importante cette année pour le Rat de Bois. Les exigences du travail, dont un long temps de parcours pour les déplacements dans certains cas, feront en sorte qu'il doit penser à son bien-être et se garder suffisamment de temps pour le repos et les loisirs. Pour être à son meilleur, il doit maintenir un style de vie équilibré et ne pas lésiner sur l'exercice, le sommeil et une alimentation saine.

De plus, bien que sollicité de toutes parts, le Rat de Bois aura avantage à se joindre à d'autres pour s'adonner à ses intérêts et poursuivre des activités de loisir. Il appréciera non seulement l'aspect social de ces activités, dont l'occasion de nouer de nouvelles amitiés, mais il pourrait également y recevoir les encouragements nécessaires pour pousser un intérêt ou une habileté encore plus loin. La vie prend de curieux chemins de traverse dans une année du Dragon, et les événements fortuits offrent parfois des occasions exceptionnelles.

Tout le long de l'année, le Rat de Bois appréciera également le soutien et la camaraderie de ses amis proches. Pour les célibataires, les possibilités amoureuses sont excellentes et le hasard d'une rencontre – le hasard joue décidément un rôle important cette année – pourrait transformer leur situation. De la mi-avril au début de juin, et en novembre et décembre, les activités sociales pourraient atteindre leur apogée, mais le Rat de Bois se fera solliciter pendant toute l'année.

C'est également une année stimulante sur le plan de la vie familiale. Pour les Rats de Bois qui sont parents ou qui le deviendront cette année, c'est une période enrichissante quoique parfois fatigante. Toutefois, même si certains jours et certaines nuits, la patience est à bout, ces Rats de Bois vont se régaler à regarder leurs enfants grandir et s'amuseront grandement.

Pour d'autres, c'est une année remplie et enrichissante sur le plan personnel. Il y aura des décisions à prendre, des acquisitions à faire et des plaisirs à partager. Ceux qui sont en relation de couple trouveront que le travail partagé permet de réaliser bien des choses. Les accommodements joueront souvent un rôle important et comme l'année du Dragon peut réserver des surprises, la synchronicité pourrait entrer en ligne de compte et ouvrir subitement des possibilités passionnantes. Pour le Rat de Bois, c'est certainement une année où son flair pour dénicher les occasions portera fruit.

Globalement, l'année du Dragon renferme un grand potentiel pour le Rat de Bois, en lui donnant surtout l'occasion de perfectionner ses habiletés et ses forces. Il doit garder l'esprit ouvert aux occasions tout au long de l'année et se préparer à s'adapter. Il bénéficiera du soutien de son entourage et arrivera à ses fins plus facilement en combinant les approches. L'année sera bien remplie mais se déroulera aussi sous le signe de la chance.

## Conseil pour l'année

Saisissez les occasions pour perfectionner vos habiletés. Ce que vous accomplirez dès maintenant vous servira plus tard. Chérissez ceux qui vous entourent ; leur amour, leur soutien et leurs conseils peuvent vous être d'un grand secours et vous aider d'une manière insoupçonnée.

## Le Rat de Feu

L'année du Dragon renfermera plus d'un développement intéressant pour le Rat de Feu. Avec de la volonté et une utilisation judicieuse de son temps et des occasions qui se présentent, il peut améliorer sa situation et tirer satisfaction de ses activités.

Pour les Rats de Feu nés en 1996, cette année sera remplie et parfois exigeante mais aura des retombées positives à long terme.

Le jeune Rat de Feu fera face à une étourdissante diversité de matières à étudier ainsi que d'examens à préparer. Même s'il peut parfois se sentir dépassé par la quantité de travail à abattre, avec une approche positive, il apprendra énormément et découvrira des forces qui méritent d'être exploitées.

Un autre aspect positif de l'année sera d'ouvrir de nouvelles possibilités, y compris pour permettre au Rat de Feu de faire progresser certains intérêts ou de s'impliquer dans une nouvelle activité. Encore une fois, la volonté est la clé pour tirer le maximum de ces occasions.

L'appui manifesté au Rat de Feu par son entourage constitue un autre atout cette année. Tout au long de l'année, s'il garde l'esprit ouvert et joue franc jeu sur le plan des idées et des activités, y compris concernant les inquiétudes ou les doutes qu'il pourrait éprouver, ses amis seront plus en mesure de le comprendre et de l'aider. Parfois, le simple fait d'évoquer la situation pourrait permettre aux autres de lui venir en aide d'une manière insoupçonnée ou de faire des suggestions qui pourraient l'aider. Pour en bénéficier pleinement, cependant, il doit les mettre au courant de ce qui se passe.

Le jeune Rat de Feu appréciera encore une fois la compagnie de ses amis proches tout au long de l'année. Avec son ouverture d'esprit, il s'entend généralement bien avec les gens, et ses amis lui seront particulièrement utiles cette année. Tout Rat de Feu qui doit déménager, qui se trouve dans un nouveau milieu ou qui se sent démoralisé et seul depuis peu trouvera que l'année du Dragon peut représenter l'occasion d'un changement important. Même si au début ces Rats de Feu peuvent se sentir inconfortables, en profitant le plus possible de leur nouvelle situation, ils peuvent rapidement rencontrer des gens et se faire de nouveaux amis. L'année du Dragon est bénéfique au jeune Rat de Feu et lui donnera l'occasion de se réaliser et d'accroître sa confiance en soi.

Avec ses nombreux intérêts, le Rat de Feu voudra souvent faire des choses ou des achats, et c'est ici que l'année du Dragon peut incarner un élément de bonne fortune. En temporisant et en économisant pour s'acheter des articles particuliers, il pourrait bénéficier d'occasions d'achat plus favorables, surtout sur le plan du matériel dont il a besoin.

Même si le jeune Rat de Feu est souvent absorbé par ses études et ses propres intérêts personnels, il devra s'efforcer de contribuer à la vie familiale ; tout ce qu'il entreprendra en ce sens sera apprécié. Une ancienne relation pourrait lui être particulièrement reconnaissante pour son aide à régler une affaire et le lien entre les deux sera souvent fort. Le fait de jouer pleinement son rôle au sein de la famille aura ses récompenses pour le Rat de Feu et son entourage en cette année très remplie.

Pour les Rats de Feu nés en 1936, cette année pourrait être agréable. La famille et les amis prendront une importance particulière et le Rat de Feu appréciera le soutien et l'affection qu'on lui témoigne. Encore une fois, le rapport entre le Rat de Feu et les autres générations est souvent fort, et les encouragements et les conseils qu'il peut prodiguer auront souvent une plus grande valeur qu'il ne soupçonne. En contrepartie, si lui-même a besoin d'aide ou d'un deuxième avis pour toute affaire, il devrait le demander. Son entourage se fera un plaisir de lui offrir son soutien en retour.

Le Rat de Feu prendra également beaucoup de plaisir à poursuivre ses intérêts divers au cours d'une année qui pourrait lui réserver une surprise. S'il s'adonne à la création artistique, il devrait envisager de soumettre son travail ou de participer à une compétition. Les réactions qu'il suscite ou la façon dont certaines idées évoluent au cours de l'année pourraient lui servir d'encouragements. L'année du Dragon récompensera l'esprit d'entreprise.

Le Rat de Feu sera également très motivé à poursuivre certaines de ses idées, à rendre sa demeure plus confortable, à prendre des vacances ou à entreprendre d'autres projets, par exemple. Avec une planification soignée et un budget rigoureux, il sera content des résultats. Il pourrait également recevoir des offres intéressantes en raison de la nature chanceuse de l'année.

Globalement, qu'il soit né en 1936 ou en 1996, le Rat de Feu aura droit à une année exceptionnelle et agréable. L'année du Dragon lui donnera une occasion en or de tirer parti de ses talents et de poursuivre ses intérêts et les Rats de Feu seront nombreux à obtenir des résultats prometteurs. Le Rat de Feu bénéficiera également du soutien de ses proches et, avec de la bonne volonté, profitera grandement de ses activités diverses.

## Conseil pour l'année

Profitez au maximum de vos occasions; ce que vous accomplissez cette année pourrait entraîner bien des événements. Si vous êtes né en 1996, soyez discipliné dans vos études. Ce que vous faites aujourd'hui sera une préparation précieuse pour les occasions qui vous attendent.

## Le Rat de Terre

L'année du Dragon peut comporter des développements prometteurs pour le Rat de Terre : ses idées et ses projets vont évoluer dans le bon sens. L'année aura aussi l'avantage de fournir des occasions dont le Rat de Terre pourra bénéficier s'il sait s'adapter. Cette année peut être bonne et favorable de multiples façons pour lui.

Un des points forts du Rat de Terre est sa nature vive et curieuse. C'est un esprit curieux qui cherche à se renseigner dans bien des domaines. Au cours de l'année, sa curiosité pourrait être stimulée à plusieurs reprises et, en poursuivant l'objet de ses attentions, il pourrait tirer une grande satisfaction de ses activités. Certains Rats de Terre pourraient décider de se dévouer à une cause, à un projet ou à une œuvre de bienfaisance, et l'année du Dragon offrira à plusieurs des voies intéressantes et enrichissantes à explorer.

L'année du Dragon favorise également l'esprit d'entreprise. Le Rat de Terre pourrait être tenté d'utiliser ses compétences actuelles d'une façon nouvelle, peut-être en poursuivant une idée, en faisant la promotion d'un travail réalisé ou en se donnant un défi particulier. De plus, pour les Rats de Terre qui ont récemment pris leur retraite ou qui vont le faire cette année, c'est le moment comme jamais d'entreprendre de nouvelles activités et de chercher de nouvelles façons d'utiliser leurs habiletés et leurs forces. En utilisant leur temps judicieusement et en saisissant les occasions, ils peuvent arriver à des résultats positifs.

Le Rat de Terre accordera une grande importance à sa vie sociale pendant l'année, et certains de ses amis possédant des connaissances spécialisées pourraient lui être particulièrement utiles pour la poursuite de ses activités et de ses idées. En restant actif et en s'impliquant dans de nouveaux projets, le Rat de Terre aura également de bonnes chances d'élargir son cercle d'amis au cours de l'année. Tout Rat de Terre qui a négligé sa vie sociale récemment en raison du travail ou d'autres engagements et qui serait prêt à faire des rencontres trouvera que l'année du Dragon peut l'aider à rectifier le tir en lui donnant l'occasion de rencontrer des gens. Les périodes de la mi-avril à juin, et de novembre au début de janvier 2013, seront riches en occasions sociales, voire amoureuses pour ceux qui sont célibataires. C'est certainement une année qui favorise la croissance personnelle.

L'année du Dragon sera également riche en occasions sur le plan professionnel. De nombreux Rats de Terre réfléchissent depuis un certain temps à leur situation actuelle et à ce qu'ils souhaitent faire à l'avenir. Certains vont planifier la retraite ou espérer réduire leurs heures de travail pour s'adonner à d'autres activités. Ces Rats de Terre devraient chercher conseil auprès de gens bien renseignés sur leurs projets, surtout sur le plan des incidences financières, et discuter de leurs idées avec leurs proches. Même si la décision constitue une étape importante pour eux, ils auront la satisfaction d'avoir fait le bon choix s'ils prennent la peine de consulter à fond et d'obtenir des appuis. Pour les Rats de Terre qui sont prêts à progresser sur le plan professionnel et qui se sont donné des objectifs à atteindre, l'année du Dragon peut offrir des occasions intéressantes. Cette année peut être importante et personnellement déterminante dans bien des cas.

L'année du Dragon est également favorable pour ce qui est des finances et certains Rats de Terre auront droit à une prime, à un bénéfice d'une politique favorable ou à un cadeau. Même si cet heureux événement est bienvenu, le Rat de Terre devra toutefois gérer soigneusement ses finances. Entre autres, il doit prévoir son budget d'avance pour les achats plus importants ainsi que prendre des mesures pour améliorer sa situation actuelle et future. Il s'en sortira beaucoup mieux en faisant preuve de discipline et de sagesse.

Ce besoin d'une saine gestion s'applique également aux projets de voyages et de vacances. En prévoyant rapidement une allocation pour ces dépenses, le Rat de Terre pourra faire beaucoup plus de choses et en profiter.

Une des caractéristiques essentielles du Rat de Terre est l'importance qu'il accorde à sa famille, et l'année du Dragon lui fournira l'occasion de vivre des moments exceptionnels. Ses proches non seulement lui apporteront un soutien, mais voudront également l'aider dans sa prise de décisions au cours de l'année et l'encourager dans ses activités diverses. Tout le monde concerné bénéficiera d'une approche concertée. Il y a aura également des réussites à célébrer, celles du Rat de Terre ou de ses intimes, et le temps qu'il passera avec ses proches aura une importance particulière cette année.

Globalement, l'année du Dragon est remplie de promesses pour le Rat de Terre. En particulier, il aura l'occasion de s'impliquer dans de nouvelles activités et d'utiliser son temps et ses compétences de diverses façons. S'il est motivé et réceptif, il sera grandement récompensé sur le plan personnel par ce qu'il entreprendra cette année. Sa vie personnelle est également sous une bonne étoile : il sera de plus en plus sollicité sur le plan familial et social et profitera de moments et d'activités agréables.

## Conseil pour l'année

C'est une année de croissance personnelle. En poursuivant vos idées et vos intérêts, vous profiterez non seulement de ce que vous accomplissez mais vous verrez de nouvelles possibilités s'ouvrir à vous. L'année du Dragon renferme un énorme potentiel. Utilisez-le à bon escient.

# Des Rats célèbres

Ben Affleck, Ursula Andress, Thierry Ardisson, Louis Armstrong, Charles Aznavour, Lauren Bacall, Shirley Bassey, Marlon Brando, Charlotte Brontë, Luis Buñuel, George H. Bush, Jimmy Carter, Pablo Casals, Chateaubriand, Maurice Chevalier, Paolo Conte, Arlette Cousture, Jean-Claude Van Damme, Françoise David, Gérard Depardieu, Richard Desjardins, Cameron Diaz, Anne Dorval, David Duchovny, T. S. Eliot, Clark Gable, André-Philippe Gagnon, Nicole Garcia, Garou, Al Gore, Hugh Grant, Marc-André Grondin, Sacha Guitry, Daryl Hannah, le prince Harry, Vaclav Havel, Joseph Haydn, Charlton Heston, Buddy Holly, Engelbert Humperdinck, Henrik Ibsen, Eugène Ionesco, Jeremy Irons, Jean-Michel Jarre, Marc Labrèche, Avril Lavigne, Guy A. Lepage, Mata-Hari, Claude Monet, Richard Nixon, Marie-Denise Pelletier, Sean Penn, Jacques Prévert, Jean Racine, Vanessa Redgrave, Madeleine Renaud, Burt Reynolds, Rossini, Francine Ruel, Antoine de Saint-Exupéry, Yves Saint-Laurent, George Sand, William Shakespeare, Donna Summer, Serge Thériault, Léon Tolstoï, Toulouse-Lautrec, Guylaine Tremblay, Zinédine Zidane, Émile Zola.

# Le Bœuf

| | |
|---|---|
| 6 FÉVRIER 1913 – 25 JANVIER 1914 | Bœuf d'Eau |
| 24 JANVIER 1925 – 12 FÉVRIER 1926 | Bœuf de Bois |
| 11 FÉVRIER 1937 – 30 JANVIER 1938 | Bœuf de Feu |
| 29 JANVIER 1949 – 16 FÉVRIER 1950 | Bœuf de Terre |
| 15 FÉVRIER 1961 – 4 FÉVRIER 1962 | Bœuf de Métal |
| 3 FÉVRIER 1973 – 22 JANVIER 1974 | Bœuf d'Eau |
| 20 FÉVRIER 1985 – 8 FÉVRIER 1986 | Bœuf de Bois |
| 7 FÉVRIER 1997 – 27 JANVIER 1998 | Bœuf de Feu |
| 26 JANVIER 2009 – 13 FÉVRIER 2010 | Bœuf de Terre |

# La personnalité du Bœuf

Plus on jauge le chemin à parcourir
Plus démesuré est le voyage

Le Bœuf naît sous le double signe de l'équilibre et de la ténacité. C'est un travailleur acharné, consciencieux, qui entreprend tout ce qu'il fait avec méthode et détermination. On l'admire pour son courage, sa loyauté et sa sincérité, c'est un meneur-né. Il sait ce qu'il veut accomplir dans la vie et suit la trajectoire qu'il s'est fixée avec rigueur.

Le Bœuf possède un sens aigu des responsabilités et un esprit de décision qui le rend apte à saisir toutes les occasions qui se présentent. Même s'il estime ses collègues et ses amis et leur accorde sa confiance, il est plus solitaire que grégaire, d'une grande réserve, et souvent porté à garder ses pensées pour lui. Jaloux de son indépendance, il aime faire les choses à sa manière plutôt que de se voir imposer des contraintes ou de subir des pressions extérieures.

D'un tempérament habituellement égal, le Bœuf peut exploser de colère s'il a des raisons d'être déçu ou irrité, et ses entêtements occasionnels le mettent facilement en conflit avec ceux qui l'entourent. Le Bœuf réussit généralement à obtenir ce qu'il veut, mais, si les choses se retournent contre lui, il s'avère mauvais perdant ; il accepte difficilement les revers ou les contretemps.

Sérieux et appliqué, le Bœuf est souvent un être très réfléchi, qui n'est pas particulièrement reconnu pour son sens de l'humour. Les dernières trouvailles et les nouveaux gadgets ne l'attirent pas, car c'est un traditionaliste qui préfère s'en tenir au plus conventionnel.

Son foyer a une grande importance pour lui – on pourrait dire que c'est son sanctuaire – et il s'assure que tous les membres de la famille apportent leur contribution à sa bonne marche. Le Bœuf a tendance à accumuler, à ne rien jeter, mais il a beaucoup d'ordre et est très organisé. Pour lui, la ponctualité est une vertu, et il devient exaspéré si on le fait attendre, surtout si le retard est attribuable à un manque d'organisation. À vrai dire, il y a un peu du tyran en lui !

Une fois installé quelque part, maison ou emploi, le Bœuf y demeure volontiers plusieurs années. Il n'aime pas le changement et les voyages ne l'attirent guère. Par contre, il prend plaisir aux activités de plein air et au jardinage. Il est habituellement un excellent jardinier et, dans la mesure du possible, il fait en sorte de disposer d'un bout de terrain suffisant pour laisser libre cours à ses talents. En fait, il préfère vivre à la campagne et consacrer son temps libre à des activités extérieures.

Comme il est consciencieux, le Bœuf tend à bien faire dans la carrière qu'il choisit, dans la mesure où on lui accorde la liberté d'exercer son initiative. Il peut tout autant réussir en politique et en agriculture que dans des domaines exigeant une formation de pointe. Le Bœuf est aussi très doué pour les arts, et plusieurs natifs du signe ont connu la renommée comme musiciens ou compositeurs.

Le Bœuf est moins extraverti que d'autres, et il lui faut un certain temps pour nouer une amitié ou se sentir vraiment à l'aise. C'est pourquoi, d'ordinaire, il fait longuement la cour avant de s'engager, mais, une fois qu'il a choisi, il demeure loyal à son partenaire. Pour le Bœuf, l'entente est particulièrement heureuse avec les natifs du Rat, du Lièvre, du Serpent et du Coq. La relation peut également être bonne avec le Singe, le Chien, le Cochon et un autre Bœuf. Cependant, il a peu en commun avec la Chèvre, sensible et fantaisiste, tandis que le Cheval, le Dragon et le Tigre, trop fougueux et impulsifs à son goût, dérangent l'existence calme et paisible qu'il préfère.

La femme Bœuf est d'un naturel bienveillant. Elle accorde une grande place à sa famille, se révélant une conjointe attentionnée et une mère aimante et dévouée. C'est une organisatrice-née, et comme elle est très déterminée, elle obtient généralement ce qu'elle veut dans la vie. On la voit fréquemment s'intéresser aux arts et même s'y adonner avec talent.

Toujours les deux pieds sur terre, le Bœuf est sincère, loyal et sans prétention. Il peut toutefois montrer une grande réserve que d'aucuns prendront pour de la froideur. Sous des allures tranquilles, il cache beaucoup d'ambition et une volonté de fer. Il a le courage de ses convictions ; ce qu'il croit juste, il le défendra parfois sans égards aux conséquences. Comme il inspire confiance, il trouvera presque invariablement au cours de sa vie des personnes qui admirent son esprit de décision et qui sont prêtes à le soutenir.

# Les cinq types de Bœufs

Cinq éléments, soit le métal, l'eau, le bois, le feu et la terre, viennent tempérer ou renforcer les douze signes du zodiaque chinois. Les effets apportés par ces éléments sont décrits ci-après, accompagnés des années où ils dominent. Ainsi, les Bœufs nés en 1961 sont des Bœufs de Métal, ceux nés en 1913 et en 1973 sont des Bœufs d'Eau, etc.

## Le Bœuf de Métal (1961)

Le Bœuf de Métal est volontaire et sûr de lui. Il ne craint pas de dire ce qu'il pense, et ce, parfois de manière abrupte. Il poursuit ses objectifs avec une telle détermination qu'il lui arrive de froisser les autres sans s'en rendre compte, et cela peut lui nuire. Fiable et honnête, il ne fait jamais de promesse qu'il ne peut tenir. C'est un amateur d'art, et il possède habituellement un cercle restreint de bons et fidèles amis.

## Le Bœuf d'Eau (1913, 1973)

Le Bœuf d'Eau se caractérise par un esprit vif et pénétrant, un bon sens de l'organisation et de la méthode. Faisant preuve d'une plus grande ouverture d'esprit que les natifs d'autres types de Bœufs, il accepte plus volontiers l'apport de collaborateurs dans ses projets. Il a un sens moral très développé et souhaite souvent faire carrière dans le secteur public. Fin psychologue, affable et doté de persuasion, il éprouve rarement de la difficulté à atteindre ses buts. Il est populaire et sait s'y prendre avec les enfants.

## Le Bœuf de Bois (1925, 1985)

Le Bœuf de Bois se conduit avec dignité et autorité. Il assume fréquemment un rôle de premier plan, quelle que soit l'entreprise à laquelle il participe. Plein d'assurance, il est direct dans ses relations avec autrui. Toutefois, il est souvent prompt à s'emporter et n'hésite pas à dire le fond de sa pensée. On lui reconnaît dynamisme et détermination et il jouit d'une excellente mémoire. C'est un être rempli de bienveillance, remarquablement loyal et dévoué envers sa famille.

## Le Bœuf de Feu (1937, 1997)

Le Bœuf de Feu possède une forte personnalité. Il a des idées tranchées et se montre impatient quand les choses ne se déroulent pas à son goût. Se laissant entraîner par l'excitation du moment, il lui arrive de négliger le point de vue des autres. Néanmoins, grâce à son leadership indéniable, allié à sa grande capacité de travail, il peut fréquemment atteindre les plus hauts échelons et connaître pouvoir, renom et fortune. Il est très attaché à sa famille et peut généralement compter sur de solides amitiés.

## Le Bœuf de Terre (1949, 2009)

Le Bœuf de Terre, avec son naturel posé, aborde tout ce qu'il entreprend de manière réfléchie. Tout en étant ambitieux, il demeure réaliste quant à ses objectifs et se montre prêt à fournir les efforts nécessaires pour les atteindre. Il est doté d'un très bon sens des affaires, et c'est un fin psychologue. Sa sincérité et son intégrité suscitent l'admiration et font qu'on sollicite souvent son opinion. Sa loyauté à l'égard de sa famille et de ses amis est sans faille.

# Perspectives pour le Bœuf en 2012

L'année du Lièvre (du 3 février 2011 au 22 janvier 2012) aura été raisonnable pour le Bœuf et les événements vont se bousculer dans les derniers mois.

Dans son travail, le Bœuf pourrait faire face à de nouvelles pressions et à une charge de travail accrue. S'il fait preuve d'engagement et de dévouement, il réussira non seulement à faire bonne impression mais aura quelques belles réalisations à son crédit. Pour certains Bœufs, y compris ceux qui sont à la recherche d'un emploi, le mois d'octobre et le début de novembre pourraient offrir des occasions à saisir.

Un des aspects favorables de l'année du Lièvre concerne les relations que le Bœuf entretient avec les autres; dans les mois qui restent, il doit tirer le meilleur parti de chaque occasion de rencontrer des gens. Dans son travail, ses contacts pourraient lui être utiles alors que sur le plan personnel, il sera sollicité par les amis et les événements; pour les célibataires, des liaisons amoureuses sont dans l'air. Elles ajouteront une aura particulière à cette partie de l'année. Le mois de septembre pourrait s'avérer socialement intéressant, et c'est aussi le cas des semaines avant et après Noël.

Dans sa vie familiale, le Bœuf continuera de se dévouer pour les autres et se tiendra bien occupé, prodiguant conseils et aide, s'occupant de diverses démarches ou réalisant des projets d'entretien. Aussi affairé soit-il en cette dernière partie de l'année, il sera ravi de la tournure de certains projets, et de l'amour et de la reconnaissance témoignés à son endroit par les autres. Sur le plan personnel, l'année du Lièvre peut être souvent une période agréable et enrichissante pour le Bœuf.

Avec toutes ses activités familiales et sociales, en plus des achats qu'il voudra faire dans les derniers mois de l'année, le Bœuf devra cependant surveiller ses dépenses de près. Il devrait également éviter de prendre des risques et se méfier s'il doit prêter de l'argent à quelqu'un. Sans entente en bonne et due forme, des difficultés pourraient survenir. Avis à tous les Bœufs.

L'année du Lièvre aura tout de même permis au Bœuf d'utiliser ses talents de diverses façons et le laissera avec un sentiment d'accomplissement.

L'année du Dragon commence le 23 janvier et sera une période variable pour le Bœuf. Ce dernier aime à suivre des plans soigneusement établis et pourrait ressentir un malaise face au rythme accéléré et à la nature spontanée de l'année du Dragon. Celle-ci mettra sa patience à l'épreuve mais lui permettra néanmoins de vivre de nouvelles expériences précieuses.

Dans son travail, le Bœuf devra se concentrer sur ses responsabilités mais rester également à l'affût de ce qui se passe autour de lui. Il se peut que de nouvelles initiatives l'obligent parfois à changer de rôle et il devra s'adapter. De plus, bien qu'il soit probable qu'il ait des réticences à propos de certains développements, il devrait se garder de se montrer trop borné. Une attitude inflexible ou intransigeante pourrait lui faire du tort. Pour bien des Bœufs, peu importe leur opinion, la meilleure approche pendant l'année du Dragon est de travailler durement et de se tenir coi.

Même si certaines périodes de l'année pourraient être exigeantes, le Bœuf pourra néanmoins en profiter. Des changements apportés à son rôle lui donneront souvent l'occasion d'élargir son expérience et de faire ses preuves en exerçant une nouvelle fonction. En relevant le défi et en profitant de cette année pour perfectionner ses habiletés, il va améliorer à la fois sa situation actuelle et ses perspectives d'avenir.

De nombreux Bœufs vont demeurer avec leur employeur actuel cette année et consolider leur expérience; mais pour ceux qui seraient prêts à faire un changement ou à chercher du travail, l'année du Dragon pourrait entraîner d'intéressants développements. Cette quête peut s'avérer difficile, mais en considérant un large éventail de postes, bien des gens pourraient décrocher un emploi dans une fonction autre qui représente un défi intéressant. Les mois de mars, de mai, d'août et de novembre pourraient être riches en développements prometteurs; mais l'année du Dragon, tout au long, avancera à un rythme accéléré. Les occasions surgiront rapidement et prendront parfois le Bœuf par surprise.

Financièrement, en raison de ses engagements actuels, des réparations requises et de tous les autres projets qu'il voudra entreprendre, le Bœuf pourrait voir ses dépenses grimper rapidement. Lorsque c'est possible, il devrait mettre des sommes de côté pour des besoins précis et surveiller ses dépenses. Heureusement, il sera aidé en cela par sa nature disciplinée. Toutefois, plus il garde le contrôle sur ses finances, plus il sera prospère.

Une caractéristique particulière de l'année du Dragon concerne les pépins et les soucis qu'elle peut apporter : délais irritants, embrouillaminis sur les transactions, bureaucratie abusive à l'égard des bénéfices, des paiements ou d'autres affaires importantes. Certaines de ces situations pourraient exaspérer le Bœuf, et pour contribuer à en minimiser les aspects malencontreux, il devrait porter une attention particulière à sa correspondance d'affaires et tenir sa paperasse et ses reçus en bon état. S'il est méticuleux, il pourra éviter certains problèmes ou du moins les régler plus facilement lorsqu'ils surviennent.

De nombreux Bœufs mènent une vie mouvementée et parfois contraignante et pour cette raison, il importe que le Bœuf ne néglige pas sa santé. Le fait de lésiner sur l'exercice ou une saine alimentation peut le priver de son énergie habituelle et le rendre vulnérable aux maladies mineures.

Pendant cette année bien remplie, il devrait également réserver du temps pour ses intérêts et des activités de loisir. Peu importe ce qu'il a envie de faire dans ses temps libres – une activité pratique, un sport, un passe-temps créatif ou même éducatif –, un moment consacré à sa personne lui fera du bien et lui sera agréable.

Il sera, de plus, reconnaissant envers ses amis pour leur soutien et ne devrait jamais oublier qu'ils sont prêts à l'aider s'il leur en fait la demande. Même si le Bœuf peut être un individu quelque peu privé, il devrait répondre favorablement aux invitations qu'il reçoit et faire les sorties qui lui tentent. Ce faisant, il pourrait rencontrer des gens serviables qui à terme pourraient devenir des amis loyaux. Les mois d'avril, de mai, de juillet et de septembre seront ceux qui présenteront le plus d'occasions sociales.

La vie familiale du Bœuf le tiendra occupé pendant l'année, et on devra faire appel à une bonne coopération et faire preuve de flexibilité pour accommoder les changements de routine et d'horaires de travail. La nature méthodique du Bœuf sera utile ici, en particulier pour réfléchir aux ajustements et donner des conseils au besoin. Les pressions subies pendant l'année, toutefois, seront contrebalancées par des plaisirs : une réussite acquise de haute lutte et une bonne nouvelle que le Bœuf voudra absolument partager seront peut-être au nombre de ces plaisirs. À la maison et sur le plan personnel, l'année du Dragon renfermera des moments enrichissants.

Cela pourrait néanmoins mettre en évidence une faiblesse du Bœuf : en cas de délai ou de problème, il n'est pas lent à exprimer ses frustrations. Vu les irritations qui vont sans doute survenir cette année, il devrait faire preuve d'une plus grande patience et surveiller son mauvais caractère.

Globalement, le Bœuf ne sera pas toujours à l'aise avec une année au rythme souvent effréné, mais s'il se concentre sur ce qu'il a à faire et se montre prêt à s'ajuster aux événements, il pourra réaliser des choses remarquables, élargir son cercle d'amis et acquérir une expérience précieuse. Et tout ce qu'il accomplit cette année se poursuivra en 2013, l'année du Serpent, qui sera particulièrement bénéfique pour lui.

## Le Bœuf de Métal

Le Bœuf de Métal possède de grandes forces. Il est déterminé et persévérant et prend ses responsabilités à cœur. C'est un type raisonnable qui préfère régler les choses au lieu de remettre à plus tard. Malgré ses nobles intentions, cependant, l'année du Dragon pourrait s'avérer frustrante pour lui. Certains de ses projets et de ses espoirs pourraient rencontrer des difficultés et il pourrait également se retrouver avec quelques problèmes à régler. Ce ne sera peut-être pas une année facile pour lui mais malgré les contrariétés, le Bœuf de Métal est solidement bâti et aura la chance non seulement de montrer ses forces mais de découvrir que de nouvelles possibilités peuvent surgir des situations difficiles.

Au travail, il va sans doute vivre des changements importants. Il pourrait non seulement avoir de nouveaux objectifs à réaliser, mais son rôle, qui plus est, pourrait s'élargir de nouvelles façons. De nombreux Bœufs de Métal pourraient devoir s'adapter à de nouvelles méthodes de travail et pourraient s'inquiéter de certains développements qui ont lieu et de la vitesse à laquelle ces derniers sont introduits.

Malgré cela, bien qu'il puisse trouver par moments que l'année exige beaucoup de lui, une partie des tâches et des objectifs qu'on lui donne lui permettra d'acquérir de l'expérience dans de nouveaux domaines et de faire ses preuves dans de nouvelles fonctions. Pour les nombreux Bœufs de Métal qui choisiront de demeurer avec leur employeur actuel cette année, l'expérience acquise pourrait constituer un important tremplin pour des avancements futurs.

Pour ceux qui misent sur un changement ou qui cherchent un emploi, l'année du Dragon peut leur offrir des occasions intéressantes. Trouver un poste ne sera pas chose facile, mais en examinant diverses façons d'utiliser leurs compétences, en obtenant des conseils et en envisageant des possibilités de formation, bon nombre de Bœufs de Métal vont occuper un nouveau poste d'où ils pourront progresser à l'avenir. Et grâce à des perspectives nettement améliorées pour eux l'année prochaine, toute nouvelle compétence acquise leur servira dans un avenir proche. Des développements particulièrement prometteurs pourraient se manifester pendant les mois de mars et de mai et pendant la période d'août à la mi-septembre.

La croissance personnelle figure parmi les caractéristiques importantes de l'année, et bien des Bœufs de Métal décideront de s'inscrire à des cours ou de démarrer un programme d'études, possiblement dans le but de se qualifier davantage. Trouver le temps pour le faire pourrait s'avérer difficile, mais ce que le Bœuf de Métal est en mesure de réaliser sera un atout précieux pour plus tard.

Tout au long de l'année, le Bœuf de Métal devra rester à l'affût des occasions offertes. Même s'il a des projets et des espoirs pour 2012, il ne devrait pas les fixer une fois pour toutes. De nouvelles idées ou des changements de situation vont peut-être survenir dont il sera plus à même de profiter s'il demeure flexible. Pendant l'année du Dragon, les vents du changement et du hasard vont souffler fort.

Les voyages sont un domaine où des développements soudains pourraient se présenter. Même s'il préfère peut-être planifier à l'avance, le Bœuf de Métal pourrait avoir la chance de s'éclipser dans un court délai. Il pourrait également y avoir des possibilités de voyage particulièrement intéressantes vers la fin de 2012 et tôt en 2013.

Le Bœuf de Métal doit cependant surveiller ses dépenses tout au long de l'année. S'il n'y porte pas attention, elles pourraient grimper rapidement. C'est le moment de s'en remettre à une saine gestion financière. De plus, le Bœuf de Métal doit porter attention aux questions fiscales et à tout autre document important qu'il pourrait recevoir. Un délai de réponse ou une lecture trop rapide pourrait le désavantager. À tous les Bœufs de Métal, soyez prévenus et attardez-vous aux détails.

Certes, avec ses activités diverses, le Bœuf de Métal aura de quoi s'occuper pendant l'année, mais il devrait aussi s'assurer de ne pas négliger sa vie sociale. En gardant un contact régulier avec ses amis, il pourra non seulement bénéficier de leur soutien, mais il y prendra même un certain plaisir. Son travail et ses intérêts pourraient également lui permettre de rencontrer des gens ; les Bœufs de Métal seuls qui seraient prêts à prendre contact avec d'autres trouveront qu'en acceptant des invitations et en participant à des manifestations mondaines, ils pourraient faire des rencontres déterminantes. C'est de la mi-mars à la fin mai et pendant les mois de juillet et de septembre que l'activité sociale battra son plein.

Pour ce qui est de la vie familiale du Bœuf de Métal, l'année sera bien remplie en raison de nouveaux projets et de la routine qui est appelée à changer. Des ajustements devront être apportés, mais avec une bonne collaboration, les nouvelles façons de faire vont être rapidement instaurées. Certains Bœufs de Métal pourraient aussi faire face au départ de membres de leur famille, surtout les enfants qui partent aux études ou commencent un nouvel emploi, et c'est là que la nature attentionnée du Bœuf de Métal peut entrer en ligne de compte pour aider les autres à traverser un moment redoutable de leur vie.

Grâce à sa nature pratique, le Bœuf de Métal aura souvent des projets qui lui tiennent à cœur à mettre en branle au cours de l'année, mais il devra se montrer flexible. Il devra peut-être en retarder ou en modifier certains pour les harmoniser à l'ensemble, mais dans certains cas, ce délai pourrait s'avérer bénéfique et laisser place à d'autres alternatives.

En général, l'année du Dragon ne sera pas de tout repos pour le Bœuf de Métal. S'il s'adapte aux situations dans lesquelles il se trouve, toutefois, et qu'il fait de son mieux, il peut grandement améliorer son expérience. Sa persévérance, sa discipline et ses qualités personnelles pourraient le conduire à des réalisations dans l'immédiat et plus tard. Bref, une année exigeante mais importante.

## Conseil pour l'année

Cherchez à perfectionner vos habiletés et à parfaire vos connaissances. Sachez vous adapter aux situations qui évoluent et aux occasions qui se présentent. Ce qui vous arrive présentement pourrait être à votre avantage à long terme.

## Le Bœuf d'Eau

Cette année sera variable pour le Bœuf d'Eau. Il ne lui sera pas facile de progresser et il aura droit à sa part de frustrations. Cependant, les défis apportés par l'année du Dragon comporteront en contrepartie des avantages très nets. L'effort que le Bœuf d'Eau peut fournir et les habiletés dont il peut faire preuve lui donneront l'expérience nécessaire pour réussir à l'avenir. C'est à plus d'un titre une année de préparation pour les temps meilleurs à venir, surtout l'année prochaine.

Au travail, le Bœuf d'Eau verra souvent son degré de responsabilité changer, et les cibles et les objectifs seront à la hausse. Sa charge de travail va non seulement s'alourdir, mais les délais qui peuvent survenir, la lenteur de la bureaucratie et le manque de coopération et d'efficacité des autres vont contrarier le Bœuf d'Eau. Il peut parfois s'exaspérer mais devrait rester centré sur la tâche à accomplir et faire de son mieux. Son application et son engagement se feront remarquer et lorsque les cibles seront atteintes et les résultats à l'avenant, le succès sera on ne peut plus mérité.

Autre aspect important à considérer pour l'année : ne pas oublier qu'en relevant le défi, le Bœuf d'Eau ajoutera à son expérience et aura la chance d'exercer une large gamme de compétences. Cela sera à son avantage lorsque des occasions se présenteront ou lorsque viendra le temps de passer à autre chose.

Pour ceux parmi les Bœufs d'Eau qui estiment que le moment est venu de changer, les mois de mars, de mai, d'août et de novembre pourraient apporter des possibilités intéressantes qui doivent toutefois être saisies rapidement.

Pour les Bœufs d'Eau qui cherchent du travail, d'importants développements sont à prévoir. Il ne sera pas facile d'obtenir un nouveau poste, mais les portes vont s'ouvrir pour ces Bœufs d'Eau s'ils tiennent compte des différentes façons de mettre leur expérience à profit et s'appliquent à bien remplir les demandes d'emploi. Les résultats cette année dépendront d'un travail acharné et d'un effort supplémentaire ; les perspectives de l'année prochaine s'amélioreront grandement, toutefois, et l'expérience acquise maintenant par le Bœuf d'Eau sera déterminante pour ses progrès futurs.

Les engagements personnels, les projets et les voyages vont grever les ressources financières du Bœuf d'Eau qui devra surveiller ses dépenses de près et les prévoir dans son budget. Il lui serait utile de tenir des comptes, si ce n'est pas déjà fait. De plus, s'il prend de nouveaux engagements ou contracte une entente, il devrait vérifier les conditions et les obligations qui s'y rattachent et conserver les documents et les garanties en lieu sûr. Ce n'est pas le moment de prendre des risques ou de faire preuve de négligence.

Étant donné que l'année sera bien remplie, le Bœuf d'Eau doit également veiller à garder un équilibre de vie et réserver du temps pour la relaxation et l'exercice. C'est un bon temps pour innover et si une nouvelle activité physique ou un loisir se présente, il ferait bien de l'adopter. Tout ce qu'il entreprendra cette année peut lui apporter beaucoup de plaisir et des avantages dans l'immédiat et plus tard.

Il devrait aussi s'assurer de rester en contact régulier avec ses amis. Si on ne peut se rencontrer, un appel téléphonique ou un courrier électronique est indiqué. Ces contacts feront beaucoup de bien au Bœuf d'Eau au cours de l'année, surtout en lui donnant l'occasion de discuter de ses activités courantes et de profiter des conseils des autres. De bonnes occasions sociales pourraient se présenter pendant les mois d'avril, de mai, de juillet et de septembre ainsi qu'au début de 2013.

À la maison, le Bœuf d'Eau aura encore une fois un horaire bien chargé. Il apportera une aide importante aux membres plus jeunes et plus âgés de sa famille et redoublera d'efforts pour assurer la bonne marche de la vie familiale. Cela le tiendra certes occupé, mais ces efforts seront souvent source d'enrichissement et il pourrait y avoir une occasion personnelle ou familiale plus tard dans l'année qui lui fera plaisir.

Globalement, l'année du Dragon sera exigeante pour le Bœuf d'Eau et ne sera pas toujours facile ni banale. Une des forces du Bœuf d'Eau, cependant, est sa nature consciencieuse. S'il fait de son mieux et se montre à la hauteur, il peut acquérir une expérience précieuse et faire la preuve de ses qualités redoutables. L'année du Dragon pourrait le mettre à l'épreuve, mais elle ouvrira la voie à des développements importants, en particulier pendant l'année du Serpent qui suivra. Tout ce qui est accompli cette année ne doit pas être sous-estimé et peut constituer un avantage certain.

## Conseil pour l'année

Profitez pleinement de toutes les occasions d'améliorer votre expérience et d'acquérir de nouvelles compétences. De plus, maintenez un équilibre de vie et réservez du temps pour vos intérêts personnels, vos amis et vos proches. Ce sont des éléments importants de votre vie, assurez-vous d'en prendre grand soin.

## Le Bœuf de Bois

Le Bœuf de Bois est à la fois consciencieux et ambitieux. Il ne fait pas d'histoires mais s'adonne à ses activités de façon tranquille et méthodique. D'ailleurs, son approche et son style lui permettent de faire des progrès constants. En 2012, il continuera d'avancer mais non sans un effort considérable de sa part. L'année du Dragon peut être exigeante et le Bœuf de Bois ne sera pas toujours à l'aise avec le cours des événements. Toutefois, même dans la tourmente, il aura tout de même droit à quelques moments exceptionnels et importants sur le plan personnel.

Au travail, de nombreux Bœufs de Bois auront réussi à se tailler une place dans une société ou une organisation et non seulement à se constituer un savoir-faire, mais à se faire de bons contacts et des amis. Au cours de l'année, bon nombre auront la chance d'aller plus loin et se verront offrir d'autres responsabilités. Malgré le progrès que cela représente, cependant, il peut y avoir beaucoup de choses à apprendre et des ajustements à faire et le changement de rôle peut parfois s'avérer plus difficile que ce que le Bœuf de Bois anticipait. Il peut y avoir des moments difficiles à passer au cours de l'année mais l'idée de baisser les bras est étrangère au Bœuf de Bois et avec du temps et de la patience, il pourra non seulement faire ses preuves dans l'exercice de ses nouvelles fonctions, mais bénéficiera plus tard de l'expérience acquise. L'année du Dragon ne sera peut-être pas facile mais peut être source d'enseignement et est souvent déterminante à long terme.

Pour les Bœufs de Bois qui estiment que le temps est venu d'apporter des changements, ainsi que pour ceux qui sont à la recherche d'un travail, les événements peuvent évoluer de curieuse façon. Décrocher un nouveau poste peut s'avérer difficile, mais si le Bœuf de Bois reste à l'affût, s'il enquête sur le terrain et s'il discute avec ses contacts et ceux qui sont aptes à le conseiller, il découvrira des possibilités intéressantes à poursuivre. Cela peut parfois survenir dans un domaine qui lui est étranger, mais il acceptera avec plaisir de jouer la carte de la nouveauté. Encore une fois, tout nouveau rôle peut être intimidant, avec tout ce que cela implique en apprentissages, mais ce qui est accompli cette année peut ouvrir davantage de possibilités à l'avenir.

Un autre facteur favorable au Bœuf de Bois sera l'occasion qui lui sera donnée de collaborer avec de nouveaux collègues. Bon nombre de ceux-ci réagiront favorablement à sa nature tranquille et consciencieuse, et les cadres supérieurs seront portés à l'appuyer, y compris en proposant son nom pour des séances de formation. Le mois de mars, la période de mai jusqu'au début de juin et les mois d'août et de novembre pourraient donner lieu à d'importants changements.

Les progrès réalisés par le Bœuf de Bois au travail peuvent entraîner une hausse de salaire, mais il devra faire preuve de prudence en matière pécuniaire tout au long de l'année. Le Bœuf de Bois devra surveiller ses dépenses de près et demeurer vigilant lorsqu'il règle des dossiers importants ou prend de nouveaux engagements. Sur le plan financier, c'est une année où il importe de rester vigilant et consciencieux, et s'il a une quelconque inquiétude, le Bœuf de Bois devrait chercher à clarifier les choses et à se faire conseiller.

Les occasions qui surviennent subitement sont une caractéristique particulière de l'année du Dragon et le Bœuf de Bois aura peut-être la chance de voyager avec peu de préavis, peut-être pour faire une pause ou pour visiter des gens. Ses intérêts peuvent le tenir occupé aussi, et s'il a l'occasion d'assister à des événements, à des spectacles ou à des concerts, encore une fois avec peu de préavis, il devrait essayer d'y aller. Certes, il faut reconnaître que le Bœuf de Bois préfère planifier à l'avance, mais en restant ouvert à la nature spontanée de l'année, il peut réussir à faire des choses intéressantes et à s'amuser.

Le Bœuf de Bois appréciera, encore une fois, son cercle d'amis proches pendant l'année et il peut aussi entrer en contact avec d'autres personnes avec qui il créera des amitiés importantes, en raison de changements à son travail ou en poursuivant ses diverses activités.

Les mois d'avril, de mai, de juillet et de septembre, et le début de 2013, sont les périodes d'activité sociale les plus intenses et, pour les célibataires, les histoires de cœur sont prometteuses. Ici encore, l'année du Dragon peut apporter des changements soudains et même si le Bœuf de Bois préférère prendre son temps, certains pourraient trouver l'âme sœur de manière foudroyante et éclatante.

La vie familiale du Bœuf de Bois sera également riche en événements cette année. Il y aura des décisions importantes à prendre, des chambardements entraînés par la concrétisation de certains projets et des moments de célébration sur le plan personnel et familial. L'issue sera favorable la plupart du temps, mais il y aura des moments difficiles qui perturberont ou retarderont l'échéancier (la patience n'est pas toujours un point fort du Bœuf de Bois !) et feront monter la pression. Le Bœuf de Bois doit accepter ces contretemps du mieux qu'il peut et se résoudre à les contourner. Il ne faut pas laisser les désagréments de l'année prendre une proportion démesurée ou miner les moments agréables.

Globalement, l'année du Dragon peut être exigeante pour le Bœuf de Bois, mais en se montrant à la hauteur et en faisant de son mieux, il apprendra beaucoup, se donnera de nouveaux atouts et gagnera le respect de bien des gens. Les progrès réalisés maintenant peuvent aussi avoir une incidence considérable sur la suite des événements. Enfin, ses relations avec les autres peuvent s'avérer solides et enrichissantes et prendre des tournures positives.

## Conseil pour l'année

Étant un être ambitieux, vous réalisez qu'il y a parfois des moments où vous devez vous contraindre à aller de l'avant et à relever de nouveaux défis quelquefois inconfortables. C'est le cas cette année.

Profitez au maximum des chances qui vous sont offertes pour perfectionner vos compétences et améliorer ainsi grandement vos perspectives. De plus, consultez les autres et écoutez attentivement leurs conseils. Le soutien qu'ils vous apportent peut être déterminant et les bonnes relations que vous entretenez avec les autres peuvent vous être utiles de bien des façons.

## Le Bœuf de Feu

Le Bœuf de Feu peut accomplir beaucoup de choses cette année mais il devra y consacrer des efforts importants. Les progrès ne seront pas faciles ni automatiques, mais avec de la persévérance et un effort soutenu, il pourra y arriver.

Pour le Bœuf de Feu né en 1997, il y a un proverbe chinois qu'il serait utile de méditer cette année : « Travaille très fort dans tes études quand tu es jeune ou tu le regretteras plus vieux. » Pendant l'année du Dragon, le jeune Bœuf de Feu doit consacrer tous les efforts requis à ses études. C'est l'occasion pour lui de se préparer pour ce qui est à venir. Même s'il faut attendre encore plusieurs années avant d'arriver sur le marché du travail et de prendre d'autres responsabilités, ce que vous apprenez maintenant peut porter fruit plus tard. Ce n'est pas le moment de gaspiller votre temps.

De plus, même s'il privilégie certains sujets d'étude, le Bœuf de Feu ne devrait pas se décourager si certains travaux n'obtiennent pas la note escomptée. Cela lui permettra de reconnaître ses erreurs et de les éviter à l'avenir. Pour certains, c'est aussi le signal qu'un effort supplémentaire est requis. L'année du Dragon peut être exigeante mais c'est par les contraintes et les défis que le jeune Bœuf de Feu apprendra davantage.

Si, toutefois, à tout moment il a beaucoup de mal avec un sujet en particulier, il est important qu'il cherche de l'aide. En ne faisant rien, il ne fera qu'augmenter son anxiété alors que bien des gens autour de lui sont prêts à l'aider.

En s'adonnant à ses diverses activités, le Bœuf de Feu verra de nouvelles forces émerger et devrait envisager la meilleure façon de les consolider. Encore une fois, son entourage peut l'encourager et si le Bœuf de Feu se laisse guider, des possibilités intéressantes peuvent survenir. Pour le Bœuf de Feu avec un talent musical (de nombreux Bœufs sont de bons musiciens), l'occasion pourrait se présenter d'apprendre à jouer d'un instrument ou de se joindre à un ensemble ou à un orchestre d'étudiants, alors que pour les sportifs, une bourse d'études pourrait être offerte. Peu importe ses intérêts, le jeune Bœuf de Feu peut faire de belles acquisitions avec de l'effort et de la volonté.

Il appréciera également son cercle d'amis proches ; le soutien qu'ils lui apportent peut être d'un grand secours. Tout au long de l'année, ses intérêts le mettront également en contact avec d'autres et il s'entendra bien avec plus d'un.

Dans sa vie familiale, le Bœuf de Feu devra se montrer cordial et offrir son aide au besoin. L'année du Dragon met l'accent sur l'effort et la volonté et c'est en s'engageant – à la maison, à l'école et dans ses loisirs – que le Bœuf de Feu s'en tirera le mieux et améliorera ses perspectives d'avenir.

Pour les Bœufs de Feu nés en 1937, cette année sera intéressante mais parfois agaçante. Le Bœuf de Feu est un personnage redoutable avec une ferme résolution. Une bonne partie de l'année se déroulera bien pour lui mais comportera tout de même quelques irritants. Qu'il s'agisse de délais, de bureaucratie ou de malentendus, il y aura des occasions qui éprouveront la patience du Bœuf de Feu. Même s'il est agacé, il doit faire attention, toutefois, de ne pas exacerber les situations difficiles mais de chercher plutôt à les résoudre. En particulier, il devrait vérifier les faits, chercher conseil et examiner la meilleure voie à suivre. Avec détermination et débrouillardise, il peut désamorcer ou éviter les aspects pénibles de l'année. Le Bœuf de Feu doit toutefois donner le meilleur de lui-même tout au long de l'année.

Il y aura tout de même d'autres aspects de l'année du Dragon qui plairont au Bœuf de Feu, y compris la possibilité de passer du temps en famille et de profiter des relations souvent bonnes qu'il entretient avec les membres plus jeunes de sa famille. Par ailleurs, il aura souvent le goût d'investir pour améliorer sa maison. S'il considère ses options avec soin et discute de ses idées avec son entourage, il sera ravi de ses choix, même si certains projets prennent plus de temps que prévu.

Le Bœuf de Feu prendra également plaisir à poursuivre ses intérêts de longue date, et appréciera le fait de pouvoir donner suite à certaines idées, à communiquer avec d'autres adeptes ou à assister à des événements connexes. Le jardinage (y compris les jardins intérieurs) est une activité qui fera plaisir à bien des Bœufs de Feu et de tels intérêts peuvent leur faire beaucoup de bien au cours de cette année parfois difficile.

Le Bœuf de Feu devra cependant se montrer vigilant avec les finances et les dossiers importants. Des difficultés peuvent survenir si certaines procédures ne sont pas respectées. Avis à tous les Bœufs de Feu : prenez garde, soyez consciencieux et cherchez conseil au besoin.

En général, l'année du Dragon ne sera pas la plus facile pour le Bœuf de Feu. Il devra se montrer prudent pour ne pas exacerber les difficultés en se montrant têtu ou intransigeant. Il devra faire preuve de perspicacité, de patience et de flexibilité. Mais pour les Bœufs de Feu plus jeunes et plus âgés, l'année fournira l'occasion de poursuivre leurs intérêts personnels et de perfectionner leurs habiletés et leurs compétences. Par ailleurs, la famille et les amis les soutiendront dans leurs efforts.

## Conseil pour l'année

Soyez prêt à travailler fort. Même si les résultats peuvent parfois se faire attendre, vos efforts et votre ténacité prévaudront et vous serviront de multiples façons, maintenant et à l'avenir.

## Le Bœuf de Terre

Le Bœuf de Terre est un réaliste. Il a un bon jugement et un talent pour évaluer les situations, et ces habiletés vont lui servir cette année. Ce ne sera pas une année des plus faciles pour lui mais il peut en tirer un grand profit et jouir de quelques réussites méritées.

Pour les Bœufs de Terre qui travaillent, l'année du Dragon peut être exigeante. Bon nombre de ceux-ci vivront des changements qui non seulement auront une incidence sur leur rôle mais exigeront d'importants ajustements. Le Bœuf de Terre peut avoir des doutes à propos de la tournure des événements, mais le mieux qu'il puisse faire est de se concentrer sur ses tâches et de se faire relativement discret. Ce n'est pas le moment de brasser la cage ou de se montrer inflexible.

Même si une partie de l'année sera exigeante, le Bœuf de Terre aura tout de même l'occasion de mettre son expérience à profit. Son jugement peut constituer un atout considérable cette année et ses collègues vont souvent reconnaître et apprécier sa contribution.

La majorité des Bœufs de Terre va demeurer dans son poste actuel pendant l'année et s'adapter au besoin. Cependant, pour ceux qui cherchent un nouveau rôle à jouer, l'année du Dragon peut apporter des occasions intéressantes. Décrocher un nouveau poste ne sera pas chose facile mais le Bœuf de Terre est persévérant ; s'il reste à l'affût et examine une gamme de possibilités, il pourrait se trouver un emploi qui lui donnerait l'occasion de faire quelque chose de très différent. Cela pourrait être provisoire, toutefois, et c'est une année où le Bœuf de Terre doit se montrer apte à s'adapter. Les mois de mars, de mai, d'août et de novembre sont favorables pour le travail, mais les événements se précipitent pendant une année du Dragon et le Bœuf de Terre doit saisir rapidement les ouvertures qui lui conviennent et y donner suite.

Parmi les Bœufs de Terre, certains vont prendre leur retraite ou réduire leurs engagements professionnels au cours de l'année et, encore une fois, l'année sera placée sous le signe du changement et des ajustements sur le plan personnel.

Peu importe sa situation, le Bœuf de Terre devra se montrer prudent dans la gestion de ses finances et régler ses dossiers personnels cette année. Il doit y accorder toute son attention et chercher conseil pour tout ce qui le concerne personnellement. Par ailleurs, s'il envisage de faire de grosses dépenses ou de contracter une entente, il devrait en vérifier les modalités et veiller à ce que ses exigences soient satisfaites. Encore une fois, s'il n'y porte pas suffisamment attention, des problèmes peuvent survenir. C'est très certainement une année où il faut se montrer vigilant.

Si possible, cependant, le Bœuf de Terre devrait mettre de l'argent de côté pour des vacances. Avec toutes ses activités et les pressions qu'il aura à subir pendant l'année du Dragon, un dépaysement peut lui faire un grand bien. Il aura peut-être la chance de s'évader avec peu de préavis et si une proposition de voyage ou une invitation se présentait, le Bœuf de Terre serait avisé d'y donner suite.

Un autre aspect profitable de l'année concerne les intérêts personnels des Bœufs de Terre. Au cours de l'année, ils seront nombreux à vouloir poursuivre leurs intérêts à un niveau plus poussé, possiblement en prenant des cours ou en se fixant un objectif particulier. En se donnant du temps pour le faire, ils peuvent tirer un grand profit de leurs efforts. Tout Bœuf de Terre qui se sent peu épanoui au cours de l'année serait avisé d'envisager de nouvelles activités à entreprendre ou de nouveaux intérêts à poursuivre. Il pourrait ainsi transformer sa situation.

Comme pour la plupart des Bœufs, les Bœufs de Terre sont de nature tranquille et réservée ; ils devraient quand même profiter au maximum des occasions sociales et garder contact avec leurs amis. Ce n'est pas le moment de prendre ses distances sur les événements ni de se refermer sur soi-même. Les amis peuvent apporter un soutien et des encouragements en plus d'offrir de précieux conseils pour les décisions importantes.

Par ailleurs, certains Bœufs de Terre réfléchiront à leur bien-être au cours de l'année et ceux qui se joignent à un club d'activité physique ou décident de se mettre en forme par d'autres moyens trouveront qu'ils peuvent en retirer beaucoup de plaisir et de soutien mutuel. Dans l'année du Dragon, la vie sociale du Bœuf de Terre peut lui apporter beaucoup de plaisir.

À la maison, les activités seront nombreuses et, en raison des pressions et des changements subis au travail de même que des décisions importantes auxquelles d'autres auront peut-être à faire face, il faudra compter sur une bonne communication et une bonne coopération en famille. Plus le niveau de discussion et de sensibilisation est élevé, plus la situation sera vivable pour tous. Toutefois, même si la vie familiale sera souvent fébrile, elle prendra une signification toute particulière pour le Bœuf de Terre, en particulier si ses plans se concrétisent (même si des délais imprévus surviennent), et les moments de bonheur en famille seront au rendez-vous. C'est très certainement une année qui favorise la communication, les efforts concertés et la prise de décisions partagée.

Globalement, l'année du Dragon peut être exigeante pour le Bœuf de Terre et il devra se montrer attentif, consciencieux, prudent et capable de s'adapter tout au long de l'année. Toutefois, malgré les pressions, il tirera une satisfaction particulière de ses intérêts personnels et appréciera le soutien des autres.

## Conseil pour l'année

Même si certains événements au cours de l'année pourraient vous préoccuper ou vous imposer une pression additionnelle, vous pouvez en tirer des enseignements. Soyez débrouillard et relevez le défi. Des retombées positives importantes pourraient s'ensuivre.

# Des Bœufs célèbres

Lily Allen, Robert Altman, Hans Christian Andersen, Peter Andre, Gabriel Arcand, Gemma Arterton, Daniel Auteuil, Jean-Sébastien Bach, Warren Beatty, Daniel Bélanger, Janette Bertrand, Napoléon Bonaparte, Richard Burton, Albert Camus, Jim Carrey, Barbara Cartland, Charlie Chaplin, Melanie Chisholm (Sporty Spice), George Clooney, Jean Cocteau, Patrice Coquereau, Dante, Josée Deschênes, Alexandre Despatie, Lady Di, Marlene Dietrich, Walt Disney, Jane Fonda, Michael J. Fox, Peter Gabriel, Richard Gere, Bianca Gervais, Élise Guilbeault, Haendel, Adolf Hitler, Dustin Hoffman, Anthony Hopkins, Saddam Hussein, Billy Joel, Lionel Jospin, Juan Carlos, B. B. King, Alexei Kovalev, Burt Lancaster, Bernard Landry, K. D. Lang, Jessica Lange, Laurence Lebœuf, Jean Leloup, Jack Lemmon, Jean Marais, Pauline Marois, Melina Mercouri, Julianne Moore, Kate Moss, Alison Moyet, Eddie Murphy, Paul Newman, Jack Nicholson, Barack Obama, Billy Ocean, Annie Pelletier, Oscar Peterson, Luc Picard, Colin Powell, Robert Redford, Joannie Rochette, Rubens, Meg Ryan, Monica Seles, Jean Sibelius, Sissy Spacek, Bruce Springsteen, Meryl Streep, Margaret Thatcher, Vincent van Gogh, Rufus Wainwright, Zoë Wanamaker, Sigourney Weaver, le Duc de Wellington, Arsène Wenger, W. B. Yeats.

# Le Tigre

| 26 JANVIER 1914 – 13 FÉVRIER 1915 | Tigre de Bois |
| 13 FÉVRIER 1926 – 1er FÉVRIER 1927 | Tigre de Feu |
| 31 JANVIER 1938 – 18 FÉVRIER 1939 | Tigre de Terre |
| 17 FÉVRIER 1950 – 5 FÉVRIER 1951 | Tigre de Métal |
| 5 FÉVRIER 1962 – 24 JANVIER 1963 | Tigre d'Eau |
| 23 JANVIER 1974 – 10 FÉVRIER 1975 | Tigre de Bois |
| 9 FÉVRIER 1986 – 28 JANVIER 1987 | Tigre de Feu |
| 28 JANVIER 1998 – 15 FÉVRIER 1999 | Tigre de Terre |
| 14 FÉVRIER 2010 – 2 FÉVRIER 2011 | Tigre de Métal |

# La personnalité du Tigre

C'est l'engouement,
l'enthousiasme,
c'est consentir à ce petit plus
qui fait toute la différence,
c'est pour cela que tout éclot.

Le Tigre est né sous le signe du courage. Figure charismatique s'il en est une, il ne craint pas d'exprimer ses vues avec aplomb. Sa volonté et sa détermination insufflent une énergie fabuleuse à tout ce qu'il entreprend. On reconnaît le Tigre à son insatiable curiosité ainsi qu'à son esprit vif et pénétrant. Ce ne sont ni les idées ni les projets qui lui manquent ! À vrai dire, ce penseur original déborde presque toujours d'enthousiasme pour quelque chose.

Rien ne fait davantage plaisir au Tigre qu'un défi, et l'occasion de prendre part à une initiative prometteuse excite son imagination. Toujours prêt à jouer le tout pour le tout, il ne voit pas d'un bon œil qu'on essaie de l'enfermer dans des conventions ou des diktats. C'est à la liberté qu'il aspire : un jour ou l'autre, il larguera les amarres, indifférent aux dangers, pour faire ce qui lui plaît.

Malheureusement, la nature quelque peu agitée du Tigre le dessert quelquefois. Même s'il n'hésite pas à se consacrer corps et âme à un projet, son ardeur des premiers jours risque de ne pas faire long feu si une autre affaire capte son attention. De plus, sa tendance à agir de manière impulsive lui fait à l'occasion regretter sa conduite. Le Tigre devra s'accorder le temps d'une mûre réflexion, faire preuve de persévérance dans ses projets, et ses chances de succès s'en trouveront accrues.

Comme il bénéficie de la protection d'une bonne étoile, le Tigre connaît souvent la réussite. Toutefois, lorsque la tournure des événements n'est pas à la hauteur de ses espérances, il est susceptible de traverser des périodes de dépression dont il se remet avec peine. Bien souvent, sa vie est faite de hauts et de bas.

Le Tigre sait néanmoins s'adapter. Heureusement, d'ailleurs, car il s'attarde rarement où que ce soit, son goût de l'aventure le poussant toujours vers de nouveaux horizons. C'est ainsi qu'aussitôt parvenu à l'âge adulte, il occupera différents types d'emplois et changera de domicile à plusieurs reprises.

Honnêteté et franchise prédominent dans les relations que le Tigre entretient avec ses semblables. Aussi a-t-il naturellement en horreur toute forme de mensonge ou d'hypocrisie. Et attention ! Il n'a pas l'habitude de mâcher ses mots ; s'il a quelque chose à dire, il le fera sans ambages. Sa nature rebelle est prompte à se manifester, particulièrement lorsqu'il est témoin d'un comportement autoritaire ou mesquin, ce qui le mène parfois à entrer en conflit avec d'autres. Ne redoutant pas la polémique, c'est avec passion qu'il défend ses convictions.

Le Tigre a un tempérament de chef et a donc toutes les chances d'accéder aux plus hauts échelons de sa profession. À noter toutefois qu'il n'affectionne ni la paperasse ni les tâches exigeant de la minutie. Obéir aux ordres ne lui plaît pas davantage et il lui arrive d'être têtu comme une mule. Quand il a les coudées franches et ne doit rendre de comptes à personne, le Tigre file le parfait bonheur. Il prend plaisir à imaginer que ses réussites sont le fruit de ses seuls efforts et, à moins d'y être forcé, il sollicite rarement l'aide des autres.

Paradoxalement, malgré sa confiance en lui et son leadership, le natif de ce signe est parfois en proie à l'indécision et, lorsque l'enjeu est de taille, il attend souvent à la dernière minute pour trancher. Par ailleurs, il n'est pas insensible à la critique.

La capacité de gagner largement sa vie va de pair, chez le Tigre, avec un net penchant pour les dépenses, dont certaines ne sont pas des plus avisées. En accord avec sa nature généreuse, il se montre prodigue avec ses amis, qu'il comble de cadeaux.

Le Tigre a sa réputation à cœur et se préoccupe de l'image qu'il projette. Sa contenance fière et assurée ne manque pas d'attirer l'attention, ce qui n'est pas pour lui déplaire. D'ailleurs, il est versé dans l'art de la promotion, non seulement de sa propre personne, mais également des causes auxquelles il adhère.

Il est fréquent que le Tigre se marie jeune. C'est avec les natifs du Cochon, du Chien, du Cheval et de la Chèvre qu'il s'accorde le mieux. Le Tigre fait également bon ménage avec le Rat, le Lièvre et le Coq, tandis qu'il apprécie dans une moindre mesure le calme et le sérieux du Bœuf ou du Serpent. Quant au Singe, sa curiosité et son esprit taquin irritent le Tigre au plus haut point. De même, le Tigre s'entend difficilement avec un autre Tigre ou avec un Dragon, car leurs échanges sont une constante lutte de pouvoir ; en effet, aucun de ces natifs ne se prête aisément aux compromis, même pour des questions sans grande importance.

La femme Tigre, spirituelle et pleine d'entrain, n'a pas son pareil pour recevoir. Toujours soucieuse de son apparence, elle sait se mettre en valeur et séduire son entourage. Elle est aimante avec ses enfants et, si elle leur laisse la bride sur le cou, cette excellente éducatrice s'assure néanmoins qu'ils sont bien élevés et ne manquent de rien. Comme son partenaire masculin, la femme Tigre est curieuse de tout, aussi aime-t-elle avoir le champ libre pour explorer ses centres d'intérêt. Elle est également de nature tendre et généreuse.

Les splendides qualités du Tigre – son honnêteté et son courage, entre autres – font de lui une source d'inspiration pour les autres. S'il parvient à tempérer les excès de sa nature agitée, il sera promis à une vie aussi agréable qu'enrichissante.

# Les cinq types de Tigres

Aux douze signes de l'astrologie chinoise sont associés cinq éléments dont l'influence vient tempérer ou renforcer le signe. Sont décrits ci-après leurs effets sur le Tigre, de même que les années au cours desquelles ces éléments exercent leur influence. Ainsi, les

Tigres nés en 1950 sont des Tigres de Métal ; ceux qui sont nés en 1962 sont des Tigres d'Eau, etc.

## Le Tigre de Métal (1950, 2010)

Le Tigre de Métal se distingue par son assurance et sa nature extravertie. Bien qu'il soit occasionnellement versatile, ce natif nourrit de hautes ambitions et travaillera sans relâche pour obtenir ce qu'il désire. Il lui arrive toutefois de se montrer impatient et irritable lorsque les résultats se font attendre ou que les événements prennent une tournure qui lui déplaît. Sa prestance lui vaut l'admiration et le respect de tous.

## Le Tigre d'Eau (1962)

Mille et une choses suscitent l'intérêt du Tigre d'Eau, qui ne se fera pas prier pour mettre à l'essai des idées novatrices ou explorer de lointaines contrées. Polyvalence et perspicacité s'allient chez lui à une gentillesse innée. Le Tigre d'Eau reste calme dans les moments critiques, mais son indécision s'avère parfois fort ennuyeuse. Habile communicateur, bourré de talents et de charme, il parviendra le plus souvent à ses fins. Son imagination fertile fait de lui un excellent orateur ou écrivain.

## Le Tigre de Bois (1914, 1974)

Le Tigre de Bois se démarque par sa personnalité sympathique et attachante. Moins farouchement indépendant que les autres Tigres, il sera davantage porté à la collaboration pour atteindre ses objectifs. Sa tendance à l'éparpillement, toutefois, n'est pas à son avantage. En règle générale, le Tigre de Bois jouit d'une grande popularité et compte de nombreux amis. Il mène une vie sociale bien remplie et des plus agréables. Le Tigre de Bois est également doué d'un excellent sens de l'humour.

## Le Tigre de Feu (1926, 1986)

C'est avec entrain et brio que le Tigre de Feu aborde la vie. Aimant par-dessus tout l'action, il plonge de tout cœur dans les projets qui frappent son imagination. Son remarquable leadership lui permet de communiquer aux autres ses idées et son enthousiasme. De nature optimiste et généreuse, le Tigre de Feu a une personnalité fort attachante. C'est également un orateur habile et plein d'esprit.

## Le Tigre de Terre (1938, 1998)

Voilà un Tigre qui a une bonne tête sur les épaules, et le sens des responsabilités ! Il examine les choses de manière objective, se faisant un point d'honneur d'être juste et intègre dans ses rapports avec les autres. Ce qui différencie le Tigre de Terre, c'est qu'il est prêt à se spécialiser au lieu de se laisser distraire par des centres d'intérêt secondaires. Toutefois, il lui arrive d'être absorbé au point de ne faire aucun cas des opinions de ceux qui l'entourent. Il jouit d'un excellent sens des affaires et connaît généralement une prospérité enviable lorsqu'il atteint l'âge mûr. Le Tigre de Terre est bien entouré et s'attache à soigner autant son apparence que sa réputation.

# Perspectives pour le Tigre en 2012

L'année du Lièvre (du 3 février 2011 au 22 janvier 2012) est favorable au Tigre et il peut bénéficier du temps qui reste à écouler.

Un des aspects les plus favorisés est sa propre croissance personnelle, et dans les mois qui restent à écouler de l'année du Lièvre, il devrait continuer de miser sur ses connaissances et ses compétences, y compris en suivant toute formation offerte à son travail, et entreprendre des études et des travaux pratiques de façon autodidacte. Cela va non seulement l'aider dans sa situation actuelle, mais lui apporter une satisfaction personnelle.

Pour les Tigres qui cherchent du travail ou qui souhaitent un changement dans ce qu'ils font, les derniers mois de l'année du Lièvre renferment des possibilités intéressantes et ces Tigres seraient avisés de rester à l'affût des occasions. Bon nombre seront récompensés pour leur persévérance.

Le Tigre bénéficiera également du soutien et de la bonne volonté de son entourage. Il peut compter sur un nombre grandissant d'occasions sociales et les histoires de cœur peuvent rendre cette période exceptionnelle. Les mois d'août et de novembre pourraient être particulièrement fébriles.

À la maison, le Tigre aura bien des projets, mais il devra les soumettre à la discussion et planifier soigneusement. Plus les dispositions sont prises à l'avance, mieux c'est ; autrement, le Tigre aura peut-être du mal à tout faire. Cela est particulièrement vrai pour les rencontres avec des membres de sa famille et avec ses amis, et aussi lorsqu'il fait des voyages. Les derniers mois de l'année du Lièvre exigeront une bonne organisation.

Globalement, l'année du Lièvre peut être satisfaisante pour le Tigre, surtout en matière de croissance personnelle.

L'année du Dragon commence le 23 janvier et est potentiellement enrichissante pour le Tigre. Toutefois, la volatilité des événements fera en sorte que le Tigre devra surveiller sa nature impulsive. Le fait d'agir précipitamment ou sans suffisamment d'égards pourrait entraîner des difficultés. C'est une année généralement bonne, mais pendant laquelle le Tigre devra être vigilant.

Au travail, la situation est prometteuse. Le Tigre est doté d'une imagination fertile et est capable de pondre de nombreuses bonnes idées. Au cours de l'année, sa créativité et son esprit d'entreprise peuvent entraîner d'excellents résultats et l'amener à faire des progrès sensibles. S'il découvre des moyens d'améliorer l'efficacité ou le rendement ou s'il trouve la solution à un problème, il devrait mettre ses idées de l'avant. Avec ses ressources et sa capacité de sortir des ornières, il peut grandement améliorer sa réputation et ses perspectives. En 2012, il vaut la peine pour lui de faire cet effort supplémentaire.

Bien que les perspectives soient généralement bonnes, un mot d'avertissement est de mise. Si, après une réussite, le Tigre devient trop confiant ou imprudent, ou se précipite pour terminer quelque chose, il risque d'annuler une partie de ses bons coups. L'année du Dragon peut renfermer des pièges pour les gens peu méfiants et le Tigre doit assurément se tenir sur ses gardes.

Le Tigre pourrait avoir la chance d'assumer de plus grandes responsabilités, souvent en raison de ses activités courantes. Si, toutefois, il estime que les perspectives sont limitées en l'état actuel, il devrait explorer de nouvelles possibilités. Les années du Dragon favorisent l'esprit d'initiative et le Tigre sera souvent bien placé pour profiter des ouvertures qui se présentent. Les mois d'avril, de mai, de septembre et de novembre pourraient être fertiles en occasions sur le plan professionnel.

Les perspectives sont également encourageantes pour les Tigres qui sont à la recherche d'un emploi. Malgré que la quête d'un emploi soit une tâche difficile, le Tigre doit avoir confiance en lui et faire le meilleur usage possible de ses forces et de son style. S'il remplit ses demandes d'emploi avec un soin particulier, ses qualités se feront remarquer et à la fin il sera récompensé.

Un avancement professionnel peut être financièrement avantageux et le Tigre pourrait également réussir à compléter ses revenus en exploitant une idée, un passe-temps ou un intérêt personnel.

Même si les perspectives sont prometteuses, cependant, il devra faire preuve de discipline. Dans toute entreprise ou transaction importante, il devra vérifier les faits et obtenir des conseils appropriés au besoin. De plus, il serait avisé de surveiller ses dépenses. Ses nombreux projets et un style de vie souvent très mouvementé font en sorte qu'il doit comptabiliser ses dépenses et ajuster son budget en conséquence.

Cette année peut être source d'inspiration, toutefois, et donner l'occasion au Tigre de faire meilleur usage de ses talents et de son originalité. Les Tigres engagés dans des activités de création ou d'expression artistique pourraient constater que certaines idées évoluent de façon prometteuse.

Devant le rythme accéléré des événements cette année et étant donné l'effort consenti par le Tigre dans nombre de ses activités, toutefois, il y a un risque qu'il soit accaparé par toutes ses tâches, avec pour résultat qu'il néglige certains aspects de sa vie. Il est essentiel que le Tigre en demeure conscient et maintienne un style de vie équilibré, y compris en accordant du temps à son entourage.

Mis à part cet avertissement, les années du Dragon sont stimulantes et enrichissantes pour le Tigre sur le plan personnel. Pour les célibataires, les liaisons amoureuses peuvent occuper une place importante, et certains Tigres pourraient trouver l'âme sœur d'une manière inattendue. Pour que l'union dure, cependant, il faut laisser le temps à chacun de mieux connaître l'autre et asseoir la relation sur une fondation plus solide.

Les divers intérêts et activités du Tigre peuvent créer de bonnes occasions sociales au cours de l'année, et il devrait écouter les autres attentivement et prendre soigneusement note des conseils et des suggestions de ses amis proches. Ce qu'ils ont à dire pourrait être important et prophétique dans certains cas. Les mois d'avril et de juin ainsi que le dernier trimestre de l'année du Dragon pourraient être très occupés socialement.

La vie familiale du Tigre sera également bien remplie et il importe d'établir une bonne communication et une coopération entre tous les partis. À défaut de cela, il y a risque que la vie familiale soit aspirée dans un tourbillon d'activités, et des tensions (causées parfois par un excès de fatigue) pourraient en résulter. Pour prévenir cette situation, il importe que le Tigre conserve des moments privilégiés à passer avec ses proches et qu'on prévoie des intérêts et des activités que tous peuvent apprécier. Encore une fois, le petit supplément de temps et d'effort consenti peut faire la différence cette année.

Globalement, l'année du Dragon permettra au Tigre d'utiliser ses compétences et sa créativité à bon escient. C'est le moment d'aller de l'avant, la fortune sourit à ceux qui sont actifs et entreprenants. L'année peut apporter son lot de nouvelles occasions intéressantes et le Tigre serait bien avisé d'y donner suite. En s'appuyant sur la perspicacité des autres et en faisant bon usage de ses habiletés, il peut passer une année heureuse et satisfaisante.

## Le Tigre de Métal

L'élément métallique a une influence importante sur le Tigre, qui renforce sa détermination et sa forte volonté. Lorsque le Tigre de Métal se met en tête d'adopter un plan d'action, il n'en déroge pas facilement. En 2012, toutefois, il serait avisé d'être plus accommodant. Certes, c'est une année pour saisir les occasions, mais s'il veut en profiter pleinement, le Tigre de Métal devra se montrer flexible, surtout lorsque la chance lui sourit subitement.

Pour les Tigres de Métal au travail, cette année peut être capitale. Bien qu'ils soient souvent satisfaits dans leur rôle, il y a du changement dans l'air. Des tâches et des objectifs nouveaux pourraient leur être attribués et leurs pratiques de travail pourraient être modifiées substantiellement. Des ajustements seront nécessaires, mais s'il se montre flexible et accepte la nouveauté, le Tigre de Métal constatera que la nouvelle situation est pour le mieux et qu'il pourra en tirer de nouvelles motivations pour travailler. Certains Tigres de Métal auront la chance de se concentrer sur des responsabilités plus ciblées et d'utiliser leurs compétences de manière plus satisfaisante. Sur le plan professionnel, l'année du Dragon sera donc bien remplie pour nombre de Tigres de Métal, mais malgré les perturbations, il y a une bonne marge de manœuvre pour progresser cette année.

Pour les Tigres de Métal qui sont à la recherche de travail ou pour ceux qui souhaitent passer à autre chose, l'année du Dragon peut réserver des surprises. Même si le Tigre de Métal a d'ores et déjà acquis des compétences dans des domaines particuliers, il pourrait décrocher un poste qui n'a rien à voir avec celui qu'il occupait auparavant. Pour ce faire, il doit être disposé à examiner une large gamme de possibilités et, dans certains cas, miser sur des cours de formation. Encore une fois, un réajustement pourrait s'avérer nécessaire, mais cela donnera au Tigre de Métal le défi qu'il cherchait. C'est une année où il faut rester ouvert aux jeux du hasard. Les mois d'avril, de mai, de septembre et de novembre pourraient donner lieu à d'intéressantes possibilités, mais le Tigre de Métal doit agir rapidement dès qu'il aperçoit une ouverture.

Le soutien qu'on apporte au Tigre de Métal constitue un autre aspect important de l'année. Des collègues et des contacts de longue date pourraient lui être particulièrement utiles, et si jamais le Tigre de Métal se trouve devant un dilemme et souhaite obtenir des conseils, il devrait en demander. De la même façon, lorsqu'il parcourt les possibilités, il devrait discuter avec ceux qui ont l'expertise pour le conseiller. Il bénéficiera non seulement des renseignements obtenus mais pourrait parfois aussi se faire aiguiller vers des occasions dignes d'intérêt. Dans l'année du Dragon, le Tigre de Métal doit rester ouvert.

L'importance des contacts avec les autres s'applique également à sa vie sociale. Pendant l'année, il pourrait s'impliquer à fond dans diverses activités et s'il n'y prend pas garde, il y a un risque de délaisser certaines amitiés et de passer à côté de certains aspects agréables de sa vie. Même s'il est très occupé, il devrait chercher à rester en contact avec ses amis et à participer aux événements sociaux qui l'attirent. Ce contact social lui fera non seulement du bien mais lui donnera l'occasion de profiter des encouragements et des conseils que certains amis peuvent lui procurer. Les occasions sociales pourraient atteindre leur comble pendant les mois d'avril et de juin et durant les derniers mois de l'année du Dragon.

Un autre aspect important de l'année du Dragon concerne les nouvelles occasions qu'elle apporte. Avec ses intérêts très diversifiés, le Tigre de Métal pourrait découvrir un nouveau sujet d'intérêt ou une nouvelle activité qui l'intrigue plus particulièrement. Si c'est le cas, il se doit d'y donner suite. Pendant cette année au rythme accéléré, il est important pour le Tigre de Métal de prendre du temps pour lui et pour ses loisirs et de poursuivre ses propres intérêts et ses idées.

Pour les Tigres de Métal célibataires ou esseulés, ce choix de favoriser leurs intérêts actuels ou nouveaux comporte l'avantage supplémentaire de les mettre en contact avec d'autres gens et, dans certains cas, de les conduire à de nouvelles amitiés ou liaisons. Encore une fois, l'année du Dragon réserve des surprises.

Les occasions de voyager seront également bonnes. De nombreux Tigres de Métal auront la chance de visiter de nouvelles régions, même s'ils devront surveiller leurs dépenses et faire des provisions pour des dépassements de coûts. Avec une bonne discipline financière, le Tigre de Métal constatera qu'il peut aller de l'avant avec ses plans ; autrement, il devra peut-être les reporter. L'année du Dragon exige une saine gestion financière.

Dans sa vie familiale, toutefois, le Tigre de Métal peut s'attendre à vivre des moments privilégiés. Il pourrait y avoir des nouvelles de la famille, un anniversaire ou une autre occasion à souligner et des moments enthousiasmants à vivre en famille. Cette année pourrait être agréable sur le plan familial mais, tout au cours de l'année, le Tigre de Métal devra rester aux aguets, s'impliquer davantage et passer des moments privilégiés avec ses proches. Des difficultés peuvent survenir s'il se fonde sur des suppositions ou s'il se fait trop de soucis (toujours un risque cette année). À tous les Tigres de Métal, prenez note : restez attentifs aux autres et à l'affût des événements.

Généralement, l'année du Dragon est pleine de possibilités pour le Tigre de Métal. En profitant le plus possible de la tournure des événements et en étant disposé à s'adapter et à s'ajuster, il pourra tirer une grande satisfaction de ce qu'il peut accomplir.

## Conseil pour l'année

Passez du temps avec ceux qui vous sont chers. C'est une année remplie de grandes promesses mais vous devez maintenir votre équilibre de vie, accorder du temps aux autres et vous réserver des moments pour profiter de vos réalisations.

## Le Tigre d'Eau

Cette année renferme énormément d'occasions pour le Tigre d'Eau. C'est le début d'une nouvelle décennie dans sa vie et certaines de ses actions auront une incidence importante à long terme. Enfin, grâce à son enthousiasme et à sa capacité de se mettre en valeur, le Tigre d'Eau sera grandement favorisé.

Dans son travail, les perspectives sont particulièrement positives. Malgré le fait que bien des Tigres d'Eau aient bien progressé ces dernières années, ils sont encore nombreux à ne pas se sentir totalement épanouis. Au cours de l'année, ces Tigres d'Eau devraient réfléchir sérieusement à la manière de faire évoluer leur carrière. Certains pourraient décider de jouer un plus grand rôle au sein de leur organisation actuelle, alors que d'autres seront prêts à relever de nouveaux défis, avec le sentiment qu'ils ont accompli tout ce qu'ils pouvaient dans leur poste actuel. L'année du Dragon est un temps pour l'action et les choses peuvent commencer à évoluer d'intéressante façon dès que les Tigres d'Eau envisagent leur avenir.

Pour certains, une réorganisation à l'interne dans leur lieu de travail actuel leur donnera la chance d'exercer des fonctions supérieures. Ceux qui sont enclins à chercher autre chose verront que les événements peuvent évoluer de curieuse façon et on pourrait leur offrir un poste assez rapidement sur la base de leur expérience. Ce travail pourrait être le prolongement de ce qu'ils faisaient auparavant ou une façon d'utiliser différemment leur expérience.

Les perspectives sont également encourageantes pour les Tigres d'Eau qui cherchent du travail. Malgré les déceptions qu'ils auront à vivre, des ouvertures peuvent survenir subitement, parfois de manière presque fortuite. Des amis, d'anciens collègues et des cadres au travail avec lesquels le Tigre d'Eau est en contact pourraient tous le diriger vers de nouvelles possibilités. Avec leurs conseils et leurs encouragements et sa propre nature très déterminée, il pourrait constater que les portes s'ouvrent pour lui. Les mois d'avril, de mai et de septembre et la période de la fin d'octobre jusqu'au début de décembre pourraient être riches en développements, mais les perspectives sont à ce point encourageantes que des possibilités peuvent se manifester presque à tout moment.

Un autre aspect positif de l'année concerne la façon dont le Tigre d'Eau tire satisfaction de ses intérêts personnels et les fait évoluer. Grâce à sa nature vive et créative, il aura souvent des projets ou des défis à relever et des idées à poursuivre. Bien que son temps libre puisse être limité cette année, s'il se garde du temps pour ses intérêts et ses loisirs, il peut tirer beaucoup de plaisir de ses occupations et en profiter sur le plan personnel. Encore une fois, en cette cinquantième année, l'accent est mis sur la poursuite de ses idées, en profitant au maximum des occasions offertes. Pour tout Tigre d'Eau qui aurait négligé ses intérêts personnels dernièrement, c'est un excellent temps pour commencer quelque chose de nouveau.

Les voyages seront à l'ordre du jour pour bien des Tigres d'Eau, en particulier vers la fin de 2012 et tôt en 2013, et certains voudront marquer leur cinquantième anniversaire par des vacances spéciales. Planifiées avec soin, celles-ci pourraient représenter le fait marquant de l'année. Par ailleurs, la spontanéité typique de l'année du Dragon pourrait permettre au Tigre d'Eau de voyager avec peu de préavis.

Les progrès réalisés au travail par le Tigre d'Eau pourraient se traduire par une augmentation de ses revenus, mais avec ses projets de voyage et ses engagements courants, il devra contrôler ses dépenses et faire des réserves pour ses projets et ses achats plus importants. Une saine gestion et une discipline sont requises pour faire tout ce qu'il a envie de faire.

Une attention toute particulière sera également requise pour régler les dossiers importants car un délai ou des erreurs pourraient entraîner des problèmes et nuire au Tigre d'Eau. À tous les Tigres d'Eau : soyez avisés qu'il faut être consciencieux lorsqu'il s'agit de régler les dossiers importants.

Grâce à sa nature sociable, le Tigre d'Eau appréciera les diverses occasions sociales de l'année et ses amis proches vont lui être particulièrement utiles. Tout Tigre d'Eau aux prises avec des difficultés récentes aura peut-être droit à un sérieux coup de main de la part de certains amis. Il pourrait aussi avoir de bonnes chances de rencontrer des gens et parfois, s'il est sans attaches, de s'engager dans une relation amoureuse. Les mois d'avril et de mai et la période de novembre à janvier 2013 pourraient être bien remplis et satisfaisants sur le plan social.

Le Tigre d'Eau peut aussi espérer passer de très bons moments en famille. Ses proches vont vouloir fêter son cinquantième anniversaire avec éclat, par exemple. Par ailleurs, bien des familles verront un changement de situation, possiblement attribuable à une mutation au travail ou au départ d'un membre de la famille, pour poursuivre ses études, peut-être, ou pour chercher du travail ailleurs. L'année 2012 sera riche en événements et bien que le Tigre d'Eau se sente anxieux à certaines périodes, en offrant son soutien et en faisant de son mieux, il peut contribuer à ce que ces importantes transitions se fassent en douceur. Tout au long de l'année, s'il est fatigué ou sous pression, il doit se garder de déverser ses tensions sur d'autres. Heureusement, la plupart des Tigres d'Eau ont des égards pour ceux qui les entourent, mais leur irritabilité peut leur jouer des tours. À tous les Tigres d'Eau, prenez note : restez ouverts et aimables et profitez au maximum de cette année souvent très satisfaisante.

Globalement, l'année du Dragon sera importante pour le Tigre d'Eau et sa détermination, son enthousiasme et son trop-plein d'idées lui ouvriront d'excellentes possibilités. C'est le moment de relever de nouveaux défis, et les moments marquants sur le plan social et familial ne manqueront pas. Le cinquantenaire du Tigre d'Eau sera marquant et contribuera bien souvent à façonner les années qui suivront.

## Conseil pour l'année

Cherchez à aller de l'avant. En donnant corps à vos idées et en utilisant vos forces, vous pourrez non seulement croître personnellement mais trouver d'autres occasions à saisir. Soyez actif et entreprenant et assurez-vous de tirer le maximum de vous-même et de ce que cette année spéciale a à offrir.

## Le Tigre de Bois

Voici une année remplie d'occasions intéressantes pour le Tigre de Bois, et même si certains plans n'aboutissent pas comme prévu, c'est le moment d'aller de l'avant et de progresser sur le plan personnel.

L'année du Dragon avance à pas rapides et le Tigre de Bois devra rester à l'affût et se renseigner sur ce qui se passe autour de lui. S'il est trop absorbé dans ses propres activités ou s'il ne tient pas suffisamment compte de l'état actuel des choses, il pourrait être pénalisé. Tous les Tigres de Bois doivent en prendre bonne note car beaucoup de choses sont possibles pour eux cette année.

Dans son travail, le Tigre de Bois pourrait vivre d'importants changements. Des collègues pourraient partir et de nouvelles procédures être instaurées ; certaines périodes de l'année seront exigeantes et parfois inconfortables mais il importe de rester informé et de s'adapter au besoin. Avec le temps, certains avantages nets vont en découler. Le Tigre de Bois aura la chance non seulement d'ajouter à son expérience mais également de travailler avec d'autres collègues, dont certains peuvent devenir de bons contacts et amis, ce qui améliorera ses perspectives d'avenir.

La vitesse accélérée des changements est caractéristique de l'année du Dragon. La chance pourrait sourire sans prévenir au Tigre de Bois et il pourrait constater qu'on prend rapidement acte d'une demande qu'il soumet. Pour en profiter pleinement, il doit se montrer flexible et profiter au maximum des occasions *dès qu'elles surviennent*. Les premières semaines de l'année du Dragon pourraient être particulièrement occupées, et les mois d'avril, de mai, de septembre et de novembre auront également leur part de possibilités intéressantes.

Pour les Tigres de Bois qui sont à la recherche d'un emploi, les occasions, encore une fois, peuvent surgir subitement. Après une période où les occasions convenables se font rares, ou à la suite d'une série de refus, plusieurs ouvertures prometteuses pourraient survenir en même temps et certains Tigres de Bois pourraient se retrouver devant un dilemme sur la voie à suivre. En se fiant à leur instinct, toutefois, bon nombre non seulement s'établiront rapidement dans un nouveau travail mais constateront que leur nouveau poste renferme des possibilités pour de l'avancement ultérieur. C'est une année à fort potentiel sur le plan professionnel.

Par ailleurs, si le travail ou les intérêts du Tigre de Bois sont d'une quelconque façon du domaine de l'expression artistique, il devrait tirer le meilleur parti de ses talents cette année, en proposant ses idées, en mettant son travail de l'avant et en perfectionnant son expertise. Des développements intéressants pourraient s'ensuivre.

Avec son style de vie souvent fébrile, il importe également que le Tigre de Bois veille à son propre bien-être et s'assure de manger sainement, de faire suffisamment d'exercice et de se reposer. Il pourrait s'exposer à des rhumes ou à d'autres maladies mineures s'il se pousse sans relâche. Les Tigres de Bois doivent en prendre bonne note.

Le Tigre de Bois devrait également rester en contact régulier avec ses amis et participer aux événements mondains qui l'intéressent. Cela lui permettra de maintenir un équilibre de vie et certains amis pourraient s'avérer particulièrement utiles eu égard aux décisions et aux situations auxquelles il aura à faire face au cours de l'année. Les mois d'avril et de juin et le dernier trimestre de l'année du Dragon pourraient être les plus socialement actifs, mais tout au long de l'année, la situation professionnelle et les intérêts du Tigre de Bois lui donneront souvent l'occasion d'élargir son cercle social.

Sa vie familiale sera également bien remplie cette année et il pourrait être appelé à venir en aide aux membres plus jeunes et plus âgés de sa famille et à entreprendre un assez bon nombre de projets d'entretien et de rénovation à la maison. En période d'affairement, il aurait intérêt à se concentrer sur les priorités et à retarder ses autres plans. Par ailleurs, si à tout moment il se sent fatigué ou anxieux, il devrait éviter de décharger ses frustrations sur d'autres. Avec un style de vie actif, des tensions peuvent parfois survenir qui risquent de miner les relations et la bonne compréhension si on n'y prend pas garde. À tous les Tigres de Bois : prenez note et portez attention aux autres.

Il y aura aussi des moments privilégiés, toutefois, pour venir compenser les périodes de l'année plus exigeantes. Certains Tigres de Bois célébreront l'ajout d'un membre à leur famille ou auront une réussite professionnelle ou personnelle à souligner ; bon nombre profiteront de leurs intérêts communs et des occasions de voyage parfois inattendues que l'année du Dragon peut apporter.

L'avancement du Tigre de Bois au travail pourrait également lui valoir une augmentation de salaire. Toutefois, l'année risque d'être très coûteuse. Il devra surveiller rigoureusement ses dépenses, en raison de ses nombreux projets, de ses rêves et de ses dépenses d'hébergement (dont peut-être un déménagement). Par ailleurs, s'il contracte un nouvel engagement important, il devrait en vérifier les détails et obtenir des conseils appropriés au besoin. Ce n'est pas le moment de prendre des risques ou de miser sur des suppositions non fondées.

En général, l'année du Dragon est une période active et prometteuse pour le Tigre de Bois, mais il se doit d'être flexible et de tirer le maximum de sa situation. L'expérience acquise aujourd'hui pourrait avoir une incidence majeure demain. Les perspectives sont également bonnes en matière d'activités créatives. Tout au long de l'année, le Tigre de Bois appréciera le soutien de son entourage, même s'il doit demeurer attentionné et cordial et se réserver du temps pour la famille et les amis. En y mettant du sien, toutefois, l'année peut être une période emballante aux conséquences importantes.

## Conseil pour l'année

Soyez conscient de ce qui se passe et évitez de vous plonger dans certaines activités au point de négliger d'autres aspects de votre vie. Gardez un bon équilibre de vie et adaptez-vous aux occasions qui surviennent. L'année en est une de possibilités. Utilisez-la à bon escient.

## Le Tigre de Feu

Le Tigre de Feu brûle d'un grand enthousiasme et sait qu'il est capable de grandes choses. Pour l'année du Dragon, ses perspectives sont bonnes. La tournure des événements, cependant, ne sera peut-être pas celle qu'il prévoyait. Cette année peut renfermer des surprises et des décisions non prévues mais également des expériences très satisfaisantes sur le plan personnel.

Pour tirer le maximum de 2012, le Tigre de Feu devra rester à l'affût et faire preuve de flexibilité. Ce n'est pas une année pour s'entêter à suivre une voie unique ; il vaut mieux s'ajuster aux situations selon le cours des événements.

Cela est particulièrement vrai au travail. Ces derniers temps, de nombreux Tigres de Feu auront fait bonne impression avec leur nature consciencieuse et leur capacité d'apprentissage. Cette année, bon nombre auront la chance d'améliorer leur situation et d'en apprendre davantage sur leur rôle et leur champ d'activité. Parfois, ces occasions professionnelles ne sont pas ce que le Tigre de Feu avait envisagé ; toutefois, ce qu'il réussit à accomplir cette année pourrait lui être utile à plus long terme.

Les Tigres de Feu qui estiment pouvoir améliorer davantage leurs perspectives en déménageant pourraient également se faire surprendre par les événements. Parfois, ils peuvent se voir refuser un poste particulier tout en se voyant offrir un autre en échange, ou être attirés par un poste qui se démarque sensiblement de leurs tâches actuelles. Encore une fois, il faut se montrer flexible et tirer le maximum des occasions offertes *au moment où elles surviennent*.

Cela s'applique aussi aux Tigres de Feu qui cherchent du travail. En examinant une large gamme de possibilités et en se faisant conseiller, bon nombre décrocheront un poste qui renferme de bonnes perspectives d'avancement.

La clé du succès en 2012 est de s'adapter, d'apprendre et d'être ouvert aux possibilités. La période de la fin mars à mai et les mois de septembre et de novembre pourraient donner lieu à des développements prometteurs, mais la nature de l'année est telle que des occasions pourraient survenir à presque tout moment.

Avec leur avenir à l'esprit, certains Tigres de Feu vont également décider de compléter leurs titres de compétence ou d'en acquérir de nouveaux. C'est à la fois un enrichissement personnel et un investissement pour l'avenir. Tous les Tigres de Feu seraient avisés d'accorder de l'importance à la croissance personnelle et professionnelle cette année, car les avantages de le faire peuvent se répercuter à long terme.

L'année du Dragon favorise la créativité et l'expression, et les Tigres de Feu qui apprécient les arts, en tant qu'artistes, spectateurs ou à un autre titre, devraient réserver du temps pour poursuivre leurs intérêts et les faire fructifier. C'est une période qui peut être inspirante et productive pour bon nombre d'entre eux.

L'année du Dragon peut également donner lieu à d'importants développements personnels. Pour les Tigres de Feu qui sont en couple, il pourrait y avoir des nouvelles excitantes et certains espoirs pourront maintenant prendre corps. Le Tigre de Feu doit se rappeler toutefois que l'année du Dragon peut réserver des surprises : il se peut que certains plans soient à reconsidérer selon l'évolution de la situation. Le Tigre de Feu aura peut-être à faire preuve de flexibilité et à porter attention aux opinions de ses proches. Par ailleurs, des pressions, des décisions et des dilemmes peuvent à l'occasion entraîner des moments angoissants ou tendus. À tous les Tigres de Feu, prenez note : l'année peut être stimulante sur le plan personnel mais il faut demeurer vigilant et consciencieux pour éviter les difficultés.

Même si le Tigre de Feu préfère assumer la responsabilité de gérer ses propres affaires, il serait avisé de faire appel à l'aide d'autrui, y compris des membres plus âgés de sa famille. S'il discute de ses espoirs et de sa situation actuelle, il pourrait en retirer des conseils utiles et de l'aide. C'est une année qui exige une bonne communication.

Le Tigre de Feu appréciera également sa vie sociale. Même si ses engagements courants l'obligent à réduire ses sorties mondaines, il devrait garder un contact régulier avec ses amis, non seulement pour le plaisir de prendre des nouvelles mais pour profiter davantage des occasions de sortie. Certains pourraient prendre plaisir à entreprendre une activité ou à poursuivre un intérêt commencé depuis peu. Les mois d'avril et de juin et le dernier trimestre de l'année pourraient donner lieu à l'activité sociale la plus intense ; pour ceux qui sont sans attaches, une rencontre fortuite pourrait s'avérer déterminante.

Les perspectives de voyages sont également bonnes et des occasions intéressantes pourraient se présenter, surtout dans les derniers mois de l'année du Dragon.

En général, l'année du Dragon est remplie de possibilités pour le Tigre de Feu. Dans son travail, il sera souvent encouragé à mettre ses compétences et son potentiel à profit et tout nouveau titre de compétence peut améliorer ses perspectives. Ses relations sociales prendront également de l'importance et la réalisation de bien des projets et espoirs pourrait rendre cette période très stimulante. L'année du Dragon, toutefois, avance rapidement et le Tigre de Feu devra s'adapter au cours des événements et surtout se soucier des autres. Dans l'ensemble, cependant, l'année sera bonne et favorable.

## Conseil pour l'année

Restez à l'affût des occasions. Rappelez-vous que les voies pour avancer sont nombreuses. En misant sur vous-même et sur votre situation actuelle, vous pouvez progresser grandement. Portez également une grande attention à vos proches et sachez apprécier leur soutien et leurs conseils. Vous serez favorisé cette année. Sachez en profiter pleinement.

## Le Tigre de Terre

Cette année sera intéressante pour le Tigre de Terre et renfermera énormément de possibilités. Cependant, pour en profiter le plus possible, le Tigre de Terre devra tirer le maximum des situations telles qu'elles sont et non telles qu'il les souhaiterait. C'est un temps pour être accommodant et flexible.

Pour les Tigres de Terre nés en 1998, l'année peut être particulièrement fructueuse. Avec leurs nouvelles connaissances, bon nombre vont prendre plaisir aux possibilités qui leur sont maintenant offertes. Les Tigres de Terre vont souvent être encouragés à explorer de nouveaux concepts et à perfectionner leur métier en améliorant leurs compétences informatiques ou en poursuivant leur intérêt pour le sport, la musique, l'art ou un autre domaine. Vu la soif du Tigre de Terre pour le savoir et son penchant pour les activités pratiques, c'est une période propre à l'inspirer.

Toutefois, même si le jeune Tigre de Terre peut progresser cette année, il devra y mettre temps et effort. Il devra s'efforcer d'atteindre ses objectifs et éviter de se décourager ou d'abandonner trop vite s'il trouve certains sujets exigeants. En gardant un esprit ouvert et avec de la volonté, il est capable de faire de grandes avancées cette année. Grâce à ses bons coups, il augmentera grandement sa confiance en lui. Par ailleurs, tout Tigre de Terre un peu en retrait qui se retient dans ses élans fera sans doute preuve de nouvelles capacités cette année.

En plus des progrès accomplis dans son éducation, le jeune Tigre de Terre cherchera à poursuivre certains de ses intérêts, surtout ceux qu'il peut partager avec ses amis intimes. L'année du Dragon est souvent fébrile et colorée, le prétexte à l'introduction d'une variété de nouveaux styles et de nouvelles modes, et de nombreux Tigres de Terre vont suivre les nouvelles tendances avec intérêt.

Une bonne partie de ce que le Tigre de Terre accomplit pendant l'année comportera un élément social et il aura bien des occasions de faire de nouvelles rencontres. Ses relations avec autrui seront généralement bonnes mais des difficultés peuvent encore survenir et un conflit de personnalités ou une divergence d'opinions pourrait avoir lieu. Si tel est le cas, le jeune Tigre de Terre devra veiller à ce que le litige ne prenne pas des proportions démesurées. La meilleure approche cette année pourrait souvent être : « Moins on en dit, mieux on se porte. » Si, à tout moment, une situation particulière préoccupe le jeune Tigre de Terre, il devrait en parler à d'autres. À la maison, à l'école ou, au besoin, sur une ligne d'écoute, il y a des gens qui sont prêts à l'aider. Généralement, l'année sera très encourageante pour le jeune Tigre de Terre, mais s'il rencontre des difficultés, il se doit d'aller vers les autres.

Dans sa vie familiale, les activités seront nombreuses. Toute aide qu'il apporte aux gens de son entourage qui mènent des vies chargées sera appréciée et favorisera les bons rapports et la compréhension. De plus, de nombreux Tigres de Terre participeront avec plaisir à une foule d'activités familiales, dont des vacances pour certains. L'année du Dragon peut être particulièrement agréable et, encore une fois, plus le Tigre de Terre se montre bien disposé et s'implique, plus il risque de gagner.

Pour le Tigre de Terre né en 1938, cette année peut également être intéressante. Toutefois, ce dernier devra rester à l'affût et être prêt à s'adapter selon les situations. S'il est flexible, il s'en sortira beaucoup mieux.

Un domaine qui revêt un intérêt particulier est celui de l'aménagement intérieur et les Tigres de Terre seront nombreux à s'acheter des articles pour leur maison et à y apporter d'autres améliorations. Ils doivent porter une attention toute particulière aux options et aux besoins et, dans certains cas, avoir recours à une expertise professionnelle ; plus ils mettent de temps sur les achats et les projets importants, toutefois, plus le résultat sera satisfaisant.

Le Tigre de Terre doit également faire preuve de prudence lorsqu'il s'engage dans des transactions importantes et lorsqu'il règle des questions financières. Un délai, la perte d'un document ou une erreur pourrait lui être nuisible. Pendant l'année du Dragon, les questions bureaucratiques peuvent faire problème et exigent rigueur et vigilance.

Le Tigre de Terre peut toutefois tirer une grande satisfaction de ses intérêts personnels au cours de l'année. Les perspectives sont particulièrement bonnes en ce qui concerne les intérêts d'ordre créatif: de nombreux Tigres de Terre vont apprécier la façon dont leurs idées prennent corps ainsi que la variété d'activités qu'ils entreprennent. Grâce à sa nature éveillée et curieuse, le Tigre de Terre va également apprécier certains événements mondains et d'autres occasions sociales auxquels il participera. De plus, bien des Tigres de Terre vont participer avec plaisir à des activités locales ou à des groupes d'intérêt.

Le Tigre de Terre va également jouer un grand rôle dans la vie de ses proches. Ses petits-enfants et ses arrière-petits-enfants pourraient lui être particulièrement reconnaissants pour son soutien, et l'aide qu'il leur accorde au cours de l'année pourrait s'avérer très utile. De nombreux Tigres de Terre peuvent également espérer participer à un événement spécial cette année, peut-être un anniversaire ou un agrandissement de la famille. Il y aura certes des périodes occupées et stimulantes au cours de l'année. À tout moment, toutefois, le Tigre de Terre doit se rappeler qu'il devrait demander de l'aide s'il est préoccupé par quoi que ce soit. Son entourage sera ravi de l'aider en retour de ses nombreuses gentillesses.

Globalement, l'année du Dragon sera bien remplie et pour le Tigre de Terre, qu'il soit né en 1938 ou en 1998, il importe de rester conscient de ce qui se passe et de profiter au maximum de la situation. Au cours de l'année, le Tigre de Terre doit certes rester attentif et à l'écoute des opinions et des conseils de son entourage. Mais les perspectives pour les intérêts personnels et les projets de création sont favorables. En faisant bon usage de son temps et en saisissant les occasions, le Tigre de Terre peut tirer une grande satisfaction de ses réalisations et prendre plaisir à cette année pleine et stimulante.

## Conseil pour l'année

Restez ouvert d'esprit et prêt à examiner de nouvelles possibilités. Avec une approche positive et flexible, vous pouvez bonifier vos projets et en faire davantage.

# Des Tigres célèbres

Kofi Annan, Josianne Balasko, Ludwig van Beethoven, Maurice Béjart, Tony Bennett, Biz (Sébastien Fréchette), James Blunt, Jon Bon Jovi, Lucien Bouchard, Hélène Bourgeois-Leclerc, Emily Brontë, Mel Brooks, Agatha Christie, André Citroën, Véronique Cloutier, Phil Collins, Bob Coltrane, Michel Côté, Tom Cruise, Penélope Cruz, Normand D'Amour, Mireille Darc, Marie-Michèle Desrosiers, Leonardo DiCaprio, Emily Dickinson, Sylvie Drapeau, Isadora Duncan, la reine Elizabeth II, Thomas Fersen, Roberta Flack, Dédé Fortin, Kathleen Fortin, Jodie Foster, Lady Gaga, Charles de Gaulle, Rémy Girard, Elliott Gould, Francisco de Goya, Sir Alec Guinness, Marjolaine Hébert, William Hurt, Bianca Jagger, Saku Koivu, Félix Leclerc, Alain Lefèvre, Jerry Lewis, Marie-France Marcotte, Karl Marx, Miou-Miou, Marilyn Monroe, Demi Moore, Alanis Morissette, Bruno Pelletier, Pierre Auguste Renoir, Zachary Richard, Patrice Robitaille, Kenny Rogers, Chloé Sainte-Marie, Dame Joan Sutherland, Dylan Thomas, Liv Ullman, Jon Voight, H. G. Wells, Oscar Wilde, Tennessee Williams.

# Le Lièvre

| | |
|---|---|
| 14 FÉVRIER 1915 – 2 FÉVRIER 1916 | Lièvre de Bois |
| 2 FÉVRIER 1927 – 22 JANVIER 1928 | Lièvre de Feu |
| 19 FÉVRIER 1939 – 7 FÉVRIER 1940 | Lièvre de Terre |
| 6 FÉVRIER 1951 – 26 JANVIER 1952 | Lièvre de Métal |
| 25 JANVIER 1963 – 12 FÉVRIER 1964 | Lièvre d'Eau |
| 11 FÉVRIER 1975 – 30 JANVIER 1976 | Lièvre de Bois |
| 29 JANVIER 1987 – 16 FÉVRIER 1988 | Lièvre de Feu |
| 16 FÉVRIER 1999 – 4 FÉVRIER 2000 | Lièvre de Terre |
| 3 FÉVRIER 2011 – 22 JANVIER 2012 | Lièvre de Métal |

# La personnalité du Lièvre

En tout temps
En tout lieu
Avec qui que ce soit
Toujours je cherche à comprendre.
Sinon, je stagne.
Comprendre
Me donne une chance.
Une bonne chance.

Le Lièvre naît sous le double signe de la vertu et de la prudence. C'est un être doté d'une bonne intelligence, qui préfère mener une vie calme et paisible. Il déteste la discorde et tente à tout prix d'éviter les frictions et les conflits. C'est un pacificateur : il aime faire régner l'harmonie et a généralement une influence lénifiante sur son entourage.

Ses champs d'intérêt sont très variés et s'étendent souvent aux arts. Il a le goût du raffinement et des belles manières. Mais il sait également fort bien s'amuser, et on le retrouve fréquemment dans les restaurants et les boîtes à la mode.

Spirituel et vif d'esprit, le Lièvre raffole des discussions entre amis. Son opinion et ses conseils sont prisés, d'autant plus qu'on le sait discret et plein de tact. Rarement élève-t-il la voix lorsqu'il sent monter sa colère et, pour préserver la paix, il est prêt à ignorer des choses qui lui déplaisent ; il aime demeurer en bons termes avec tout le monde. Ce qui ne veut pas dire qu'il est insensible ; au contraire, toute critique le hérisse intérieurement. Et dès qu'une situation risque de s'envenimer, il est le premier à tourner les talons.

Doué d'une mémoire remarquable, le Lièvre accomplit les tâches qu'on lui confie avec efficacité, sans faire de bruit. En affaires, il fait preuve d'une grande astuce. Cependant, le contexte dans lequel il se trouve tend à nuire à sa performance. Ainsi, un climat de tension ou l'obligation de prendre des décisions rapides le font réagir négativement. Autant que faire se peut, il prépare soigneusement son plan d'action, quelle que soit l'activité envisagée, et essaie de prévoir… même les imprévus. Il déteste prendre des risques et n'accepte pas de bon cœur le changement. En fait, ce qu'il recherche, c'est un environnement stable, paisible et sans surprises. Une fois qu'il l'a trouvé, il est plus qu'heureux si les choses restent telles quelles.

Consciencieux dans tout ce qu'il fait, méthodique, vigilant, le Lièvre a toutes les chances de réussir dans sa profession. On peut le retrouver dans la carrière diplomatique, comme avocat, commerçant, administrateur ou homme du culte ; il excelle partout où ses talents de communicateur peuvent être mis à profit. On le respecte tant pour sa loyauté que pour son intégrité ; par ailleurs, si jamais il accède à un poste de pouvoir, il risque de se montrer parfois autoritaire et intransigeant.

Le Lièvre accorde une grande importance à son milieu de vie. Il est donc tout à fait disposé à consacrer temps et argent pour aménager son intérieur et le doter des derniers conforts, car jamais il ne néglige son bien-être ! Il a fréquemment une âme de collectionneur ; nombreux sont en effet les natifs du signe qui se passionnent pour les meubles anciens, les objets d'art, les timbres, les pièces de monnaie, etc.

La femme Lièvre, bienveillante et d'une grande délicatesse, s'exerce toujours à créer un foyer chaleureux. Comme elle est très sociable, elle adore recevoir. Et elle a un rare talent pour organiser son temps, de sorte que, même très sollicitée, elle arrive toujours à trouver des moments pour se délasser, lire ou voir des amis. Elle possède un sens de l'humour hors pair, est douée pour les arts, et le jardinage est souvent l'un de ses violons d'Ingres.

Le Lièvre, soucieux de son apparence, apporte un grand soin à sa tenue et il est généralement très bien mis. C'est un être pour qui les relations humaines ont une grande importance ; il ne manque pas d'admirateurs et vit fréquemment plusieurs aventures amoureuses avant de s'établir. Le Lièvre n'est pas le plus fidèle des signes, mais, pour une relation durable, il est susceptible de s'entendre particulièrement bien avec les natifs de la Chèvre, du Serpent, du Cochon et du Bœuf. Vu son affabilité, il peut également faire bon ménage avec le Tigre, le Dragon, le Cheval, le Singe, le Chien et un autre Lièvre. Cependant, les relations sont beaucoup moins harmonieuses avec le Rat et le Coq à cause de leur franc-parler et de leurs jugements sévères. Or, nous le savons, le Lièvre déteste toute forme de critique ou d'affrontement.

Il semble né sous une bonne étoile et la chance veut qu'il se trouve souvent « où il faut, quand il faut ». Ses talents sont multiples et le Lièvre a le don de les exploiter. Cependant, à l'occasion, il ne répugne pas à faire passer le plaisir avant le travail ; il préfère de beaucoup la vie facile ! Il affiche parfois de la réserve, et même une certaine méfiance à l'égard des motifs d'autrui, mais possède tout ce qu'il faut pour connaître une existence heureuse, relativement exempte de discorde et de mésentente.

# Les cinq types de Lièvres

S'ajoute aux caractéristiques qui marquent les douze signes du zodiaque chinois l'influence de cinq éléments qui viennent les renforcer ou les tempérer. On retrouve ci-après les effets qu'ils exercent sur le Lièvre et les années au cours desquelles chaque élément prédomine. Ainsi, les Lièvres nés en 1951 sont des Lièvres de Métal, ceux qui sont nés en 1963, des Lièvres d'Eau, etc.

## Le Lièvre de Métal (1951, 2011)

Le Lièvre de Métal, pourvu de nombreux talents, est ambitieux, sait ce qu'il veut et a des buts précis. Si on le dit parfois réservé et même distant, c'est qu'il partage peu ses opinions. Bien servi par un esprit vif et alerte, il a un sens aigu des affaires : c'est un fin stratège. Il s'intéresse aux arts et aime évoluer dans le beau monde. Le plus souvent, il n'a pas un très grand cercle d'amis, mais plutôt un cercle de très bons amis.

## Le Lièvre d'Eau (1963)

Le Lièvre d'Eau est doué d'intuition et de perspicacité, qualités qui accompagnent une grande sensibilité. Cela l'amène quelquefois à prendre les choses trop à cœur. D'une extrême minutie, il s'applique à tout ce qu'il fait. Il possède une mémoire remarquable ainsi que le don d'exprimer ses idées, et ce, même s'il est d'un naturel réservé. Il jouit de l'estime de ses proches et de ses collègues, et sa présence est recherchée.

## Le Lièvre de Bois (1915, 1975)

Le Lièvre de Bois est généreux, facile à vivre et fait preuve d'une grande adaptation. Au travail solitaire il préfère le travail de groupe, car il aime se sentir entouré et soutenu.

Il manifeste toutefois une certaine réticence à exprimer ses vues ; il serait donc dans son intérêt d'apprendre à communiquer plus ouvertement et, surtout, plus directement. Il adore sortir et compte généralement de nombreux amis.

## Le Lièvre de Feu (1927, 1987)

Le Lièvre de Feu a un tempérament chaleureux et extraverti. Il aime se retrouver entre amis et s'efforce d'être en bons termes avec tous. Discret et diplomate, il comprend bien la nature humaine. Doté d'une volonté de fer, il a un excellent potentiel et peut aller loin dans la vie, d'autant plus s'il reçoit l'appui de son entourage. En effet, il supporte mal que les choses ne tournent pas rond, et les déceptions entraînent souvent chez lui des sautes d'humeur ou de la déprime.

## Le Lièvre de Terre (1939, 1999)

Le Lièvre de Terre est du type tranquille. Réaliste quant à ses buts, il est prêt à fournir l'effort nécessaire pour les atteindre. Il a le sens des affaires et, en matière de finances, la chance joue souvent en sa faveur. Clairvoyance et finesse le caractérisent. Il sait être très persuasif et arrive la plupart du temps à rallier les autres à ses idées. Ses amis et ses collègues le tiennent en haute estime et sollicitent fréquemment son opinion.

# Les perspectives pour le Lièvre en 2012

L'année du Lièvre (du 3 février 2011 au 22 janvier 2012) aura été favorable au Lièvre et dans les derniers mois, certains rêves se réaliseront et on passera de bons moments sur le plan personnel.

Le Lièvre attache une grande importance à ses relations et il sera très sollicité vers la fin de son année éponyme. Socialement, il aura plus d'occasions de sortir et participera à des réceptions, à des événements liés à ses intérêts et à d'autres formes de divertissement. Les mois de septembre et de décembre et le début de janvier pourraient être particulièrement mouvementés. Pour ceux qui sont sans attaches, les occasions amoureuses ne manquent pas, alors que pour ceux qui sont nouvellement engagés dans une relation, les choses pourraient devenir plus sérieuses.

Dans la vie familiale du Lièvre, la pression sera accrue avec beaucoup de choses à faire, à planifier et auxquelles réfléchir. Heureusement, le Lièvre est un excellent organisateur, mais c'est tout de même le moment de faire des efforts concertés et de faire appel aux autres. Bien des domiciles tenus par des Lièvres auront célébré une nouvelle emballante pendant l'année ou seront amenés à le faire dans les derniers mois. Les années du Lièvre sont souvent mémorables sur le plan familial pour les Lièvres.

Au travail, le Lièvre aura aussi droit à d'importants développements, et pour ceux qui cherchent un poste ou qui voudraient s'avancer, le mois d'octobre et le début de décembre pourraient offrir des possibilités intéressantes à saisir.

Globalement, le Lièvre peut accomplir beaucoup de choses dans son année éponyme quoiqu'il doive se mettre de l'avant et agir avec détermination s'il veut en retirer tous les avantages.

Le Lièvre est très perspicace et bon juge des situations. D'ailleurs, ces habiletés vont lui être très utiles pendant l'année du Dragon. Celle-ci commence le 23 janvier et est une période où il faut procéder avec délicatesse et méfiance. L'année sera variable pour le Lièvre, mais s'il demeure à l'affût et fait les choses à fond, il peut minimiser ou éviter ses aspects plus nuisibles.

Une des forces du Lièvre est d'aimer planifier et d'être bien organisé. Cependant, les événements dans l'année du Dragon peuvent s'avérer volatils. De nouveaux développements peuvent se précipiter et s'accomplir rapidement, et bien des Lièvres auront le sentiment de vivre un malaise ou d'être sous pression. Même si des périodes de l'année seront difficiles, toutefois, on peut quand même en faire quelque chose de positif.

Au travail, de nombreux Lièvres décideront de demeurer dans leur poste actuel, en particulier s'ils y sont relativement nouveaux, et d'utiliser l'année pour s'établir plus solidement dans leur métier. Or, malgré ces intentions louables, les années du Dragon sont mouvementées et favorables à l'innovation, avec pour résultat que bien des Lièvres subiront les affres du changement et devront faire face à de nouvelles procédures et à des tâches additionnelles. L'année du Dragon peut être très exigeante pour les travailleurs. Même s'il a des réticences concernant certains développements, le Lièvre peut améliorer grandement sa réputation en se concentrant sur la tâche à faire. Les résultats obtenus et l'utilisation habile de ses compétences pourraient lui permettre de jouer un plus grand rôle ou le mettre en lice pour une promotion. L'année du Dragon sera exigeante mais permettra également à nombre de Lièvres d'utiliser leurs forces à bon escient.

Pour les Lièvres qui souhaitent passer à autre chose (et parfois, les changements introduits constitueront le facteur décisif en ce sens) et, pour ceux qui sont à la recherche d'un travail, l'année du Dragon peut être difficile à négocier. Il y aura non seulement une compétition féroce sur le marché du travail, mais les postes disponibles dans le domaine qu'ils préfèrent seront peut-être peu nombreux. Cependant, le Lièvre est un être réaliste et plein de ressources. En réfléchissant à fond à sa situation et en obtenant les conseils appropriés, il pourrait dénicher des occasions qui lui donneraient la chance d'élargir ses compétences. Pour ce faire, il aura peut-être besoin d'une formation et d'un réajustement, mais cela permettra au Lièvre de s'établir dans un nouveau domaine avec un potentiel de développement pour l'avenir.

Il faudra faire un effort soutenu pour progresser cette année, mais les occasions sont là et doivent être saisies lorsqu'elles se présentent. La deuxième moitié de l'année sera généralement plus facile que la première, et le mois d'avril et la période de septembre à novembre seront des moments clés.

Grâce à sa nature méticuleuse et méthodique, le Lièvre est habituellement un bon gestionnaire de ses finances, mais il devra se méfier pendant l'année du Dragon. En particulier, s'il a un problème ou un doute au sujet d'une question financière, il devrait clarifier la situation, y compris par un recours à des conseils professionnels si approprié. Pareillement, il devrait se méfier des aventures spéculatives et des offres alléchantes. Tout n'est pas aussi limpide qu'il n'y paraît et pour éviter des pertes et des regrets, il devra faire enquête et examiner soigneusement les conséquences. Ce n'est pas le moment de prendre des risques ou d'agir avec aveuglement. À tous les Lièvres: prenez bonne note.

Même si en matière financière la prudence est de mise, le Lièvre peut tirer une grande satisfaction de sa vie familiale et sociale. Bien des Lièvres considèrent leur maison comme un sanctuaire et, une fois rentrés, ferment avec bonheur la porte sur les pressions extérieures. Et justement, en raison d'une année exigeante, de nombreux Lièvres vont effectivement fermer la porte et consacrer plus de temps à leurs êtres chers, entreprendre des projets et poursuivre des intérêts communs. On assistera pendant l'année au déploiement d'une grande activité sur le plan familial, y compris l'ajout de nouveaux conforts domestiques et une nouvelle décoration pour certaines pièces, et le bon goût et les idées créatives du Lièvre seront très certainement mis en évidence.

Une autre force du Lièvre est sa capacité d'entretenir de bons rapports avec de nombreuses personnes. Au cours de l'année, il fera beaucoup d'efforts pour encourager et conseiller ses proches et ils lui témoigneront souvent leur reconnaissance pour ses attentions, sa gentillesse et sa contribution à la vie familiale.

Grâce à sa nature affable, le Lièvre est un être très sociable qui appréciera le fait de sortir pour se détendre et pour rencontrer ses amis au cours de l'année. Il aura souvent l'occasion de rencontrer d'autres gens, par l'entremise de ses connaissances, et son cercle social sera amené à s'élargir. Tout Lièvre esseulé ou mécontent, peut-être en raison d'événements récents, trouvera qu'il a d'excellentes chances de faire des rencontres s'il fait des sorties, peut-être dans le but de poursuivre de nouveaux intérêts. Les perspectives amoureuses sont également encourageantes et les liaisons nouvelles ou existantes sont susceptibles de lui procurer beaucoup de bonheur. Les mois de mars, de juillet, d'août et de décembre pourraient donner lieu à l'activité sociale la plus intense.

Les intérêts personnels du Lièvre constituent un autre aspect intéressant de l'année. Le jardinage, le sport, la création artistique, le plein air et d'autres loisirs sont des activités qui permettent de relâcher la pression. Les Lièvres sont habiles à faire bon usage de leur temps. Au lieu d'envisager l'année comme un temps pour progresser sur le plan professionnel, ils seront nombreux à choisir d'améliorer leur qualité de vie et y arriveront.

Globalement, l'année du Dragon ne sera pas des plus faciles pour le Lièvre. Il ressentira souvent un malaise attribuable aux sursauts soudains d'activité et de changement. Toutefois, en se concentrant sur ses objectifs, il sera en mesure d'impressionner les autres. Des occasions professionnelles intéressantes vont se présenter pour de nombreux Lièvres. Mais c'est surtout à la maison et dans leur vie sociale qu'ils seront favorisés cette année. Les intérêts personnels seront également source de beaucoup de plaisirs pour bon nombre d'entre eux, et pour ceux qui sans attaches, des histoires de cœur vont souvent les rendre heureux.

## Le Lièvre de Métal

L'année sera raisonnable pour le Lièvre de Métal et au moment d'entamer celle-ci, il ferait bien de réfléchir à ce qu'il voudrait accomplir dans les douze prochains mois. Le fait d'avoir quelques idées en tête et d'en discuter avec d'autres lui permettra non seulement de prioriser ce qu'il veut faire mais le rendra plus conscient des possibilités. En effet, bien des Lièvres de Métal constateront qu'une fois qu'on a donné corps à nos idées, les informations, les occasions et l'aide peuvent s'ensuivre rapidement. Il y a manifestement un élément de synchronicité à l'œuvre qui favorise le Lièvre de Métal cette année, et il sera parfois surpris par la rapidité des événements.

Sa vie familiale sera particulièrement réussie cette année. Comme pour bien des Lièvres, le Lièvre de Métal a tendance à voir sa maison comme un refuge où oublier les pressions extérieures et il prendra plaisir à entreprendre des projets domestiques au cours de l'année. Il pourrait s'agir de rénovations, d'une nouvelle décoration, de l'achat d'équipements ou de l'installation d'appareils pour le confort. Même s'il a les idées claires sur ce qu'il veut faire, le Lièvre de Métal ferait mieux d'accepter les conseils sur certains achats, surtout en ce qui concerne les équipements. Ainsi, il pourrait parfois mieux répondre à ses besoins ou trouver quelque chose de plus économique.

En plus de jouir des avantages que ces divers projets et achats lui procurent, le Lièvre de Métal pourrait également prendre plaisir à suivre les activités des membres de la famille. Les grands-parents pourraient trouver particulièrement agréable le temps passé avec leurs petits-enfants. Par ailleurs, même si le Lièvre de Métal ne veut peut-être pas avoir l'air de s'immiscer dans sa vie privée, l'aide qu'il apportera à un membre particulier de la famille pourrait être plus décisive qu'il ne le croit. En effet, parmi les vertus du Lièvre de Métal, on trouve sa nature attentionnée et sa capacité de compatir, et les deux qualités seront appréciées par ses proches au courant de l'année. Un autre de ses talents consiste à favoriser les activités de groupe, et sa contribution à la vie familiale pourrait créer de nombreux moments magiques.

Même si, dans l'ensemble, les choses vont bien aller, aucune année n'est toutefois complètement libre de difficultés et pendant les moments difficiles, le Lièvre de Métal se doit d'être franc et ouvert. S'il discute de ses préoccupations avec son entourage, il trouvera plus facilement le soutien, les solutions et les compromis dont il a besoin. Généralement, l'année sera très positive sur le plan familial, mais lorsque des difficultés et des pépins surviennent, il faut les régler rapidement *et* en douceur.

Un domaine où il faudra porter une attention particulière sera les finances. Lorsqu'il contracte un nouvel engagement, le Lièvre de Métal doit vérifier les détails et considérer les conséquences. Il doit également régler la paperasse financière avec soin. S'il n'y porte pas suffisamment attention, les difficultés pourraient surgir et le Lièvre de Métal pourrait se retrouver dans une position désavantageuse. Heureusement, son caractère habituellement rusé aura son utilité. Financièrement, cependant, c'est une année où il faut éviter les risques et la précipitation.

Sur une note plus favorable, le Lièvre de Métal prendra beaucoup de plaisir à ses intérêts personnels cette année et sera en mesure de mettre ses connaissances et ses habiletés à profit. En profitant au maximum de ses occasions, de ses compétences et de ses idées, il peut passer une année satisfaisante sur le plan personnel.

Grâce à sa nature sociable et à ses intérêts divers, il prendra également plaisir à rencontrer ses amis et à participer à des événements sociaux qui lui plaisent. De plus, en se renseignant sur ce qui se passe dans sa communauté, il pourrait découvrir une nouvelle activité, un programme d'études ou une installation communautaire qui l'intéresse et qui pourrait lui être bénéfique. Encore une fois, il importe qu'il soit à l'affût et ouvert aux occasions qui s'offrent. L'activité sociale sera possiblement à son comble pendant les mois de mars et de juillet, au début de septembre et en décembre, mais tout au long de l'année, le Lièvre de Métal aura des choses intéressantes à faire.

Sur le plan professionnel, il constatera que cette année est exigeante et parfois difficile. Les changements qui surviendront et les nouveaux objectifs mis en place vont chambouler sa routine. Bien que cela puisse être déroutant, la meilleure politique pour le Lièvre de Métal est toutefois de se concentrer sur ses responsabilités particulières et de s'adapter au besoin, y compris en assumant de nouvelles tâches si nécessaire. Ce qui arrivera maintenant peut souvent lui offrir de nouvelles occasions dans l'avenir, mais entre-temps, il doit faire de son mieux dans des situations parfois volatiles.

Pour les Lièvres de Métal qui souhaitent évoluer sous d'autres cieux ou qui cherchent du travail, il faut encore une fois rester ouvert aux jeux du hasard. Les événements peuvent évoluer de curieuse façon dans l'année du Dragon et certains Lièvres de Métal pourraient se voir offrir un poste qu'ils auraient cru improbable pour eux. Certains vont également trouver qu'ils sont admissibles à un perfectionnement professionnel. En se renseignant sur ce qui est disponible et en se mettant de l'avant, ils pourraient constater que leurs démarches portent fruit de façon intéressante (et parfois surprenante). Le mois d'avril et la période de la fin d'août à novembre pourraient donner lieu à des développements décisifs.

Globalement, beaucoup de choses vont se produire dans l'année du Dragon et malgré les pressions et les ajustements à faire, la période sera généralement satisfaisante. Les relations du Lièvre de Métal avec la famille et les amis auront toute leur importance pour lui cette année et il prendra également un grand plaisir à poursuivre ses intérêts et possiblement à s'impliquer dans quelque chose de nouveau. C'est très certainement une année où il faut rester ouvert aux jeux du hasard et mettre les idées en marche. D'importants avantages pourraient s'ensuivre.

## Conseil pour l'année

Profitez au maximum des développements rapides ou des occasions soudaines. Soyez actif et utilisez vos idées à votre avantage.

## Le Lièvre d'Eau

« Le soleil et la lune vont et viennent comme une navette », dit le proverbe chinois, et ce constant va-et-vient sera très en évidence pour le Lièvre d'Eau cette année. Certains mois, le niveau d'activité sera important et à d'autres moments, plutôt ralenti, même si dans l'ensemble, ce sera agréable et généralement positif.

Ces dernières années, de nombreux Lièvres d'Eau auront vécu des changements dans leur situation professionnelle et se contenteront de rester là où ils sont cette année. Au fur et à mesure que l'année avance, bon nombre vont toutefois s'impliquer dans de nouvelles initiatives, s'inscrire à une formation ou assumer de plus grandes responsabilités. Ce qu'ils accomplissent dès maintenant pourrait élargir considérablement leurs compétences et les préparer aux occasions du futur, en particulier pendant l'année favorable du Serpent qui suivra.

Pour les Lièvres d'Eau qui souhaitent élargir leur expérience en changeant d'emploi, ainsi que pour ceux qui cherchent du travail, l'année du Dragon peut encore une fois avoir son importance. Il ne sera pas facile d'obtenir un nouveau poste et, pendant un certain nombre de mois, aucun progrès notable ne se fera sentir. Mais les situations sont appelées à changer, comme le soleil et la lune, et après une série de temps morts et de déceptions, des occasions intéressantes peuvent subitement apparaître. Le Lièvre d'Eau doit rester à l'affût et garder en tête que les événements qui arrivent dans une année du Dragon le font rapidement. Des occasions pourraient être bonnes en avril et de septembre à novembre, mais chaque fois que le Lièvre d'Eau repère une possibilité, il doit agir sans délai.

Le Lièvre d'Eau peut se constituer un précieux héritage au cours de l'année en perfectionnant ses compétences. S'il a des aspirations professionnelles particulières, des études ou des titres de compétence pourraient grandement améliorer ses perspectives. De la même façon, pour tout Lièvre d'Eau qui songe à changer de carrière ou à devenir travailleur autonome, c'est une excellente année pour profiter d'une séance de formation ou de mise à jour ainsi que de conseils professionnels. Les démarches positives entreprises maintenant peuvent grandement améliorer la situation future du Lièvre d'Eau.

Cet accent mis sur la croissance personnelle s'applique aussi à ses autres champs d'intérêt. S'il a des intérêts particuliers qu'il voudrait poursuivre, il devrait se réserver du temps pour le faire. Par ailleurs, il devrait également porter un regard sur son mode de vie actuel; s'il manque d'exercice, par exemple, il devrait demander conseil sur la façon la plus appropriée d'y remédier. Toute attention portée sur son mode de vie et sa croissance personnelle aura des incidences positives pour lui cette année.

Le Lièvre d'Eau est généralement prudent avec son argent mais il devra être vigilant et consciencieux au cours de l'année. S'il envisage des transactions ou des achats importants, il devrait porter attention aux détails et aux conséquences; s'il veut se lancer dans une entreprise spéculative ou à risque, il doit en comprendre les conséquences et ses obligations potentielles. S'il a des questions ou des incertitudes, il doit les éclaircir avant d'aller de l'avant.

Cependant, il devrait si possible se garder une réserve pour des vacances pendant l'année. Un changement de paysage peut lui faire un grand bien.

Grâce à son caractère sincère et affable, le Lièvre d'Eau apprécie la compagnie des autres et prendra particulièrement plaisir aux divers événements mondains de l'année. Il y trouvera également de bonnes occasions de nouer des amitiés et de faire des contacts. Les mois de mars, de juillet, d'août et de décembre et le début de janvier 2013 pourraient être particulièrement actifs sur le plan social.

Il peut toutefois y avoir aussi des moments plus difficiles à vivre, possiblement lorsqu'un ami demandera conseil pour un problème épineux ou lorsque le Lièvre d'Eau entendra des nouvelles ou des rumeurs qui affectent une de ses connaissances. Dans de tels cas, il doit vérifier les faits et exprimer son point de vue honnêtement. Il devrait également tenir bon et ne pas se laisser contraindre de dire ou de faire des choses contre son bon jugement. Le Lièvre d'Eau n'aime pas les malaises mais certaines parties de l'année vont l'obliger à tenir bon et à défendre son point de vue. Heureusement, de tels moments seront peu nombreux et ne toucheront pas tous les Lièvres d'Eau, mais on doit en prendre conscience.

La vie familiale du Lièvre d'Eau sera source de bonheur durant l'année. Comme toujours, il suivra les destinées de ses proches avec un intérêt redoublé, et ces derniers vont particulièrement apprécier ses attentions et son soutien. Étant donné les pressions que l'année amènera, certains projets auront peut-être besoin d'être réexaminés ou réaménagés et le Lièvre d'Eau, ainsi que les autres membres de sa famille, devra se montrer flexible et patient. La vie familiale évoluera rondement pour la plus grande partie de l'année, toutefois.

Globalement, l'année du Dragon sera intéressante pour le Lièvre d'Eau, avec une recrudescence d'activité pendant certains mois et un ralentissement pendant d'autres. Il peut faire d'importants gains cette année, en particulier en perfectionnant ses compétences et ses connaissances. Il doit rester vigilant en matière de finances mais il sera généralement heureux de la tournure des événements et sa vie familiale sera la source d'un grand bonheur.

## Conseil pour l'année

Restez vigilant. Les occasions peuvent survenir subitement et doivent être saisies rapidement. Par ailleurs, misez sur vos compétences et sur vos intérêts. Non seulement vont-ils vous apporter une grande satisfaction personnelle mais ils vous ouvriront des perspectives pour l'avenir.

## Le Lièvre de Bois

Une des forces du Lièvre de Bois est sa capacité de s'adapter et de tirer le maximum de sa situation et cette année, ses habiletés vont lui être particulièrement précieuses.

En 2012, le Lièvre de Bois vivra des changements et fera face à des décisions importantes, et ses actions pourraient avoir des conséquences majeures. Cependant, il ne devrait pas se laisser précipiter ou contraindre à l'action; il devrait peser soigneusement les conséquences et compter sur le soutien des autres pour décider de la meilleure marche à suivre. Son flair pour savoir ce qui est bon pour lui prendra toute son importance cette année.

Un domaine qui évoluera sensiblement pour le Lièvre de Bois sera celui du travail. Les années du Dragon favorisent l'esprit d'entreprise et le changement, et de nombreux Lièvres de Bois auront de nouveaux objectifs à atteindre ou la chance d'élargir leur rôle. Cela nécessitera souvent l'apprentissage de nouvelles procédures et l'utilisation de compétences à de nouvelles fins ; en s'adaptant (une force du Lièvre de Bois) et en étant disposé à apprendre, il peut toutefois faire un pas important dans le développement global de sa carrière. L'année du Dragon peut être exigeante pour lui mais le préparera aux occasions décisives qui l'attendent, surtout l'année prochaine.

Un autre facteur qui favorise le Lièvre de Bois est sa capacité de travailler efficacement avec les autres. C'est un bon membre de l'équipe et il peut encore une fois améliorer sa situation en entretenant de bons rapports avec ses collègues et en saisissant les occasions d'utiliser son réseau pour se faire connaître. Certains contacts établis cette année peuvent devenir des amis loyaux et utiles.

Par ailleurs, si à tout moment le Lièvre de Bois se retrouve dans une situation complexe, qu'il s'agisse de son travail ou d'une décision qu'il doit prendre, il importe de rechercher l'opinion des autres. Il profitera souvent de leurs conseils. L'année du Dragon favorisera une approche ouverte et franche ; ce n'est donc pas le moment de garder ses préoccupations pour lui.

Cela s'applique également aux Lièvres de Bois qui décident de changer d'emploi ou qui cherchent du travail. En contactant des agences et des employeurs potentiels tout en explorant diverses options, bon nombre verront leur motivation et leurs initiatives récompensées, possiblement avec un poste très différent de celui qu'ils occupaient auparavant. Sur le plan professionnel, l'année du Dragon peut être exigeante pour le Lièvre de Bois et le contraindre à s'adapter et à apprendre, mais à long terme sa valeur peut être considérable. Le mois d'avril et la période de la fin d'août à novembre pourraient renfermer d'importantes occasions.

En matière de finances, le Lièvre de Bois doit être prudent. Même s'il a à cœur d'améliorer sa situation, il devrait se méfier de toute combine risquée, de nature spéculative, qui promet des rendements rapides. Tout n'est peut-être pas si simple et il devrait s'attarder sur les détails et les conséquences. Bien que la prudence soit de mise, la chance peut toutefois lui sourire pendant l'année, lui permettant possiblement de faire des achats pour la maison à des prix réduits ou de profiter d'occasions de voyager de dernière minute. Lorsqu'il a des idées ou des exigences précises en tête, il ferait mieux de rester à l'affût.

Bien que les demandes sur son temps soient nombreuses, il devrait aussi s'assurer de garder un équilibre de vie, en réservant du temps pour le repos, l'exercice et les intérêts personnels. En ce qui concerne certains de ses intérêts, s'il se joint à d'autres adeptes, il ne peut que bénéficier de l'apport d'idées et du soutien offert, ainsi que des occasions sociales. Les Lièvres de Bois qui ont négligé leurs intérêts ces dernières années ou qui souhaitent faire quelque chose de nouveau vont trouver qu'il est très profitable de se joindre à un groupe social ou de s'inscrire à un cours.

Cette année étant favorable à ses relations sociales, le Lièvre de Bois appréciera sa vie sociale et le mois de mars, la période de juillet au début de septembre et le mois de décembre seront les plus socialement actifs. Pour les Lièvres de Bois qui se sentent déprimés ou qui ont été aux prises récemment avec une difficulté personnelle, une nouvelle amitié pourrait prendre de l'importance.

Le Lièvre de Bois attache toujours beaucoup d'importance à sa vie familiale et sur ce plan, l'année pourrait être pleine et satisfaisante. D'ailleurs, ses proches apprécieront sa capacité de s'occuper de tant de choses à la fois. Cependant, malgré ses bonnes dispositions, il y a des limites à ce que le Lièvre de Bois peut faire. En période d'affairement, il devrait demander de l'aide et au lieu d'ajouter une pression supplémentaire sur lui-même pour terminer certains engagements, il devrait accepter que certaines tâches prennent plus de temps que prévu. Lorsqu'il fait face à des décisions ou à des changements soudains, il importe également qu'il discute de la situation avec ses proches. Ces derniers peuvent non seulement lui offrir leur soutien et leurs conseils mais faire émerger par la discussion de nouvelles possibilités intéressantes.

Globalement, l'année du Dragon sera intéressante et personnellement enrichissante pour le Lièvre de Bois. Dans sa situation professionnelle, il peut grandement améliorer son expérience et préparer la voie pour les occasions futures en tirant le meilleur parti des occasions et des changements. Par ailleurs, sa vie familiale et sociale lui apportera beaucoup de bonheur.

## Conseil pour l'année

Perfectionnez vos compétences et votre expérience. Avec la bonne approche, vous pouvez semer des graines essentielles pour l'avenir. Par ailleurs, utilisez vos dons personnels à votre avantage. Apprenez à connaître les autres et à établir des contacts. Vous pouvez en impressionner plus d'un cette année et certaines de ces personnes peuvent vous être utiles maintenant et plus tard.

## Le Lièvre de Feu

L'année sera variable pour le Lièvre de Feu. Certains aspects de sa vie peuvent lui apporter de grands bonheurs alors que d'autres peuvent engendrer des déceptions. La vie est rarement une route tranquille, mais les points positifs vont largement l'emporter sur les négatifs et le Lièvre de Feu emmagasinera énormément d'expériences de vie.

Un domaine où il doit porter une attention particulière est celui des finances. Le Lièvre de Feu devra surveiller ses dépenses de près et, autant que possible, préparer un budget. Lorsqu'il s'engage dans une transaction importante, il doit vérifier les conséquences et chercher conseil au besoin. Ce n'est pas une année pour prendre des risques et s'il est tenté par le jeu spéculatif, il doit se méfier. Financièrement, l'année exigera vigilance et discipline.

Cette année pourrait également s'avérer exigeante sur le plan professionnel. Une nouvelle organisation ou de nouveaux régimes de travail pourraient être implantés et peu de gens vont échapper aux transformations. Le Lièvre de Feu sera peut-être préoccupé par ces développements, mais en faisant de son mieux et en se montrant disposé à s'adapter, non seulement il fera de bons progrès, mais il accumulera une expérience précieuse. Par ailleurs, tout ce qu'il accomplit cette année le préparera pour un avancement à l'avenir.

De nombreux Lièvres de Feu vont demeurer avec leur employeur actuel pendant l'année et vont non seulement s'établir plus solidement dans leur rôle mais devenir plus expérimentés dans leur domaine. Grâce à sa capacité de travailler en équipe, le Lièvre de Feu devrait tirer parti des occasions de réseautage et, le cas échéant, envisager de se joindre à une organisation professionnelle. Cela va grandement améliorer ses perspectives.

Pour les Lièvres de Feu qui décident de passer à autre chose ou qui cherchent du travail, l'année du Dragon peut leur ouvrir des possibilités intéressantes. Leur recherche ne sera certes pas facile, mais en élargissant la gamme de ce qu'ils sont prêts à faire et en adaptant leurs compétences existantes, bon nombre vont décrocher un nouveau poste, souvent avec une latitude pour un avancement futur. Les occasions pourraient être nombreuses en avril et de septembre à novembre.

Même si de nombreux Lièvres de Feu vont faire de bons progrès au cours de l'année, il y aura toutefois aussi des déceptions. Certaines demandes vont rester sans réponse et des projets pourraient ne pas se concrétiser. Certes, cela peut être décourageant, mais le Lièvre de Feu peut en tirer des leçons et consolider ses idées et son approche. Un aspect important de l'année du Dragon est sa nature éducative.

Le Lièvre de Feu peut cependant prendre grand plaisir à ses intérêts et loisirs cette année. Il pourrait être attiré par une nouvelle activité qui peut souvent lui être bénéfique, parce qu'elle l'oblige à sortir plus souvent, à faire de l'exercice ou à développer ses idées et sa créativité. Pour bien des Lièvres de Feu qui envisagent de poursuivre un intérêt particulier plus en profondeur, c'est une excellente année pour donner libre cours à ses idées.

Une force particulière du Lièvre est sa capacité de se mettre en relation avec d'autres : tout au cours de l'année, le Lièvre de Feu passera de merveilleux moments sur les plans social et personnel. Pour ceux qui vivent en couple, il y aura des projets stimulants à partager, quoique ces derniers soient peut-être amenés à changer au cours de l'année. L'année du Dragon comporte un élément de surprise et dès que des choix sont faits, une autre option plus convenable peut subitement devenir disponible. Le Lièvre de Feu aurait certainement avantage à rester à l'affût et flexible.

Même si le Lièvre de Feu a plutôt tendance à assumer la responsabilité pour ses propres affaires, à des moments décisifs ou inquiétants, il devrait aussi faire appel aux conseils de ses relations plus anciennes. Ces dernières peuvent lui fournir des conseils utiles et lui rappeler certaines choses qui n'ont pas été complètement prises en compte. Le Lièvre de Feu occupe une place privilégiée dans la vie de bien des gens et lorsque les pressions sont énormes ou les décisions à prendre trop complexes, il devrait discuter avec ceux qui ont ses meilleurs intérêts à cœur.

En plus d'un soutien familial, le Lièvre de Feu peut compter sur une vie sociale satisfaisante. En raison d'autres engagements et de considérations financières, il peut se montrer plus sélectif lorsqu'il socialise, mais cela ne l'empêche pas de s'amuser ferme lorsqu'il sort. Pour les esseulés, qui ont peut-être déménagé dans une nouvelle région ou qui ont vécu un changement de situation, l'année du Dragon apportera de bonnes occasions pour se reconstituer un cercle social. Pour ceux qui sont sans attaches, une liaison existante ou nouvelle peut rendre l'année encore plus exceptionnelle. En ce qui concerne les relations du Lièvre de Feu avec les autres, cette année peut souvent prendre une importance décisive, et les mois de mars, de juillet, d'août et de décembre seront les plus socialement actifs.

Globalement, l'année du Dragon sera mi-figue, mi-raisin pour le Lièvre de Feu. Il y aura de grands bonheurs, dont certains moments fabuleux passés avec d'autres, mais il y aura également des pressions, surtout au travail, alors que le Lièvre de Feu s'adapte à un changement de situation. Cependant, il apprendra énormément, découvrira de nouvelles qualités personnelles et se préparera pour des occasions futures. L'année du Dragon peut parfois être exigeante mais laissera un héritage durable.

## Conseil pour l'année

Utilisez adéquatement votre entregent et tirez le meilleur parti des occasions de rencontrer des gens. Par ailleurs, perfectionnez vos compétences et développez vos intérêts. Ce que vous faites cette année aura des retombées immédiates et vous préparera pour les occasions importantes à venir, surtout l'année prochaine.

## Le Lièvre de Terre

Cette année sera raisonnable pour le Lièvre de Terre. Certes, elle engendrera des pressions, mais il y aura également beaucoup de choses qui plairont au Lièvre de Terre.

Pour les Lièvres de Terre nés en 1939, l'année peut progresser rondement en général. Toutefois, par certains aspects, elle peut être problématique. Comme tous les Lièvres, le Lièvre de Terre doit être prudent en ce qui concerne les dossiers importants et les questions financières. Il doit entre autres choses conserver tous ses reçus et ses garanties en lieu sûr et vérifier que ses polices d'assurance et autres sont à jour et adéquates. Ce n'est pas une année pour faire des erreurs, prendre des risques ou faire des suppositions non fondées.

Une caractéristique de l'année du Dragon est la rapidité des événements, et il pourrait y avoir des occasions où le Lièvre de Terre se sentira harassé ou bousculé pour prendre une décision. Dans de tels cas, il vaudrait mieux qu'il tienne bon et règle les incertitudes avant de procéder. Il ne devrait pas agir contre son bon jugement. Même si la prudence est de mise, le Lièvre de Terre est par nature rusé et sa perspicacité va le guider adéquatement tout au long de l'année.

Une autre des forces du Lièvre de Terre est l'intérêt qu'il prend pour une foule de choses ainsi que sa propension à perfectionner ses connaissances et à essayer de nouvelles idées. D'ailleurs, il sera amené au cours de l'année à développer ses intérêts et ses passe-temps d'une manière positive. Il sera non seulement ravi de ce qu'il accomplit mais trouvera également que les aspects sociaux sont à son avantage. Que ce soit pour partager des intérêts ou pour rencontrer d'autres adeptes, bon nombre de Lièvres de Terre vont prendre plaisir à partager leurs connaissances et à rencontrer des gens ayant les mêmes intérêts qu'eux. Tout Lièvre de Terre qui voudrait nouer de nouvelles amitiés serait avisé de se renseigner sur les activités dans sa communauté. Il pourrait en tirer un grand profit.

Un autre aspect agréable de l'année concerne les occasions de voyage qui vont se présenter : si le Lièvre de Terre prend connaissance d'une offre de vacances ou se voit offrir une pause de courte durée qui lui plaît, il devrait essayer d'en profiter. Certains Lièvres de Terre pourraient également se laisser tenter par des voyages ou des sorties dans la région immédiate. Il peut ainsi réussir à faire des choses intéressantes en profitant le plus possible de telles occasions.

Le Lièvre de Terre est de nature ordonnée et pourrait décider d'entreprendre des projets à la maison au cours de l'année, peut-être pour refaire la décoration de certaines pièces ou pour mettre de l'ordre dans les pièces de rangement. De tels projets peuvent s'avérer très satisfaisants et faire en sorte que, par la même occasion, le Lièvre de Terre redécouvre des articles de maison d'une signification particulière ou développe de nouvelles idées. Les projets entrepris pendant l'année du Dragon comportent souvent des avantages cachés ou ouvrent de nouvelles possibilités.

Le Lièvre de Terre s'intéressera tout particulièrement aux activités des membres de la famille au cours de l'année et, vu sa nature attentionnée, il pourrait aussi s'inquiéter pour eux parfois. Au lieu de garder ces préoccupations pour lui, il devrait s'en ouvrir aux autres et, selon le cas, chercher une aide professionnelle. Pour toute question difficile cette année, le Lièvre de Terre devrait se rappeler qu'il n'est pas seul, qu'il a des parents et des amis, et qu'il existe des centres d'aide et des professionnels, tous prêts à le soutenir et à le conseiller au besoin. Ce rappel ne s'applique qu'à quelques Lièvres de Terre, mais ceux qui ont des préoccupations devraient s'en prévaloir.

En général, toutefois, l'année sera bonne et le Lièvre de Terre prendra plaisir à partager ses projets, à entreprendre des rénovations à domicile et à participer aux diverses activités de la maison.

Pour les Lièvres de Terre nés en 1999, l'année sera intéressante et positive. Le jeune Lièvre de Terre aura un grand nombre de sujets à étudier et se sentira parfois dépassé par l'ampleur de ce qu'il a à faire. Toutefois, s'il est bien disposé et prêt à fournir l'effort nécessaire, il pourra accomplir de bons progrès, y compris dans des domaines qu'il trouvait peut-être plus difficiles jusqu'à maintenant.

Un autre aspect important de l'année sera que le Lièvre de Terre aura la chance de s'adonner à de nouvelles activités. Par la même occasion, il pourrait acquérir de nouvelles habiletés qui auront une importance dans l'avenir.

Il appréciera également le soutien de ses amis proches tout au long de l'année et les Lièvres de Terre inscrits dans une nouvelle école pourraient nouer des amitiés pour la vie.

Les relations avec les autres vont être généralement bonnes mais si des conflits surgissent, il importe que le Lièvre de Terre soit ouvert et en informe les autres au lieu de taire ses inquiétudes. Par ailleurs, le jeune Lièvre de Terre devrait éviter d'aller contre son instinct. Les mauvais coups et les imprudences peuvent parfois mal tourner. À tous les Lièvres de Terre, prenez note : les risques inutiles peuvent vous mettre dans le pétrin.

Pour les Lièvres de Terre plus jeunes et plus âgés, l'année du Dragon peut être satisfaisante sur le plan personnel. En tirant le meilleur parti de leur situation et des occasions, ils peuvent accomplir de grandes choses. De plus, les nouvelles activités peuvent ouvrir d'autres possibilités. C'est très certainement une année où une attitude motivée et bien disposée sera récompensée. Le Lièvre de Terre appréciera également le soutien des autres, mais il est important qu'il cherche de l'aide si des difficultés surviennent. Globalement, l'année sera intéressante, mais le Lièvre de Terre devra rester à l'affût et fidèle à ses sentiments et à son bon jugement.

## Conseil pour l'année

Emparez-vous des occasions. Avec une approche positive, vous risquez de gagner gros. Les intérêts communs vont également souvent vous apporter le bonheur.

# Des Lièvres célèbres

Pedro Almodovar, Susie Arioli, Drew Barrymore, Christian Bégin, Sylvie Bernier, Stephan Bourguignon, Anne-Marie Cadieux, Nicolas Cage, Lewis Carroll, Fidel Castro, Marion Cotillard, Johnny Depp, Roy Dupuis, Monique Giroux, Angelina Jolie, Rita Lafontaine, Carole Laure, Marc Laurendeau, Claude Legault, Fanny Mallette, Claude Meunier, Arthur Miller, Gaston Miron, Roger Moore, Kent Nagano, Émile Nelligan, Julie Payette, Lorraine Pintal, Brad Pitt, Léa Pool, Michel Rivard, Yannick Nézet-Séguin, Frank Sinatra, Staline, Sting, J. R. R. Tolkien, Catherine Trudeau, Jacques Villeret, Walt Whitman, Robin Williams, Kate Winslet, Tiger Woods, Karen Young.

# Le Dragon

龙

| | |
|---|---|
| 3 FÉVRIER 1916 – 22 JANVIER 1917 | Dragon de Feu |
| 23 JANVIER 1928 – 9 FÉVRIER 1929 | Dragon de Terre |
| 8 FÉVRIER 1940 – 26 JANVIER 1941 | Dragon de Métal |
| 27 JANVIER 1952 – 13 FÉVRIER 1953 | Dragon d'Eau |
| 13 FÉVRIER 1964 – 1er FÉVRIER 1965 | Dragon de Bois |
| 31 JANVIER 1976 – 17 FÉVRIER 1977 | Dragon de Feu |
| 17 FÉVRIER 1988 – 5 FÉVRIER 1989 | Dragon de Terre |
| 5 FÉVRIER 2000 – 23 JANVIER 2001 | Dragon de Métal |

# La personnalité du Dragon

J'aime passer à l'action.
Parfois je réussis,
parfois j'échoue,
parfois l'inattendu survient.
Mais c'est l'action
et le fait d'avancer
qui rendent la vie si intéressante.

Le Dragon est né sous le signe de la chance. Il a une personnalité fière, pétulante, un aplomb imperturbable. Également doué d'une vive intelligence, il tire promptement parti des occasions qui lui sont avantageuses. À peu près tout ce qu'il entreprend lui réussit, son ambition et sa détermination y étant d'ailleurs pour beaucoup. De nature perfectionniste, le natif de ce signe se fait toujours un point d'honneur de viser l'excellence.

Cependant, le Dragon supporte difficilement les imbéciles et critique volontiers ce qui lui déplaît. Ses opinions souvent tranchées, il les exprime sans ménagement et, pour tout dire, tact et diplomatie ne sont pas au nombre de ses qualités. Il lui arrive de prendre ce qu'on lui dit au pied de la lettre, aussi se révèle-t-il parfois crédule. Lorsque le Dragon se sent trahi, ou blessé dans son amour-propre, il est plein d'amertume et ne pardonne pas de sitôt.

D'un naturel extraverti, le Dragon n'a pas son pareil pour attirer l'attention et faire parler de lui. Il aime par-dessus tout être en vedette, et c'est lorsqu'il fait face à un problème délicat ou à une situation tendue qu'il se montre sous son meilleur angle. À bien des égards, on pourrait dire que le Dragon est né pour les feux de la rampe ; il est bien rare, d'ailleurs, qu'il soit en manque d'auditeurs. Ses idées invariablement intéressantes, et à l'occasion controversées, lui valent l'estime de tous.

Le Dragon est toujours prêt à déployer une énergie fabuleuse pour arriver à ses fins et n'a pas l'habitude de se confiner aux horaires de travail standards. Néanmoins, son côté impulsif peut parfois lui nuire, par exemple lorsque ses actes entraînent des conséquences auxquelles il n'avait pas songé. Son tempérament le porte également à vivre avec intensité le moment présent ; aussi, rien ne l'exaspère davantage que de devoir attendre. En fait, le Dragon a horreur des retards ; aussi minimes soient-ils, ils l'irritent au plus haut point.

Le Dragon sait fort bien de quoi il est capable ; mais attention, car toute médaille a son revers : la confiance peut frôler la présomption et, s'il ne prend pas garde, il risque de commettre de graves erreurs de jugement. Heureusement, le Dragon est tenace, et nul n'est mieux apte à rattraper les situations qui semblent pourtant mener tout droit à la catastrophe.

Sa confiance, sa volonté et son désir de réussir sont tels qu'il parviendra souvent au sommet de la profession qu'il a choisie. Étant donné ses qualités de meneur, il réussira plus particulièrement dans les postes lui permettant de donner corps aux idées qui lui sont chères ou de mettre en place des directives qu'il a lui-même conçues. Ainsi, il aura du succès en politique, dans le monde du spectacle, à la tête d'une équipe ou d'une entreprise, et dans tout emploi le mettant en relation avec les médias.

Le Dragon a l'habitude de s'en remettre à son propre jugement et dédaigne parfois celui des autres. Il aime être autonome, et bien des natifs de ce signe poussent cette soif d'indépendance au point d'opter pour le célibat à vie. Les admirateurs du Dragon sont pourtant nombreux à être attirés par sa fougueuse personnalité et sa beauté singulière. Le Dragon qui choisit de se marier le fait tôt. Il s'accorde à merveille avec le Serpent, le Rat, le Singe et le Coq. Les natifs du Lièvre, du Cochon, du Cheval et de la Chèvre sont également pour lui d'excellents compagnons, qui seront prêts à le suivre dans ses escapades. Si la compréhension mutuelle entre deux Dragons rend l'entente possible, les choses sont toutefois plus malaisées avec le Bœuf et le Chien, qui tous deux reprocheront au

Dragon sa nature impulsive et extravertie. De même, l'alliance avec le Tigre risque d'être ardue, car, tout comme le Dragon, le Tigre est direct, très volontaire et il aime mener.

La femme Dragon est une femme décidée, qui sait ce qu'elle veut faire de sa vie. Tout ce qu'elle entreprend, elle l'aborde avec optimisme et détermination. Aucune tâche n'est jugée trop insignifiante pour qu'elle s'en acquitte, et elle peut travailler infatigablement jusqu'à ce que la réussite lui soit assurée. Elle est bénie, de surcroît, d'un remarquable sens pratique. La femme Dragon est une femme émancipée, qui déteste être enfermée dans la routine ou se voir imposer des contraintes arbitraires. Elle préfère, et de loin, jouir d'une marge de manœuvre suffisante pour aller où elle veut et faire à sa guise. Sa maison est bien tenue, mais les tâches ménagères sont vite expédiées, car d'autres occupations jugées plus importantes et plus agréables emportent la faveur de cette native. Tout comme son homologue masculin, elle a tendance à dire le fond de sa pensée.

Le Dragon cultive une foule de champs d'intérêt et apprécie particulièrement les activités sportives et de plein air. C'est avec un vif plaisir qu'il voyage, mais il préfère généralement sortir des sentiers battus plutôt que de s'en tenir aux lieux touristiques. Étant donné son goût marqué pour l'aventure, il n'est pas rare qu'il parcoure de grandes distances au cours de sa vie, du moins si l'état de ses finances le lui permet, et c'est souvent le cas, puisque ce natif est doué de bon sens sur ce plan.

Le Dragon exige beaucoup des autres – déjà, enfant, sa précocité sollicitait l'attention –, mais grâce à son caractère original et plein d'exubérance, il compte de nombreux amis et il est presque toujours le point de mire. Son charisme et son assurance en font souvent une source d'inspiration pour ses semblables. En Chine, le Dragon mène le carnaval et on le considère comme doté d'une chance extraordinaire.

# Les cinq types de Dragons

Cinq éléments, soit le métal, l'eau, le bois, le feu et la terre, viennent tempérer ou renforcer les douze signes du zodiaque chinois. Les effets apportés par ces éléments sont décrits ci-après, accompagnés des années où ils dominent. Ainsi, les Dragons nés en 1940 et en 2000 sont des Dragons de Métal, ceux qui sont nés en 1952, des Dragons d'Eau, etc.

## Le Dragon de Métal (1940, 2000)

Le Dragon de Métal se distingue par sa volonté de fer et sa forte personnalité. Énergique et plein d'ambition, il s'attache néanmoins à être scrupuleux dans ses rapports avec autrui. Cela ne l'empêche pas pour autant de s'exprimer franchement et sans détour lorsqu'il a quelque chose à dire. Le Dragon de Métal ne se laisse pas davantage arrêter s'il se heurte au désaccord de ses interlocuteurs ou s'il n'obtient pas leur coopération. Reconnu pour sa grande exigence morale, il jouit de la considération de ses amis et collègues.

## Le Dragon d'Eau (1952)

En plus d'être sympathique et facile à vivre, le Dragon d'Eau est doué d'une vive intelligence et laisse rarement une bonne occasion lui échapper. Contrairement aux autres types de Dragons, il ne s'attend pas à ce que ses démarches obtiennent un succès immédiat, mais sait patienter. Il se montre compréhensif, enclin à partager ses idées et ouvert à la collaboration. Son principal point faible, c'est sa tendance à papillonner au lieu de concentrer ses efforts sur la tâche qu'il doit accomplir. Doué d'un excellent sens de l'humour, il est également bon orateur.

## Le Dragon de Bois (1964)

Le Dragon de Bois se fait remarquer par son esprit pragmatique, son imagination sans bornes et sa vive curiosité. Les sujets les plus divers excitent son esprit et il lui vient parfois des idées fort originales. Ce penseur toujours prêt à l'action dispose de tout le dynamisme et de toute la persévérance nécessaires pour concrétiser ses idées. Plus diplomate que les autres types de Dragons, le Dragon de Bois jouit également d'un excellent sens de l'humour. Il a un sens aigu des affaires et sait se montrer généreux.

## Le Dragon de Feu (1916, 1976)

Le Dragon de Feu a l'esprit clair et désire passionnément réussir. C'est un travailleur acharné et consciencieux, dont l'intégrité et la franchise suscitent l'admiration. Son tempérament volontaire en fait un excellent meneur d'hommes. Il lui arrive toutefois de se fier à son jugement d'une manière par trop exclusive, sans tenir compte de l'opinion ou des sentiments d'autrui. Il peut également se montrer distant et gagnerait à inviter ses pairs à se joindre à lui dans la poursuite de certaines activités. La musique, la littérature et les arts lui sont généralement très agréables.

## Le Dragon de Terre (1928, 1988)

Le Dragon de Terre se révèle souvent plus calme et réfléchi que les autres types de Dragons. Ses centres d'intérêt sont multiples, son esprit éveillé et curieux lui fait observer avec acuité tout ce qui se déroule autour de lui. Il sait se fixer des objectifs clairs et n'éprouve généralement aucune difficulté à faire appuyer ses projets. Habile en matière de finances, le Dragon de Terre est susceptible d'accumuler une grande fortune au cours de sa vie. C'est un bon organisateur, quoiqu'il lui arrive de se montrer tatillon et procédurier. Il se mêle aux autres avec aisance et compte de nombreux amis.

# Perspectives pour le Dragon en 2012

Le Dragon pourrait trouver l'année du Lièvre (du 3 février 2011 au 22 janvier 2012) un peu lente et dépourvue d'activité à son goût, mais elle pourrait tout de même lui être utile. Comme elle arrive juste avant son année éponyme, elle lui fournira l'occasion de développer ses idées et ses habiletés et de se préparer aux perspectives stimulantes à venir.

Dans son travail, le Dragon devrait porter attention à l'évolution de la situation autour de lui. En se tenant informé, il pourrait avoir la chance de mettre son expérience et son travail au service de ses collègues. Ce qu'il fera dans les derniers mois de l'année du Lièvre peut améliorer grandement sa réputation et ses perspectives. Les mois de septembre et de décembre en particulier pourraient être riches en développements.

Le Dragon devra surveiller ses dépenses de près, toutefois, et si possible faire des réserves pour toute dépense additionnelle ainsi que pour des voyages, tard dans l'année.

Son niveau d'activité sociale et à la maison va également être en hausse pendant cette période et il pourrait juger utile d'échelonner ses engagements. En discutant avec les autres et en prenant des dispositions dès le début, la situation sera non seulement plus agréable pour tous mais occasionnera moins de pression. Les mois d'août et de décembre seront socialement actifs et chargés.

Alors que l'année du Lièvre tire à sa fin et que l'année éponyme du Dragon est sur le point de débuter, il lui serait utile de réfléchir à ce qu'il a envie de faire pendant les douze prochains mois. Sa chance est très certainement en train de tourner et l'année qui vient s'annonce favorable.

Le Dragon est né sous le signe de la chance et fait sa chance jusqu'à un certain point grâce à son caractère. En étant actif et sociable, il connaît non seulement beaucoup de gens mais s'implique dans une quantité d'activités et se positionne bien pour profiter des occasions. À cela s'ajoute sa propre nature sincère, ce qui le met en très bonne position.

L'année du Dragon commence le 23 janvier et de nombreux Dragons vont non seulement célébrer le début de leur année éponyme avec style mais seront déterminés à en faire une année positive. Et leurs efforts leur seront bien rendus.

Dès que l'année du Dragon commence ou presque, et même un peu avant, le Dragon sera fin prêt à démarrer certains projets. Ceux-ci pourraient toucher à tout aspect de sa vie, mais une caractéristique essentielle de l'année du Dragon veut qu'une fois les plans du Dragon en marche, des possibilités intéressantes vont rapidement se manifester.

Au travail, les perspectives sont particulièrement encourageantes. Pour les Dragons bien installés dans leur profession, il y aura de bonnes occasions de progresser et s'ils restent à l'affût des possibilités d'avancement, ils pourraient faire des progrès importants cette année. Bien souvent, les responsabilités qu'ils assumeront à présent vont leur permettre d'utiliser leurs compétences de nouvelle façon, et l'année peut fournir d'intéressants défis que beaucoup sauront apprécier.

Les perspectives sont également prometteuses pour tout Dragon peu épanoui dans son poste actuel ou qui cherche du travail. C'est une année où il faut être ouvert aux occasions et, en restant à l'affût et en envisageant de multiples possibilités, bon nombre de Dragons vont trouver un poste idéal, souvent dans un travail ou un domaine différent du précédent. C'est une année de changement et d'innovation. Les mois de mars, de mai, de septembre et d'octobre pourraient donner lieu à des développements positifs ; toutefois, les Dragons vont vite s'apercevoir que les événements se précipitent dans leur année éponyme et qu'ils doivent agir sans tarder lorsqu'ils repèrent une occasion.

Une autre caractéristique importante de l'année sera l'occasion qui sera donnée au Dragon d'ajouter à son expérience et à ses compétences. Tous les Dragons doivent tirer le meilleur parti de toute formation qui est offerte, des cours qu'ils pourraient suivre ou des titres de compétence qu'ils peuvent acquérir. Cela aura non seulement son importance dans l'immédiat mais favorisera leurs perspectives d'avenir, vu que la période actuelle de croissance se prolongera bien au-delà, jusque dans l'année du Serpent qui suivra. En investissant dans sa personne, il se trouvera à investir dans son avenir.

Les progrès réalisés au travail par le Dragon vont l'aider financièrement, et bon nombre de Dragons auront droit à une augmentation de leurs revenus au cours de l'année. Certains pourraient également suppléer à leur revenu en mettant à profit une idée ou un intérêt, ou en bénéficiant d'une prime ou d'un cadeau. Toutefois, pour profiter au maximum de toute amélioration de sa situation, le Dragon devrait gérer son argent avec soin, réduire ses dettes et faire des provisions pour plus tard. Avec un peu d'effort, il peut améliorer sa situation cette année et atténuer certaines pressions.

Grâce à sa nature affable et ouverte, le Dragon sera souvent très en forme cette année et son cercle social sera amené à s'élargir. Certaines personnes rencontrées cette année peuvent devenir des amis et des contacts importants. Il pourrait être particulièrement actif socialement pendant les mois de février, de mars, de juillet et de décembre, même si le Dragon aura des occasions de sortir et de faire des choses tout au long de l'année. Pour ceux qui sont sans attaches, l'année éponyme pourrait amener une fabuleuse liaison amoureuse. Les perspectives amoureuses sont très favorables et bon nombre de Dragons pourraient rencontrer leur futur partenaire amoureux cette année. Pour ceux qui ont souffert de peines d'amour ces dernières années, leur situation pourrait s'améliorer sensiblement.

Le Dragon peut également compter sur une vie familiale active. Toutefois, il y a un risque que cela devienne un tourbillon d'activités et on devra établir une bonne coopération et faire preuve de bonne volonté pour venir en aide aux autres et partager les tâches domestiques. Dans ce tohu-bohu et cette activité incessante, il importe que le Dragon réserve des moments privilégiés à passer avec ses proches. Dans cette année stimulante, il a effectivement besoin d'un temps d'arrêt pour se détendre et pour apprécier les plaisirs de la vie familiale. Il devrait également être prêt à discuter de ses pensées et de ses idées avec ses proches. Il pourrait non seulement profiter de leurs réflexions, mais cela pourrait l'aider de façon inattendue. L'année sera certes bien remplie, mais elle peut également revêtir une importance particulière, et de nombreux foyers tenus par des Dragons auront un événement spécial à célébrer pendant l'année.

En général, l'année du Dragon est très favorable au Dragon lui-même. C'est le temps de foncer avec ses projets ; grâce à son énergie, à sa détermination et à son panache, le Dragon est destiné à accomplir beaucoup de choses. Pour les Dragons qui ont subi des revers récemment, cette année représentera un revirement de fortune qui continuera bien au-delà, jusqu'en 2013. Pour en profiter pleinement, toutefois, le Dragon doit se mettre de la partie et devenir l'instigateur des changements qu'il désire. Comme il le constatera souvent, cependant, dès qu'il se met en marche, beaucoup de choses peuvent se mettre en marche également. La chance sourira très certainement à ceux qui ont de l'audace et l'esprit d'entreprise.

## Le Dragon de Métal

C'est une année qui renferme énormément de possibilités pour le Dragon de Métal et en tirant le meilleur parti de ses idées et de ses occasions, il aura droit à des résultats bénéfiques.

Une des forces du Dragon de Métal est son caractère déterminé ; dès qu'il s'est mis en tête de faire quelque chose, il s'exécute avec une force impressionnante. Les Dragons de Métal nés en 1940 auront certainement des projets à mettre en branle et le feront avec beaucoup d'enthousiasme. Toutefois, malgré les buts bien définis qu'il se donne, le Dragon de Métal se doit d'en discuter avec ses proches et ses amis. Cela permettra non seulement d'élucider certaines idées, mais la discussion à elle seule peut permettre d'en concrétiser un certain nombre.

Bien des Dragons de Métal vont se sentir d'humeur expansionniste cette année et voudront apporter des améliorations à leur maison, y compris par l'achat d'équipements nouveaux et la modification de certaines pièces. Pendant que le processus se mettra en branle, le Dragon de Métal prendra plaisir à faire des choix et des améliorations et sera ravi du résultat. On assistera au déploiement d'une activité pratique dans bien des foyers tenus par des Dragons de Métal. Malgré son enthousiasme et sa détermination, cependant, le Dragon de Métal devrait se garder d'avoir trop de projets à la fois. Il vaut mieux se concentrer sur quelques activités et les mener à bien plutôt que se précipiter pour en compléter un grand nombre. Par ailleurs, s'il doit accomplir des tâches potentiellement dangereuses ou ardues, il devrait suivre les procédures recommandées ou avoir recours à une aide professionnelle. Ce n'est pas le moment de faire des compromis sur la sûreté.

Il y aura des occasions familiales notables à souligner cette année, des anniversaires ou des résultats académiques à fêter, ou encore un agrandissement de la famille, par exemple, et le Dragon de Métal suivra le cours des événements avec beaucoup de fierté. Certaines relations seront particulièrement reconnaissantes pour sa compréhension à l'égard de certaines affaires et bon nombre de Dragons de Métal vont jouer un rôle important dans la vie de leurs proches.

Le Dragon de Métal est curieux de nature et plusieurs activités ou produits pourraient attirer son attention au cours de l'année. Il pourrait s'agir de programmes de mise en forme physique ou de bien-être, de cours offerts localement ou de produits de haute technologie pour le seconder dans ses intérêts. L'année du Dragon offre quelques possibilités prometteuses et le Dragon de Métal pourrait décider qu'il est à son avantage d'en poursuivre quelques-unes. Une partie de ce qu'il entreprendra cette année sera non seulement bénéfique, mais aura des répercussions sociales attrayantes.

Les occasions de voyage seront bonnes au cours de l'année et de nombreux Dragons de Métal vont visiter des endroits d'intérêt touristique ou assister à des événements notables. Un bon nombre des projets du Dragon de Métal peuvent trouver une issue favorable et la deuxième moitié de l'année pourrait lui permettre de faire des voyages marquants.

En raison des dépenses pour la maison, des voyages et des intérêts personnels divers, le Dragon de Métal devrait surveiller ses sorties d'argent. S'il se donne du temps supplémentaire pour certains achats, il pourrait toutefois bénéficier d'offres attrayantes. En effet, l'année du Dragon comporte un élément de bonne fortune.

Pour profiter au maximum de cette période favorable, le Dragon de Métal plus âgé doit aller de l'avant avec ses projets tout en consultant les gens de son entourage. S'il fait preuve de volonté et se fait appuyer dans ses démarches, toutefois, il sera ravi de ce qu'il peut accomplir et l'année pourra être remplie de réussites personnelles.

Pour les Dragons de Métal nés en 2000, l'année du Dragon renferme de grandes possibilités. En approfondissant ses connaissances et en perfectionnant ses compétences, le jeune Dragon de Métal constatera que les ouvertures sont plus nombreuses pour lui. De nouveaux sujets d'intérêt peuvent apparaître et certains Dragons de Métal pourraient s'adonner à une activité qu'ils vont poursuivre avec intérêt dans les années qui suivront. C'est une période inspirante pour bon nombre d'entre eux.

Le jeune Dragon de Métal aura aussi intérêt à jouer franc jeu à propos de toute difficulté ou incertitude qu'il peut avoir. De la même façon, s'il est tenté par certaines activités, il constatera qu'en discutant avec d'autres, les possibilités seront plus nombreuses. C'est une année d'envergure considérable mais, pour en profiter, le jeune Dragon de Métal doit se mettre de l'avant, croire plus foncièrement en lui-même *et* demeurer actif et ouvert.

Pour tous les Dragons de Métal, qu'ils soient nés en 1940 ou en 2000, l'année peut être intéressante et enrichissante. En restant à l'affût des possibilités, en étant disposés à consulter les autres et en se tenant prêts pour l'action, ils peuvent réaliser beaucoup de choses. Avec du soutien, des encouragements et la bonne fortune considérable dont ils jouiront cette année, ils peuvent passer une année agréable et réussie.

## Conseil pour l'année

Faites vôtre l'esprit dynamique et novateur de l'année du Dragon et soyez prêt à vous lancer dans de nouvelles activités et à développer vos idées. Restez ouvert aux possibilités et vous y gagnerez énormément.

## Le Dragon d'Eau

C'est l'année éponyme du Dragon d'Eau et elle s'annonce exceptionnelle pour celui-ci. Il aura non seulement la chance de réaliser quelques-uns de ses rêves et de ses aspirations, mais également de faire bon usage de ses idées et de son expérience. Les perspectives encourageantes alliées à sa propre disposition à se mettre de l'avant feront en sorte que l'année sera largement en sa faveur.

Pour tirer le meilleur parti de sa propre année, le Dragon d'Eau doit décider ce qu'il veut faire. S'il réfléchit aux moyens de faire avancer ses idées, d'importantes possibilités peuvent émerger. Pour mettre le processus en branle, il devrait, tôt dans l'année, discuter de ses réflexions avec ses proches pour parcourir les possibilités et obtenir les renseignements pertinents. Une démarche positive permettra de rendre ses projets possibles et bien des Dragons d'Eau vont également bénéficier d'offres d'aide.

Les réflexions du Dragon d'Eau pourraient porter sur divers aspects de sa vie, mais sa situation au travail y figurera de façon importante. Même s'il a fait des progrès ces dernières années, il peut ne pas se sentir aussi épanoui qu'il le voudrait et pourrait s'impatienter de ne pas faire meilleur usage de son expérience. D'ailleurs, de nombreux Dragons d'Eau auront la chance de le faire. Dans bien des lieux de travail, bon nombre de Dragons d'Eau auront l'occasion de changer leurs fonctions et d'assumer de nouvelles responsabilités. Ceux qui cherchaient de nouveaux défis à relever pourront compter sur leur année éponyme pour les leur fournir.

Les excellentes relations de travail que le Dragon d'Eau entretient avec ses collègues seront un facteur positif cette année. Par conséquent, il pourrait s'impliquer dans des formations et se faire solliciter par des collègues pour des conseils. On pourrait apprécier son expérience au cours de l'année, ce qui l'avantagera au niveau de l'avancement au travail. Les mois de mars, de mai, de septembre et d'octobre pourraient donner lieu à des développements favorables au travail.

En raison de leur niveau plus élevé de satisfaction au travail, la plupart des Dragons d'Eau vont demeurer en poste. Pour ceux, en revanche, qui souhaitent un changement ou qui cherchent un emploi, l'année du Dragon peut évoluer en leur faveur. L'obtention d'un nouveau poste ne sera pas chose facile, mais les forces du Dragon d'Eau seront à son avantage pendant cette année éponyme. En parlant avec leurs contacts et en entreprenant des démarches, bon nombre de Dragons d'Eau vont dénicher de nouvelles possibilités à envisager. Bon nombre d'entre eux vont vivre des changements importants. D'ailleurs, tout Dragon d'Eau un peu triste et découragé trouvera peut-être qu'un nouveau poste qu'on lui offre peut lui procurer le changement et la motivation qui faisaient défaut depuis si longtemps.

Par ailleurs, certains Dragons d'Eau pourraient avoir le goût d'utiliser leurs compétences d'une autre manière, peut-être en tant que pigistes ou en lançant une entreprise. S'ils obtiennent de bons conseils et agissent avec prudence, des résultats prometteurs pourraient s'ensuivre. Il y aura également des Dragons d'Eau qui choisiront de prendre leur retraite cette année. Si c'est le cas, l'année du Dragon peut encore une fois représenter le début d'un nouveau chapitre dans leur vie. Peu importe ce qu'il fait, le Dragon d'Eau vivra une année pleine de possibilités.

Il peut aussi tirer une grande satisfaction en poursuivant ses intérêts personnels. Ses connaissances et ses compétences peuvent lui servir à merveille ici et s'il se fixe des objectifs satisfaisants, il sera ravi de ce qu'il est capable d'accomplir. Se joindre à d'autres, en participant à un groupe d'intérêt ou en s'inscrivant à un cours par exemple, pourrait également lui apporter du soutien et des occasions sociales tout en donnant encore plus de sens à ses activités.

Par ailleurs, étant donné le parti pris favorable à l'innovation cette année, s'il voit une nouvelle activité qui l'inspire, surtout en rapport avec son bien-être ou avec sa croissance personnelle, il vaudrait la peine qu'il se renseigne davantage.

Le Dragon d'Eau prendra aussi beaucoup plaisir à sa vie sociale. Pour les Dragons d'Eau qui sont sans attaches, en particulier ceux qui ont vécu des difficultés personnelles récemment, leur situation pourrait s'améliorer sensiblement pendant l'année du Dragon en leur apportant du nouveau : des activités, des intérêts et, pour certains, des amitiés et des liaisons amoureuses qui mettront un peu de piquant dans leur vie. Les mois de février, de mars, de juillet et de décembre pourraient être les plus socialement actifs.

L'année sera également pleine et réussie pour bien des foyers tenus par des Dragons d'Eau. Les proches vont souvent vouloir marquer le soixantième anniversaire du Dragon d'Eau avec panache. On leur réservera donc peut-être des célébrations et des surprises, mais l'année pourrait aussi être marquée par plusieurs autres événements familiaux. Le Dragon d'Eau sera à l'avant-plan des activités et ses habiletés pour l'organisation, son souci pour les autres et ses nombreuses idées seront fort appréciés. Avec toutes ces activités, cependant, il importe d'établir une bonne coopération et de réserver beaucoup de temps si on prévoit faire des rénovations ambitieuses.

En matière de finances, de nombreux Dragons d'Eau peuvent espérer une amélioration cette année, et certains vont profiter d'un cadeau ou d'un bénéfice découlant d'une politique gouvernementale. Le Dragon d'Eau devra toutefois bien contrôler son budget et faire des provisions pour des dépenses plus importantes. Par ailleurs, étant donné le niveau d'activité cette année, il ne devrait pas tarder à régler ses dossiers importants. Un délai ou un oubli pourrait lui être nuisible. À tous les Dragons d'Eau, prenez note.

Pour la plupart, cette année sera toutefois excellente et encourageante pour le Dragon d'Eau. C'est le moment de passer à l'action et de réaliser des projets ; avec ses forces et ses habiletés, il peut réaliser beaucoup de choses. Il constatera qu'une fois les projets mis en branle, des développements intéressants et parfois fortuits peuvent s'ensuivre. C'est l'année éponyme du Dragon d'Eau et elle lui offre de grandes possibilités.

## Conseil pour l'année

Visez ce que vous voulez de manière à l'obtenir. Beaucoup de choses peuvent maintenant devenir possibles pour vous. Par ailleurs, appréciez vos relations avec les autres. Vos proches peuvent vous apporter un précieux soutien et seront disposés à vous rendre cette année éponyme exceptionnelle. L'année vous appartient. Profitez-en. Bonne chance et bonne fortune.

## Le Dragon de Bois

C'est une année au potentiel énorme pour le Dragon de Bois. En mettant de l'ordre dans ses objectifs et ses activités, il peut faire d'importants progrès. Les perspectives sont favorables et grâce à son esprit d'initiative et au soutien des autres, le Dragon de Bois peut en profiter grandement. Pour tout Dragon de Bois qui commence l'année avec le moral bas ou qui est déçu par le peu de progrès réalisé récemment, c'est le moment de tirer un trait sur ce qui s'est passé et de se concentrer sur le présent et l'avenir proche. Avec une approche positive, bien des Dragons de Bois insatisfaits vont bénéficier d'une nette amélioration de leur situation.

La situation du Dragon de Bois au travail est particulièrement encourageante. Pour ceux qui sont avec le même employeur depuis un bon moment, l'expertise interne qu'ils ont accumulée peut en faire des candidats de choix lorsque des possibilités d'avancement se présentent ou lorsqu'on cherche des gens pour des projets particuliers. Au cours de l'année, bon nombre auront la chance de réaliser d'importants progrès dans leur carrière, et certains vont occuper le poste qu'ils visent depuis un bon moment.

Pour les Dragons de Bois qui ont le sentiment que les ouvertures sont actuellement limitées et qui voudraient passer à autre chose, et pour ceux qui cherchent du travail, encore une fois l'année du Dragon peut offrir des possibilités importantes. En réfléchissant au travail qu'ils voudraient maintenant faire et en entreprenant des démarches, bon nombre auront vent d'une ouverture qu'ils voudront poursuivre ou apprendront comment s'introduire dans certains milieux. Parfois, ils devront suivre une formation d'appoint ou adapter leurs compétences actuelles. Avec un peu de volonté et d'effort, bon nombre de Dragons de Bois pourront lancer leur carrière dans une nouvelle direction. Pour ceux qui changent de métier, l'année du Dragon peut ouvrir un nouveau chapitre dans leur vie professionnelle. La période de la fin de février à la fin de mars et les mois de mai, de septembre et d'octobre pourraient présenter de bonnes occasions. Du reste, même si certaines demandes d'emploi restent sans réponse, le Dragon de Bois ne doit pas perdre courage. Les portes vont effectivement s'ouvrir pour lui s'il a confiance en lui et s'il est persévérant.

Une autre caractéristique de l'année du Dragon est de favoriser l'esprit d'entreprise, et certains Dragons de Bois verront ainsi un intérêt personnel ou une idée prendre de l'ampleur. Encore une fois, l'esprit d'initiative et l'action vont bien récompenser le Dragon de Bois cette année. Par ailleurs, si une nouvelle activité attire celui-ci, il devrait y donner suite. Cette disposition à faire des essais pourrait lui être bénéfique maintenant et à l'avenir.

Pour ce qui est de ses loisirs, s'il est sédentaire pendant une bonne partie de la journée ou n'a pas tendance à faire beaucoup d'exercice régulièrement, il devrait se faire conseiller sur la meilleure façon de rectifier la situation. Au cours de cette année remplie et positive, il doit porter attention à son style de vie, à son régime alimentaire et à sa condition physique.

Si possible, il devrait également planifier des vacances au cours de l'année. Même s'il ne peut se rendre très loin, la pause de sa routine pourrait lui faire beaucoup de bien. Les occasions de voyager pourraient s'accroître vers la fin de 2012.

Les perspectives pour la situation financière du Dragon de Bois sont favorables et celui-ci pourrait bénéficier d'une augmentation de salaire au cours de l'année. Par conséquent, il choisira bien souvent d'aller de l'avant avec certains projets et achats. S'il est à la recherche d'un article en particulier, il pourrait le trouver par hasard et souvent à des conditions avantageuses. Sa nature éveillée pourrait bien lui servir pendant cette année chanceuse. Même si la période est favorable, toutefois, le Dragon de Bois ne doit pas tarder à classer ses paperasses et à régler rapidement sa correspondance d'affaires. Un oubli ou un délai pourrait entraîner des dépenses inutiles. À tous les Dragons de Bois, prenez note.

Le Dragon de Bois appréciera fort sa vie sociale cette année et aura souvent des choses intéressantes à faire. Des changements au travail ou dans ses nouveaux intérêts pourraient lui permettre de se faire de bons amis et contacts. Tout Dragon de Bois qui commence l'année du Dragon avec le moral à zéro devrait regarder vers l'avenir et non vers le passé et viser à sortir plus souvent. L'action positive peut faire une différence appréciable : de nouveaux amis, et pour certains une nouvelle liaison, donneront du sens à son année.

Dans sa vie familiale, le Dragon de Bois pourrait également constater des développements stimulants, dont possiblement un mariage, un anniversaire important, une graduation ou la naissance d'un petit-fils ou d'une petite-fille. L'année du Dragon peut s'avérer hors pair et mémorable pour le Dragon de Bois. Il sera au centre des événements et on appréciera son caractère réfléchi lorsqu'il aide ou conseille ses proches ou lorsqu'il s'occupe de l'organisation pratique. L'année étant déjà passablement mouvementée, il doit éviter toutefois de vivre sous une tension trop vive en ayant trop de choses à faire à la fois, surtout en ce qui concerne les activités pratiques. Les résultats seront plus satisfaisants s'il échelonne autant que possible ses multiples activités.

Globalement, l'année du Dragon peut être satisfaisante pour le Dragon de Bois sur le plan personnel. En saisissant les occasions et en donnant corps à ses idées, il peut en tirer profit et y prendre plaisir. Pour ce qui est du travail et des intérêts personnels, c'est une période qui peut être inspirante et remplie de réussites. Les perspectives sont également bonnes dans les relations du Dragon de Bois avec les autres et il passera de bons moments dans sa vie familiale et sociale. C'est une année pour être heureux, en misant sur ses forces et ses qualités.

## Conseil pour l'année

Soyez audacieux. Il peut se passer beaucoup de choses cette année mais vous devez vous mettre de l'avant. Cherchez des occasions, développez vos idées et réfléchissez à des moyens d'améliorer votre position. Vous avez beaucoup de choses à offrir, et votre enthousiasme et votre énergie peuvent mener à de bons résultats.

## Le Dragon de Feu

La vie du Dragon de Feu peut suivre un cours intéressant. Certaines années sont décevantes, certaines affichent une progression constante et d'autres encore sont dynamiques. Ce dernier cas d'espèce s'applique à cette année. C'est une période qui peut donner lieu à des progrès importants et à des réussites personnelles.

Une des principales forces du Dragon de Feu est son énergie. Lorsqu'il est inspiré, on ne peut l'arrêter. Au commencement de l'année du Dragon et même un peu avant, nombre de Dragons de Feu vont décider qu'il y a des choses qu'ils veulent obtenir dans les douze prochains mois et ils vont *précipiter les choses* pour y arriver. Ceux qui trouvent que leur progression a été modeste ces dernières années seront fin prêts pour de nouveaux défis.

Les perspectives de travail sont particulièrement encourageantes. Les Dragons de Feu bien établis dans une société ou une profession en particulier auront une excellente occasion de porter leur carrière à un autre niveau. Il pourrait y avoir des possibilités d'avancement au départ de certains collègues, et certains Dragons de Feu pourraient aussi envisager de se faire muter dans un autre service ou d'obtenir un nouveau poste et de parfaire ainsi leur expérience. Il y aura des options intéressantes à considérer pour nombre d'entre eux et l'accent cette année sera mis sur la croissance et le développement.

Pour les Dragons de Feu qui sont insatisfaits de leurs conditions actuelles et rêvent d'un changement, encore une fois c'est une année pour passer à l'action. En cherchant des postes alternatifs, ou même en envisageant une rééducation professionnelle ou l'obtention de nouveaux titres de compétence, des ouvertures intéressantes peuvent se présenter. Ces Dragons de Feu ne doivent pas trop se limiter dans leur choix de métier. En restant ouverts aux diverses possibilités, ils pourraient dénicher un poste très différent de ceux qu'ils ont occupés auparavant, mais qui est idéal pour leurs compétences et leur tempérament.

Cette dernière affirmation s'applique également aux Dragons de Feu qui sont à la recherche d'un emploi. En restant à l'affût et en s'adaptant à la situation, bon nombre d'entre eux réussiront à se trouver un nouveau poste et auront par là même la chance de faire leurs preuves dans une nouvelle fonction. Plusieurs pourraient également bénéficier de leur bonne fortune cette année, possiblement en repérant par hasard un poste vacant idéal. En restant à l'affût des ouvertures et déterminés à aller de l'avant, ils peuvent faire de bons progrès. Les mois de mars et de mai et la période de la mi-août à octobre pourraient donner lieu à des développements favorables. Même si certaines demandes d'emploi restent lettre morte, le Dragon de Feu pourra souvent bénéficier des commentaires qu'on lui fait et les utiliser pour améliorer ses demandes futures.

Une des caractéristiques de l'année du Dragon est de récompenser l'esprit d'initiative. Si, donc, le Dragon de Feu a une idée chère qu'il voudrait faire avancer ou un intérêt qu'il espère investir davantage, il devrait passer à l'action. Son esprit d'entreprise et son enthousiasme vont bien lui servir.

Avec tous ses projets, ses espoirs et ses activités, le Dragon de Feu aura de quoi s'occuper pendant l'année, et il a tendance à maintenir un rythme assez soutenu. Il doit cependant maintenir un équilibre de vie et porter un peu attention à son bien-être. Pour profiter au maximum de cette année favorable, il doit s'alimenter sainement et se réserver du temps pour l'exercice et les loisirs. À tous les Dragons de Feu, prenez note.

Grâce à sa nature sociable, le Dragon de Feu tirera le meilleur parti de ses occasions sociales et en impressionnera plus d'un, dont certains, liés à son travail ou à ses intérêts, pourraient lui être d'une grande utilité. Pour les Dragons de Feu qui souhaiteraient s'épanouir davantage au niveau social, les perspectives sont encourageantes ; en faisant l'effort de sortir plus souvent, ils pourraient transformer leur situation. Pour certains, cette année pourrait marquer le début d'une liaison importante. Les mois de février, de mars et de juillet et la période de la mi-novembre au début de janvier 2013 pourraient être les plus occupés socialement.

Le Dragon de Feu peut également compter sur une vie familiale satisfaisante et sera très présent pour soutenir ses proches. Si des parents proches ont des décisions à prendre, ses suggestions peuvent les aider grandement. En retour, il appréciera les nombreux projets et activités qu'il a en commun avec sa famille, et sa vie familiale lui apportera beaucoup de joie.

Côté finances, la situation s'améliorera cette année, avec pour résultat qu'il sera tenté d'aller de l'avant avec certains projets et achats et aussi de se payer la traite, y compris en voyageant. Même si c'est une période favorable, il devrait toutefois rester vigilant pour régler ses affaires et éviter de précipiter les transactions importantes.

L'année du Dragon peut être déterminante pour le Dragon de Feu. Pour en tirer le meilleur parti, toutefois, il devra passer à l'action et rester flexible. Ses relations avec les autres auront leur importance et il passera souvent de bons moments avec eux. Globalement, l'année peut être remplie de succès et satisfaisante.

## Conseil pour l'année

Visez ce que vous voulez obtenir. Avec une approche ciblée et résolue, vous trouverez des ouvertures pour y arriver. Par ailleurs, maintenez votre équilibre de vie et réservez du temps pour vos proches et pour vos propres intérêts. C'est une année remplie d'occasions. Profitez-en bien.

## Le Dragon de Terre

Cette année sera importante pour le Dragon de Terre et lui apportera des possibilités nouvelles et la réussite personnelle. Il pourra consolider son expérience et perfectionner ses compétences et aura la chance d'aller de l'avant. L'année 2012 sera bien remplie pour lui.

Les perspectives sont particulièrement favorables pour les relations du Dragon de Terre avec les autres, et ceux qui vivent en couple auront des projets emballants à partager. C'est une année où des projets de longue date peuvent enfin être réalisés; certains Dragons de Terre pourraient fonder une famille ou déménager, par exemple. Les événements peuvent survenir de façon fortuite. Le Dragon de Terre qui cherche une maison, par exemple, pourrait tomber par hasard sur la solution idéale ou recevoir une aide inattendue.

Pour les Dragons de Terre actuellement amoureux, leur liaison pourrait mener au mariage ou à une vie commune au cours de l'année, alors que ceux qui sont sans attaches pourraient rencontrer l'âme sœur, parfois dans des circonstances étranges qui semblent déterminées par le destin. Pour bien des Dragons de Terre, l'année peut être exceptionnelle et mémorable.

Les perspectives pour la vie sociale du Dragon de Terre sont également favorables. Même s'il sort moins souvent en raison de ses autres engagements, il appréciera le contact qu'il a avec ses amis. Pour les Dragons de Terre qui déménagent dans une nouvelle région, possiblement en raison du travail, les occasions seront bonnes de constituer un nouveau cercle social et de nouer des amitiés qui deviendront durables. Les mois de février, de mars, de juillet et de décembre pourraient être particulièrement agréables socialement.

Une qualité qui servira bien le Dragon de Terre cette année est son enthousiasme. Il est doté d'une grande énergie et il souhaitera vivement développer ses idées et ses intérêts au cours de l'année. S'il veut faire la promotion d'une de ses capacités ou perfectionner une de ses compétences, il constatera que son engagement peut donner des résultats encourageants et, dans certains cas, mener à de nouvelles occasions intéressantes. C'est une année qui favorise le progrès et le développement. Si, toutefois, à tout moment le Dragon de Terre est préoccupé ou sur le point de contracter un nouvel engagement important, il devrait envisager d'obtenir des conseils professionnels. Semblablement, si jamais il est embarrassé par une décision à prendre, il devrait en parler à d'autres. Les membres plus âgés de sa famille, en particulier, seront souvent bien disposés à l'aider.

Les occasions de voyager seront également bonnes pour le Dragon de Terre, dans certains cas avec peu de préavis. Souvent, la spontanéité peut ajouter au plaisir.

L'année du Dragon sera aussi l'occasion de constater des développements encourageants dans la vie professionnelle du Dragon de Terre. Ceux qui sont relativement nouveaux dans leur poste auront de bonnes occasions de perfectionner de nouvelles compétences et de s'établir plus solidement dans leur travail. S'ils s'engagent à fond, ils peuvent grandement améliorer leurs perspectives et pourraient recevoir des incitatifs supplémentaires, sous forme de formation ou de responsabilités accrues.

Pour les Dragons de Terre qui sont déjà bien établis dans leur métier, encore une fois des occasions seront offertes de perfectionner ce qu'ils ont appris, soit par un avancement à l'interne, soit par une offre extérieure avec responsabilités accrues. Le style et les compétences du Dragon de Terre vont bien lui servir cette année. Le cas échéant, il devrait également envisager de se joindre à une organisation professionnelle. Encore une fois, en bonifiant son image de marque, il peut améliorer ses perspectives.

Pour les Dragons de Terre qui sont à la recherche d'un travail, l'année donnera lieu à d'intéressants développements. La recherche d'un emploi peut être parsemée de frustrations mais s'ils demeurent résolus, s'ils explorent diverses idées et s'ils se mettent de l'avant, bon nombre se verront offrir un poste qui pourrait leur servir de porte d'entrée dans une profession. Les mois de mars, de mai, de septembre et d'octobre pourraient créer de bonnes occasions. Pour ceux qui occuperont un nouveau poste tôt en 2012, il y aura d'autres possibilités à découvrir plus tard dans l'année.

Les progrès réalisés au travail vont également aider le Dragon de Terre financièrement, mais il devra contrôler soigneusement son budget en raison de ses nombreuses dépenses personnelles et de ses engagements. Toutefois, de nombreux Dragons de Terre pourraient bénéficier d'un heureux coup du sort, soit en recevant un cadeau, soit en faisant un achat important à des conditions avantageuses.

En général, l'année du Dragon est favorable au Dragon de Terre. Au cours de cette année, il aura la chance d'utiliser plus largement ses compétences, de progresser au travail et d'acquérir une précieuse expérience. Sa vie personnelle lui apportera beaucoup de bonheur et rendra l'année encore plus exceptionnelle. En 2012, bien des choses joueront en sa faveur.

## Conseil pour l'année

Misez sur vos forces et allez de l'avant. En faisant preuve d'énergie et d'engagement et en affichant ce que vous avez à offrir, vous trouverez des ouvertures. Par ailleurs, prenez plaisir aux relations avec vos proches. Cette période peut avoir une importance déterminante sur le plan personnel.

# Des Dragons célèbres

Joan Baez, Monica Belluci, Emmanuel Bilodeau, Juliette Binoche, Michel Boujenah, Gilles Carle, Tracy Chapman, Michel Chartrand, Faye Dunaway, Louisette Dussault, Sigmund Freud, Serge Gainsbourg, Tom Jones, Pauline Julien, John Lennon, Sylvie Moreau, Al Pacino, Julie Perreault, Rihanna, Jean-Pierre Ronfard, René Homier-Roy, Marie-Claire Séguin, Richard Séguin, José Théodore, Guillaume Lemay-Thivierge, Agnès Varda, Gilles Vigneault.

# Le Serpent

23 JANVIER 1917 – 10 FÉVRIER 1918         Serpent de Feu

10 FÉVRIER 1929 – 29 JANVIER 1930         Serpent de Terre

27 JANVIER 1941 – 14 FÉVRIER 1942         Serpent de Métal

14 FÉVRIER 1953 – 2 FÉVRIER 1954          Serpent d'Eau

2 FÉVRIER 1965 – 20 JANVIER 1966          Serpent de Bois

18 FÉVRIER 1977 – 6 FÉVRIER 1978          Serpent de Feu

6 FÉVRIER 1989 – 26 JANVIER 1990          Serpent de Terre

24 JANVIER 2001 – 11 FÉVRIER 2002         Serpent de Métal

# La personnalité du Serpent

Je réfléchis,
je médite encore un peu
à ce qui est,
à ce qui est possible,
à ce qui pourrait être.
Et au moment propice,
je passe à l'action.

Le Serpent naît sous le signe de la sagesse. Doté d'une intelligence remarquable, l'esprit toujours en éveil, il est sans cesse à tirer des plans, sans cesse à se demander de quelle manière il pourrait le mieux mettre ses nombreux talents à profit.

Sans aimer le changement pour le changement, le Serpent peut se lasser de ce qu'il connaît trop bien, et on le verra à plusieurs reprises au cours de sa vie changer de centres d'intérêt ou, au travail, changer carrément d'orientation. Les défis sont pour lui un puissant stimulant et son flair indéniable lui permet d'éviter la plupart des écueils. C'est un organisateur-né ; il a le sens des affaires et généralement, comme investisseur, la chance lui sourit. Voilà pourquoi la plupart des Serpents connaissent avec les années une situation financière enviable, à condition de n'être pas pris par la passion du jeu : il n'y a en effet pas pire joueur que le Serpent dans tout le zodiaque chinois !

De tempérament flegmatique, le Serpent préfère la vie calme et fait tout pour fuir l'agitation excessive. Il n'aime pas davantage être brusqué dans ses décisions. En fait, il déteste qu'on se mêle de ses affaires et incline à être son propre juge plutôt qu'à se fier à l'opinion d'autrui. Ce qui ne veut pas dire que les vues qu'il adopte manquent de profondeur. Au contraire, il aime méditer et réfléchir longuement avant de s'exprimer.

Il arrive que le Serpent fasse figure de solitaire, car il est tranquille et d'une grande réserve. La communication est même parfois difficile avec lui. Ajoutons que les conversations oiseuses l'ennuient au plus haut point, et qu'il tolère mal la bêtise. En revanche, il est doté d'un bon sens de l'humour, chose qui s'avère singulièrement précieuse dans les moments de tension.

Le Serpent est dur à la tâche et minutieux dans tout ce qu'il fait. D'une grande détermination, il peut se montrer impitoyable pour arriver à ses fins – ce qu'il parvient généralement à faire, bien servi par l'assurance, la volonté et la vivacité d'esprit qui le caractérisent. Toutefois, en cas d'insuccès, il est long à se remettre. Pour tout dire, c'est un mauvais perdant : il ne supporte pas l'échec.

On dit souvent le Serpent évasif, et il est vrai qu'il se confie difficilement. Cette extrême discrétion, cette méfiance même, peut parfois lui nuire ; il fera bien d'apprendre à la tempérer le plus possible.

Invariablement, après un effort ou une activité intense, le Serpent éprouve un impérieux besoin de se reposer ; c'est que la somme d'énergie nerveuse qu'il dépense alors est considérable. Et ces ménagements lui sont réellement nécessaires. En fait, s'il ne fait pas attention, il pourrait devenir candidat aux troubles nerveux ou à l'hypertension.

Le Serpent a parfois la réputation d'être lent à démarrer dans la vie. Et c'est vrai qu'il met souvent un certain temps à dénicher le travail qui le rend heureux, mais, une fois qu'il l'a trouvé, il s'y donne complètement. Il réussit d'habitude bien dans tout emploi qui implique de la recherche ou de la rédaction, pourvu qu'il puisse articuler ses idées en toute liberté. L'enseignement, la politique et le travail social sont également des domaines qui lui conviennent, et il fait un excellent directeur du personnel.

Le Serpent choisit ses amis avec soin et, bien que d'ordinaire il ne badine pas avec ses finances, il sait se montrer fort généreux avec ceux qu'il aime, n'hésitant pas à leur offrir des cadeaux somptueux. Mais il doit par ailleurs pouvoir compter sur leur loyauté : possessif comme il l'est, il sera facilement blessé et pourra devenir très jaloux si on abuse de sa confiance.

Il a plutôt fière allure et ne manque jamais d'admirateurs. À ce chapitre, la femme Serpent est particulièrement séduisante. Elle possède un genre bien à elle et a beaucoup de goût pour s'habiller (mais pas dans le style chic pas cher!). Très sociable, elle a une foule d'amis. Notons en plus chez cette native du signe un rare talent pour impressionner les gens qui comptent. Dans sa vie de tous les jours, elle cultive des champs d'intérêt fort variés et participe à nombre d'activités, ce qui ne l'empêche pourtant pas d'être un peu secrète et de vouloir préserver sa vie privée. De nature, la femme Serpent est plutôt calme, et ses conseils sont ordinairement très appréciés de ceux qui l'entourent.

La réputation du Serpent en matière de cœur n'est plus à faire: c'est un grand amoureux. Mais il finit généralement par se ranger, et fait alors un excellent partenaire pour le natif du Bœuf, du Dragon, du Lièvre et du Coq. L'entente sera aussi bonne avec le Rat, le Cheval, la Chèvre, le Singe et le Chien, pourvu qu'ils laissent au Serpent la latitude de poursuivre ses activités personnelles. Toutefois, qu'il se tienne loin du natif de son propre signe: deux Serpents deviennent facilement jaloux l'un de l'autre! Il se trouvera par ailleurs peu d'affinités avec le Cochon, honnête et terre à terre, et encore moins avec le Tigre, trop agité et enclin à perturber sa tranquillité.

Amateur de raffinement, souvent amateur d'art, le Serpent aime la lecture, et en particulier les ouvrages traitant de philosophie, de religion, de politique ou d'occultisme. L'inconnu le fascine, et il cherche constamment des réponses aux questions que pose son esprit curieux. En fait, dans l'histoire, on remarque que plusieurs penseurs de génie étaient des Serpents. D'autre part, bien que tantôt réticent à l'admettre, le Serpent, avec son intuition peu commune, possède souvent des dons médiumniques.

Dans tout le zodiaque chinois, le Serpent n'est certes pas le plus énergique. Il préfère aller à son propre rythme et faire ce qui lui plaît; bref, être son propre maître. Au cours de sa vie, il tâtera de plusieurs choses – il y a chez certains un peu du dilettante –, mais viendra un moment où son labeur et ses efforts seront reconnus; et invariablement, il connaîtra le succès et la sécurité financière.

# Les cinq types de Serpents

Outre les douze signes du zodiaque chinois, il y a cinq éléments qui renforcent ou modèrent chacun d'eux. Leurs effets sont décrits ci-après. Les années au cours desquelles chaque élément exerce son influence sont aussi notées. Ainsi, les Serpents nés en 1941 et en 2001 sont des Serpents de Métal, ceux qui sont nés en 1953, des Serpents d'Eau, etc.

## Le Serpent de Métal (1941, 2001)

Tranquille, d'une grande assurance et d'une indépendance farouche, le Serpent de Métal préfère travailler seul ; dans son intimité ne sont admis que de rares élus. Il sait profiter de toutes les occasions et poursuit ses objectifs avec une stupéfiante détermination. Habile en affaires, c'est un investisseur astucieux. Il raffole des bonnes choses de la vie et s'avère souvent fin gastronome ; les arts, la littérature et la musique trouvent en lui un amateur averti. Il peut compter sur quelques amitiés très sincères et se montre généreux avec les êtres chers.

## Le Serpent d'Eau (1953)

Le Serpent d'Eau cultive des champs d'intérêt variés. Il aime l'étude en général et, s'il s'adonne à la recherche, devient aisément un spécialiste dans le domaine choisi. Doué d'une grande intelligence et d'une excellente mémoire, il fait preuve de clairvoyance en matière d'argent. Sans bruit, il vaque à ses affaires ; sa réserve ne l'empêche toutefois pas d'exprimer ses vues et de prendre les moyens pour réaliser ses ambitions. C'est un être d'une loyauté à toute épreuve.

## Le Serpent de Bois (1965)

De tempérament chaleureux, le Serpent de Bois comprend bien la nature humaine. Avec lui, la communication est facile ; il compte d'ailleurs beaucoup d'amis et d'admirateurs. Il est spirituel, intelligent et d'une belle ambition ; ses centres d'intérêt sont nombreux. Le calme et la stabilité sont nécessaires à son bien-être, et il donne sa pleine mesure lorsqu'il peut travailler avec le minimum d'ingérence. C'est un amateur d'art qui collectionne avec plaisir tableaux et meubles anciens. Tant ses proches que ses connaissances sollicitent fréquemment son opinion, qu'on sait éclairée.

## Le Serpent de Feu (1917, 1977)

Plus énergique et plus extraverti que les autres types de son signe, le Serpent de Feu fait preuve d'assurance et d'ambition. Jamais il n'hésite à dire bien haut ce qu'il pense ; c'est même d'un ton coupant qu'il peut rabrouer ceux qu'il n'aime pas. Par contre, on ne saurait nier ses qualités de chef ; ses manières fermes et résolues lui gagnent en effet le respect et l'appui de la majorité. Son sens de l'humour est réputé ; il raffole des soirées et des spectacles et compte une foule d'amis. C'est aussi un passionné des voyages.

## Le Serpent de Terre (1929, 1989)

Être plein de charme et de gentillesse, le Serpent de Terre a le don de divertir son entourage. Il est fiable et consciencieux au travail et aborde tout ce qu'il fait de manière méthodique et réfléchie. Cela l'entraîne parfois à pécher par excès de prudence ; si on le presse de prendre des décisions, il peut aisément se cabrer. D'une habileté consommée pour les questions financières, c'est un investisseur avisé. Il jouit d'un large cercle d'amis à qui il apporte, comme à sa famille, un soutien précieux.

# Perspectives pour le Serpent en 2012

L'année du Lièvre (du 3 février 2011 au 22 janvier 2012) aura été plutôt satisfaisante pour le Serpent, en particulier en lui laissant développer ses idées et progresser dans certaines de ses activités. Dans les derniers mois, il peut continuer à marquer des progrès, mais la situation va évoluer moins rondement et il aura des demandes supplémentaires sur son emploi du temps.

Bon nombre de Serpents vont constater une augmentation de leur charge de travail et auront à composer avec des situations difficiles. En contrepartie, la situation exigera qu'ils fassent bon usage de leurs connaissances et de leurs compétences et leur réputation en sortira grandie. Pour ceux qui sont à la recherche d'avancement ou d'un emploi, des possibilités intéressantes à poursuivre pourraient poindre en septembre et pendant les dernières semaines de l'année.

Bon nombre de Serpents auront également des occasions de voyager mais devront surveiller leur budget pour payer ces escapades en même temps que leurs autres dépenses, tout en faisant des provisions pour des achats supplémentaires.

Le Serpent constatera également que sa vie personnelle deviendra plus occupée à l'approche de la fin de l'année du Lièvre. Il aura la chance de rencontrer des amis et de participer à d'autres occasions sociales. À la maison, il y aura de nombreux accommodements à faire. En société, le Serpent doit jouer franc jeu et demander l'avis des autres. Il préfère peut-être garder ses réflexions pour lui, mais une attitude plus ouverte peut lui attirer des propositions d'aide et atténuer certaines pressions.

En général, l'année du Lièvre peut être positive pour le Serpent. S'il garde un bon équilibre de vie (ce qui ne sera pas toujours facile vu le niveau d'activité de l'année), il pourra tirer satisfaction de toutes les choses qu'il a réalisées.

L'année du Dragon commence le 23 janvier et sera importante pour le Serpent. Elle pourrait lui être favorable, mais il doit faire preuve de rigueur, de discipline et d'une certaine précaution. Le Serpent n'est pas toujours à l'aise avec le côté tape-à-l'œil si souvent caractéristique des années du Dragon. Si, toutefois, il se concentre sur ses activités et établit ses priorités au besoin, il aura droit à des développements favorables.

Au travail, de nombreux Serpents vont décider de demeurer dans leur poste actuel et vont continuer de mettre leurs connaissances et leurs compétences à profit. Au fur et à mesure que l'année avancera, bon nombre auront la chance de jouer un plus grand rôle : si on leur offre une formation, une affectation temporaire ou une chance de remplacer quelqu'un, ils devraient donner leur accord. En améliorant leur expérience et en se montrant prêts à s'adapter, ils vont améliorer leurs perspectives lorsque viendra le temps de passer à autre chose ou de chercher de l'avancement.

Tous les Serpents devraient également s'efforcer de collaborer étroitement avec leurs collègues cette année et démontrer qu'ils travaillent bien en équipe. Le Serpent peut être secret mais en communicant bien avec les autres, en se tenant au courant de ce qui se passe et en profitant de toutes les occasions pour établir des réseaux, il pourra là encore améliorer ses perspectives. Tout Serpent qui estime qu'un titre de compétence supplémentaire serait utile ou qu'il manque d'expérience dans un domaine particulier devrait trouver des façons d'y remédier. Avec les occasions enthousiasmantes qui l'attendent en 2013, son année éponyme, tout ce que le Serpent peut apprendre maintenant lui sera d'une grande valeur.

Pour les Serpents qui décident de changer d'emploi cette année, ainsi que pour ceux qui cherchent du travail, l'année du Dragon peut apporter de bonnes possibilités. Cette quête ne sera certes pas facile, mais en examinant les différentes façons d'utiliser leur expérience, ces Serpents peuvent trouver des idées intéressantes. En y donnant suite, bon nombre vont gravir un premier échelon à partir duquel ils pourront évoluer à l'avenir. Encore une fois, ce qui est accompli cette année servira grandement aux progrès futurs. Les mois d'avril et de mai et la période d'août au début d'octobre pourraient donner lieu à des développements clés.

En plus de ses apprentissages au travail, l'année sera excellente également en matière de croissance personnelle pour le Serpent ; s'il y a des habiletés particulières qu'il voudrait acquérir ou des intérêts qu'il voudrait développer, il devrait réserver du temps pour le faire. Certains Serpents pourraient également consacrer du temps à leur bien-être, y compris en faisant de l'exercice et en améliorant leur alimentation. Avec quelques conseils médicaux sur la meilleure façon de le faire, le Serpent peut en bénéficier grandement.

Le Serpent est habituellement rusé pour ce qui touche à l'argent, mais même si une augmentation de salaire est possible cette année, il se doit de demeurer prudent. Il devra donc surveiller ses dépenses de près et veiller à ne pas succomber à trop d'achats impulsifs. De plus, lorsqu'il contracte un engagement, il devrait en vérifier les conditions et les conséquences et, en même temps, faire une provision pour des dépenses accrues. Ce n'est pas une année pour a baisser sa garde. Par ailleurs, en ce qui concerne les biens personnels, il doit être vigilant. Une perte ou un vol pourrait être affligeant. À tous les Serpents : prenez note et soyez particulièrement prudent.

Le Serpent est habituellement sélectif dans sa vie sociale et celle-ci ne sera peut-être pas aussi active que par le passé cette année. Il prendra toutefois beaucoup de plaisir aux rencontres qu'il fera avec des amis et aux événements auxquels il participera. Bon nombre de Serpents vont également constater que certains intérêts personnels ont une agréable composante sociale. Même si bien des choses peuvent évoluer pour le mieux, le Serpent doit rester à l'affût. Rumeurs et commérages pourraient lui faire du tort pendant l'année. Si c'est le cas, il devrait vérifier les faits et rectifier les contre-vérités. Heureusement, cela ne touchera qu'une petite minorité de Serpents, mais il faut y prendre garde. Les mois d'avril et de juillet et la période à partir de la mi-novembre seront les plus remplis socialement.

Le Serpent attache toujours beaucoup d'importance à sa vie familiale et il sera particulièrement actif au cours de l'année pour aider et encourager ses proches. Lorsque des décisions sont à prendre ou lorsque des pressions se font sentir, ses conseils vont souvent être plus appréciés et pertinents qu'il n'y croit. Certaines de ses idées vont également remporter du succès. Ses idées et ses réflexions pour faciliter certains aspects de la vie familiale ou ses propositions de voyages ou de sorties vont grandement faire avancer les choses. En retour, en ce qui concerne ses propres idées et activités, il se doit d'être ouvert. Ses proches lui apporteront leur soutien ; ils peuvent parfois l'aider d'une manière insoupçonnée.

À la maison, l'année peut être agréable et vers la fin de novembre ou en décembre, il pourrait y avoir des nouvelles positives de la famille.

Globalement, l'année du Dragon sera intéressante pour le Serpent. En s'adonnant à ses activités avec précaution et en saisissant les occasions d'ajouter à son expérience et à ses connaissances, il peut en profiter grandement, surtout en prévision de 2013, son année éponyme. Cette année renfermera également des moments de bonheur, surtout dans sa vie familiale. C'est toutefois un temps où il faut se garder d'être négligeant et tout au long de l'année, le Serpent devra veiller à rester vigilant et à s'adapter aux circonstances. Globalement toutefois, l'année sera profitable et potentiellement déterminante.

## Le Serpent de Métal

L'année sera satisfaisante pour le Serpent de Métal et bon nombre de ses projets et de ses activités vont évoluer rondement. Il peut également compter sur des réussites personnelles et familiales et l'année du Dragon renfermera quelques faits marquants mémorables.

Avec sa propension pour les réflexions profondes, le Serpent de Métal a peut-être déjà longuement réfléchi à ce qu'il voudra faire pendant les douze prochains mois et sera fin prêt à mettre ses idées en branle. Qu'il s'agisse de projets pour la maison ou le jardin ou de ses intérêts personnels, le Serpent de Métal sera souvent ravi de mettre ses projets en marche.

En ce qui concerne les projets à la maison, il devrait d'emblée impliquer d'autres personnes. Même s'il a des préférences très arrêtées, il trouvera d'autres possibilités en discutant avec ses proches et un effort concerté permettra d'accomplir certaines tâches plus aisément. Certains projets envisagés pourraient toucher à la décoration de certaines pièces, au remplacement d'équipements et à l'ajout d'objets de confort à la maison. Quelques Serpents de Métal vont peut-être même prendre la décision de déménager dans un logement plus convenable. L'année du Dragon est propice à la prise de décisions et le Serpent de Métal sera sans doute ravi des avantages qui en découlent, malgré les inconvénients au départ. L'année du Dragon renferme une importante composante pratique qui est très favorable pour aller de l'avant avec des projets.

Les travaux peuvent avancer rondement pour la plupart, mais si des tâches potentiellement dangereuses sont prévues, le Serpent de Métal doit y porter attention et suivre les procédures recommandées ou faire appel à un professionnel. De la même façon, s'il travaille dans son jardin, il devra prendre garde aux tâches ardues. Un effort excessif pourrait laisser des douleurs et causer des inconvénients. À tous les Serpents de Métal, prenez note : en raison de la grande activité pratique prévue cette année, soyez prudents.

La plupart des activités importantes vont sans doute avoir lieu dans la première moitié de l'année. La deuxième moitié sera davantage un moment pour apprécier ce qui a été accompli et s'adonner à des activités moins éreintantes et aussi à des voyages.

Tout au long de l'année, le Serpent de Métal s'intéressera vivement aux activités familiales, y compris en aidant ceux avec de jeunes enfants et en prodiguant conseils et suggestions sensés avec son habituelle discrétion. De nombreux Serpents de Métal auront une importante occasion familiale à souligner et seront ravis des événements. Pour ceux qui déménagent, il pourrait y avoir une pendaison de crémaillère à organiser.

Un autre aspect intéressant de l'année concerne les intérêts personnels du Serpent de Métal. C'est très certainement le moment de favoriser des progrès dans ce domaine. Le message à retenir pour le Serpent de Métal cette année est de se fixer des buts *et* d'agir en conséquence.

Même si le Serpent de Métal a tendance à se faire très discret sur sa vie sociale, il prendra plaisir à certaines occasions sociales cette année, dont des événements liés à ses intérêts personnels. Les mois d'avril et de juillet et les derniers mois de l'année pourraient donner lieu à une foule d'occasions intéressantes au cours desquelles le Serpent de Métal prendra un plaisir particulier à faire la conversation et à partager ses idées.

En raison de certains projets et activités, il s'engagera dans quelques transactions coûteuses cette année et devrait si possible faire des provisions au plus tôt. Par ailleurs, lorsqu'il contracte un engagement, il devrait soigneusement vérifier les conditions et les obligations. Même s'il est habituellement consciencieux, ce n'est pas le moment de faire des suppositions non fondées ou de prendre des risques.

Pour les Serpents de Métal nés en 2001, l'année sera fébrile et intéressante. Dans leurs travaux scolaires et leurs intérêts personnels, ils auront des occasions de perfectionner leurs connaissances et leurs compétences et de les mettre à profit. Pour bénéficier pleinement de ces moments favorables, toutefois, le jeune Serpent de Métal se doit d'être ouvert aux enseignements et de bien écouter les conseils. Ce n'est pas le moment de faire la sourde oreille ou de créer des malaises quand les autres veulent aider.

Les occasions de voyager pourraient également être intéressantes cette année et le Serpent de Métal devrait en profiter le plus possible. Il peut tirer un grand bénéfice de ses voyages, que ce soit pour visiter des lieux touristiques ou simplement pour prendre plaisir à voir de nouvelles régions.

Qu'il soit né en 1941 ou en 2001, le Serpent de Métal pourrait trouver que l'année du Dragon est satisfaisante sur le plan personnel. En développant ses idées et en tirant le meilleur parti des occasions, il sera content de la manière dont ses activités évoluent. C'est une année pour passer à l'action et les efforts seront bien récompensés. Le Serpent de Métal recevra également l'appui d'autres personnes et leurs contributions peuvent donner un coup de pouce supplémentaire à ses projets. Globalement, c'est une année positive.

## Conseil pour l'année

Mettez vos idées en marche. D'autres occasions pourraient souvent en découler. Par ailleurs, faites appel à l'aide de votre entourage. Avec votre esprit d'initiative et son soutien, vous pouvez accomplir davantage de choses.

## Le Serpent d'Eau

Le Serpent d'Eau fait sa vie sans trop s'en faire. Il aime vaquer à ses occupations. Il pourrait toutefois voir sa routine perturbée par l'année du Dragon. Les circonstances peuvent parfois évoluer ou les projets suivre un cours différent, et le Serpent d'Eau devra se ressaisir et s'adapter au besoin.

Cela est particulièrement vrai au travail. Même si le Serpent d'Eau préfère sans doute se concentrer sur son rôle et utiliser ses compétences le plus avantageusement possible, la situation pourrait changer et l'obliger à quitter ses tâches habituelles. Des mutations de personnel pourraient l'obliger à assumer d'autres fonctions, de nouveaux objectifs pourraient être fixés ou son rôle pourrait être amené à s'élargir. Il ne souhaitera peut-être pas de changements cette année, mais il pourrait en être affecté. La situation pourrait cependant lui permettre de parfaire son expérience et pourrait être déterminante pour sa réussite ultérieure, souvent même dans l'année éponyme qui suit.

En accomplissant ses tâches, il importe que le Serpent d'Eau communique bien avec ses collègues. Même si c'est parfois une personne secrète, ce n'est pas le moment de faire son indépendant et de se tenir trop à distance des événements.

Pour les Serpents d'Eau qui décident de passer à autre chose, possiblement pour des raisons personnelles ou familiales, ainsi que pour ceux qui cherchent du travail, l'année du Dragon peut évoluer de curieuse façon. Il ne sera pas facile d'obtenir un poste, mais le Serpent d'Eau a des ressources et est doté d'une détermination tranquille. En restant à l'affût, en explorant les possibilités et en donnant suite à ses idées, il pourrait réussir dans sa quête. Le poste qu'il décrochera ne sera peut-être pas celui escompté – et pendant l'année du Dragon, il devra se montrer flexible –, mais il pourrait lui permettre d'utiliser ses compétences à d'autres fins. Les mois d'avril et de mai et la période d'août au début d'octobre pourraient donner lieu à d'intéressants développements au travail et, en général, ce que le Serpent d'Eau accomplira cette année aura souvent une incidence sur l'avenir.

Le Serpent d'Eau est généralement prudent en matière financière, mais c'est une année durant laquelle il devra surveiller ses dépenses de près. Des dépenses importantes sont en vue, dont possiblement des frais de transport et les coûts d'entretien de la maison, en plus des autres achats qu'il pourrait prévoir, et il devra établir un budget rigoureux. Il devrait également faire attention à ses biens matériels. Une perte ou un vol pourrait entraîner des difficultés. À tous les Serpents d'Eau : soyez avisés et demeurez vigilants.

Sur une note plus favorable, l'année du Dragon peut entraîner des occasions intéressantes en ce qui concerne les intérêts personnels du Serpent d'Eau. En développant ses idées et en exprimant sa créativité, il peut en tirer satisfaction. Il pourrait parfois avoir l'occasion de mettre ses connaissances à profit ou d'utiliser ses habiletés. Certains Serpents d'Eau pourraient être tentés par un nouvel intérêt et l'énergie progressiste de l'année du Dragon en inspirera plus d'un.

Les activités du Serpent d'Eau vont également le mettre en contact avec d'autres et il devrait en profiter le plus possible. Il profitera non seulement des conseils et des encouragements des autres, mais pourrait prendre plaisir à rencontrer des gens qu'il ne fréquente pas habituellement. Dans l'année du Dragon, il importe qu'il ne s'absorbe pas dans ses propres activités au point de s'isoler ou de manquer des occasions sociales en rapport avec ses intérêts. Pour certains Serpents d'Eau qui sont sans attaches, il pourrait y avoir des possibilités amoureuses dans l'air même s'ils ne sont pas actuellement à la recherche d'un partenaire. L'année du Dragon peut créer des surprises qui auront une issue favorable pour bien des Serpents d'Eau. La deuxième moitié de l'année renfermera davantage d'occasions sociales que la première et les mois d'avril et de juillet ainsi que la période à partir de la mi-novembre seront bien remplis et stimulants.

La vie familiale du Serpent d'Eau va également le tenir occupé et son caractère généralement imperturbable sera très apprécié. Ses proches vont apprécier non seulement le temps et l'attention qu'il leur consacre mais aussi l'aide qu'il apporte dans diverses activités. Au cours de l'année, son empathie et son talent pour trouver la manière d'aborder certaines questions peuvent s'avérer particulièrement utiles. L'année du Dragon renfermera également quelques faits marquants mémorables sur le plan familial et les derniers mois vont apporter des occasions de voyage supplémentaires.

En général, l'année du Dragon renferme des possibilités intéressantes pour le Serpent d'Eau, et même si tout n'aboutira pas comme prévu, il peut apprendre beaucoup en demeurant flexible et ouvert aux possibilités du hasard. L'année prochaine sera son année éponyme, et ce qui se produit maintenant peut ouvrir la voie à des développements positifs plus tard. Globalement, l'année sera occupée, différente et potentiellement importante.

## Conseil pour l'année

Restez à l'affût et soyez préparé à tirer le maximum des occasions au moment où elles se présentent, même si pour ce faire vous devez modifier vos projets. Par ailleurs, ne soyez pas trop indépendant dans votre approche. Avec de la bonne volonté et l'aide des autres, vous pouvez réaliser des choses importantes.

## Le Serpent de Bois

Le Serpent de Bois est ambitieux et habile à faire usage de ses compétences et à identifier le moment opportun pour agir. Dans l'ensemble, cette année lui sera favorable mais il aura souvent le sentiment qu'il peut être plus utile en travaillant en coulisse et en se concentrant sur des activités particulières plutôt que de s'engager dans des changements majeurs.

De nombreux Serpents de Bois seront à présent bien établis dans leur métier et souvent satisfaits d'y rester et d'accomplir leurs tâches comme ils savent si bien le faire. Pour nombre d'entre eux, c'est une période satisfaisante qui leur donnera la chance de faire profiter les autres de leurs connaissances et d'améliorer leur positionnement et leurs perspectives. Le Serpent de Bois constatera également que le fait de se faire connaître plus largement l'aidera dans sa situation actuelle et future. De plus, tous les Serpents de Bois devraient profiter de toute formation qu'on pourrait leur offrir. Même s'ils sont déjà suffisamment au fait de leur domaine, ils peuvent parfaire leurs connaissances pour plus tard en gardant leurs compétences à jour et en se renseignant sur les nouveaux développements. Un des avantages essentiels de l'année du Dragon est de fournir l'occasion d'acquérir une expérience qui s'avérera très utile à l'avenir, surtout l'année prochaine, l'année éponyme du Serpent.

Même si nombre de Serpents de Bois vont demeurer avec leur employeur actuel pendant l'année du Dragon, celle-ci pourrait avoir son importance pour les insatisfaits qui veulent passer à autre chose et pour ceux qui cherchent du travail. En réfléchissant longuement au genre de travail qu'ils voudraient faire à présent et en cherchant des conseils, ces Serpents de Bois pourraient voir émerger des possibilités intéressantes. Pour certains, une rééducation professionnelle ou une relocalisation sera de mise, mais leurs efforts vont souvent leur permettre de faire leurs preuves d'une nouvelle façon. Cela pourrait devenir un tremplin important pour l'avenir.

Peu importe sa situation, la nature vive et curieuse du Serpent de Bois sera nettement en sa faveur tout au long de l'année et ses collègues de la haute direction vont souvent reconnaître et encourager ses talents. Les mois d'avril et de mai et la période d'août au début d'octobre vont donner lieu à des développements particulièrement intéressants. Cela dit, il y aura des possibilités à explorer pendant toute la durée de l'année du Dragon.

Les intérêts personnels du Serpent de Bois peuvent lui apporter une grande satisfaction cette année et s'il est prêt à relever de nouveaux défis, c'est l'année idéale pour le faire. L'année du Dragon est enrichissante sur le plan personnel pour le Serpent de Bois.

Même si le Serpent de Bois pourra aller de l'avant avec bon nombre de ses projets cette année, il devra surveiller ses dépenses de près. En raison de ses engagements courants, de ses frais de transport et d'hébergement et des achats qu'il a envie de faire, il devra contrôler ses sorties d'argent et éviter de faire trop d'achats impulsifs. C'est une année qui exige de la planification et de la discipline financières. Comme pour tous les Serpents cette année, le Serpent de Bois devra également faire preuve de vigilance à l'égard de ses biens personnels et régler sa correspondance d'affaires avec rigueur. Un manque d'attention pourrait le désavantager.

Sur le plan social, il y aura bon nombre de moments privilégiés et tout au long de l'année, le Serpent de Bois appréciera encore une fois son cercle d'amis intimes. Le mois de mai et la période de novembre au début de janvier verront le plus d'activités sociales, mais chaque fois que le Serpent de Bois reçoit une invitation ou apprend la tenue d'un événement qui l'intéresse, il devrait essayer d'y aller. Il doit toutefois se méfier des rumeurs à son sujet et de tout ce qui pourrait potentiellement l'embarrasser. Ce n'est pas le moment d'abaisser sa garde ou de prendre des risques.

Sa vie familiale sera bien remplie cette année et ses proches qui auront des décisions difficiles à prendre pour leur éducation, leur travail ou leur vie personnelle pourraient bénéficier de ses conseils pertinents et utiles. Le Serpent de Bois a un talent pour jauger les situations et identifier la bonne marche à suivre, ce qui sera encore une fois apprécié cette année.

Le Serpent de Bois lui-même prendra un grand plaisir à participer à quelques projets qu'il entreprend à la maison (et possiblement dans le jardin). L'année du Dragon peut lui assurer une satisfaction tranquille. Il doit cependant se méfier des gros travaux et éviter de se précipiter inutilement. C'est le moment de progresser avec un rythme constant.

Dans la deuxième moitié de l'année, des occasions de voyage pourraient se présenter, et toute pause que le Serpent de Bois prendra avec ses proches fera du bien à tout le monde.

Globalement, en vaquant à ses occupations avec précaution et en se concentrant sur ses objectifs, le Serpent de Bois peut faire de cette année un moment de satisfaction personnelle. Il est très perspicace et en tirant le meilleur parti de ses occasions cette année, il peut poser les fondations essentielles pour l'année stimulante qui suivra.

## Conseil pour l'année

Passez du temps avec les autres. Sur le plan familial et social, l'année peut être intéressante et souvent enrichissante, et les autres vont apprécier votre jugement et votre soutien. Au travail et dans vos loisirs, essayez de rencontrer de nouvelles personnes. Les contacts que vous faites peuvent vous être utiles dès maintenant et dans un proche avenir.

## Le Serpent de Feu

L'élément du feu donne au Serpent une énergie redoutable. Le Serpent de Feu est déterminé et débrouillard et à l'origine de nombreuses idées géniales. Durant l'année du Dragon, il aura la chance de développer celles-ci, même si certaines de ses activités ne donneront pas les résultats escomptés. L'année du Dragon peut réserver des changements et des surprises.

L'année peut être intéressante et bien remplie au travail pour le Serpent de Feu. Même s'il aura souvent songé à l'orientation qu'il voudrait donner à sa carrière, il devra faire preuve de flexibilité dans l'année du Dragon. Des occasions peuvent se présenter subitement ou des propositions, lui être soumises qui lui donneront une expérience dans un autre domaine. Pour ceux œuvrant au sein de grandes organisations, cela pourrait signifier une mutation dans un autre service ou la prise en compte de nouveaux objectifs.

L'année du Dragon va très certainement permettre aux Serpents de Feu d'évoluer dans un nouveau rôle et d'apprendre les divers aspects de leur métier. Ce n'est peut-être pas ce que le Serpent de Feu avait prévu, mais en tirant le maximum de la situation, il pourra élargir son expérience et acquérir des compétences qui vont considérablement améliorer ses perspectives d'avenir. C'est une année où il faut se montrer bien disposé et capable d'adaptation.

Pour les Serpents de Feu qui ont le sentiment que leurs perspectives pourraient être meilleures en changeant d'employeur, et pour ceux qui cherchent du travail, encore une fois l'année du Dragon pourrait leur réserver d'intéressants développements. En raison du peu d'ouvertures, ces Serpents de Feu devront élargir la gamme de ce qu'ils sont prêts à considérer. Les offres pourraient ne pas correspondre aux postes recherchés; or, une des valeurs essentielles de l'année est de favoriser une expérience nouvelle et la découverte de nouveaux talents. Par ailleurs, l'année prochaine est très favorable et les compétences acquises maintenant peuvent souvent compter pour beaucoup dans les progrès futurs.

L'évolution de la situation au travail pourrait être particulièrement intéressante dans la période d'avril à la mi-juin et d'août au début d'octobre. Tout au long de l'année, toutefois, les ressources mobilisées par le Serpent de Feu vont bien lui servir et si on lui offre une occasion ou s'il découvre un poste à combler qui lui convient, il devrait réagir rapidement.

Il aurait également intérêt à envisager sa propre croissance personnelle. S'il y a des compétences qu'il considère comme utiles, il devrait songer à les acquérir, soit par ses propres études, en s'inscrivant à un cours ou en consacrant du temps à s'exercer. Ainsi, il améliorera ses perspectives. Par ailleurs, il devrait écouter attentivement l'avis des experts, dont ses collègues plus haut placés. Cela pourrait s'avérer important pour lui.

Les progrès du Serpent de Feu au travail peuvent entraîner une hausse salariale. Toutefois, la prudence est de mise cette année en matière financière. Il faut donc éviter les risques inutiles et se garder d'effectuer trop d'achats impulsifs. Le Serpent de Feu devrait également s'occuper des dossiers importants, s'assurer que les polices d'assurance offrent une couverture suffisante, conserver les documents importants en lieu sûr et régler la correspondance d'affaires dans les délais prescrits. Comme pour tous les Serpents, il devrait prendre des précautions avec ses biens matériels. Une perte pourrait être fâcheuse.

Même si le Serpent de Feu sera très sollicité cette année, il devrait tout de même viser à rester en contact régulier avec ses amis. Certains, qu'il connaît de longue date, pourraient lui offrir des conseils particulièrement utiles concernant une question personnelle ou une décision professionnelle. Par ailleurs, son travail et ses intérêts sont de bons prétextes pour rencontrer des gens et on peut se faire de bons contacts de cette manière. Il devrait toutefois se méfier des rumeurs et faire enquête au besoin pour tout ce qui le concerne personnellement. Les mois d'avril et de juillet et la période à partir de la mi-novembre pourraient être les plus actives socialement.

Dans sa vie familiale, il est important que le Serpent de Feu reste ouvert au lieu de garder ses réflexions pour lui (comme certains ont tendance à le faire). Son entourage aura alors de meilleures chances de lui venir en aide. C'est une année qui favorise la communication et la coopération, et le Serpent de Feu lui-même fera beaucoup pour aider les membres plus jeunes et plus âgés de sa famille.

Malgré toute cette activité, toutefois, il doit se réserver du temps pour des passe-temps agréables ou simplement pour savourer des moments tranquilles avec ses proches. Sa vie familiale lui sera d'autant plus chère.

Pendant tout 2012, il importe que le Serpent de Feu demeure ouvert aux possibilités. Il y aura de bonnes occasions au cours de l'année, mais celles-ci ne vont pas toujours se présenter comme prévu. En s'adaptant à la situation, cependant, le Serpent de Feu peut acquérir une expérience précieuse et découvrir de nouvelles forces qui vont l'aider pour progresser ultérieurement, surtout en 2013. Globalement donc, l'année sera bonne, intéressante et potentiellement bénéfique.

## Conseil pour l'année

Appréciez vos relations avec les autres et tenez compte de leurs points de vue et de leurs conseils. En période occupée, gardez votre équilibre de vie. Réservez du temps pour vos intérêts personnels, ils pourraient se développer de façon prometteuse.

## Le Serpent de Terre

Cette année sera importante pour le Serpent de Terre et aura une portée considérable sur son avenir. Il aura quelques décisions personnelles à prendre qui pourraient avoir une importance à long terme.

Comme tous les Serpents, le Serpent de Terre est réfléchi et se penche longuement sur ses rêves et ses projets d'avenir. Dans l'année du Dragon, toutefois, il importe qu'il fasse également appel aux autres pour des conseils. De cette façon, il pourra non seulement s'en tirer beaucoup mieux mais il sera mis au fait de possibilités qu'il ignorait peut-être. Par ailleurs, il devra se montrer plutôt flexible dans son attitude tout au long de l'année. Les situations peuvent changer rapidement et il pourrait souvent en profiter s'il sait s'adapter. Pendant 2012, il devrait éviter d'être trop indépendant ou borné dans son approche.

En ce qui concerne le travail, l'année du Dragon peut renfermer des possibilités prometteuses. Les Serpents de Terre relativement nouveaux en poste seront bien souvent encouragés à en apprendre davantage sur leur entreprise ou leur métier et auront la possibilité de perfectionner leurs compétences. En profitant de ces occasions, ces Serpents de Terre pourront s'établir plus solidement dans leur profession et leur réputation et leurs perspectives s'en trouveront améliorées. Pendant toute l'année, ils devraient également collaborer étroitement avec leurs collègues et profiter des occasions pour travailler en réseau. Les progrès réels de ces Serpents de Terre dans l'année du Dragon pourraient être modestes mais auront une incidence considérable sur les réussites à venir pour 2013.

Cette dernière affirmation s'applique également aux Serpents de Terre déjà bien installés dans leur discipline. C'est une année pour consolider leur position et perfectionner leurs connaissances et leurs compétences.

Pour les Serpents de Terre insatisfaits de leur poste actuel et prêts à regarder ailleurs, et pour ceux qui cherchent du travail, l'année du Dragon pourrait leur réserver des développements prometteurs. Au lieu de se laisser entraîner par hasard dans un nouvel emploi, ces Serpents de Terre devraient chercher des conseils auprès d'experts en placement. En parcourant leurs compétences et, le cas échéant, en profitant de cours de formation, ils pourraient être dirigés vers des postes qui leur conviennent. C'est une année pour s'ouvrir aux possibilités. Les périodes de la fin mars à mai et d'août au début d'octobre pourraient donner lieu à des développements prometteurs au travail, mais l'importance réelle de l'année du Dragon résidera dans l'expérience que bien des Serpents de Terre peuvent maintenant acquérir.

Pour les Serpents de Terre actuellement aux études pour acquérir des titres de compétences, l'année peut être déterminante. En se concentrant sur les tâches à accomplir, bon nombre seront ravis de ce qu'ils peuvent réaliser et des ouvertures que cela leur offre. L'engagement et l'effort consentis dès maintenant pourraient avoir des retombées importantes et déterminantes.

L'année du Dragon favorise également la croissance personnelle et bon nombre de Serpents de Terre vont s'intéresser à un nouveau loisir au cours de l'année. Cela peut certes contraster agréablement avec leurs autres occupations, mais le Serpent de Terre appréciera souvent l'élément de défi personnel qui s'y rattache ainsi que les occasions sociales qui en découlent. Par ailleurs, les intérêts nouveaux et anciens sont de bonnes façons pour le Serpent de Terre de garder son équilibre de vie et, dans certains cas, de profiter du plein air et de faire un peu plus d'exercice.

Le Serpent de Terre est généralement prudent en matière financière, mais il doit faire attention à ses dépenses cette année. Les achats impulsifs en particulier peuvent s'accumuler indûment et entraîner des versements d'intérêt plus élevés ou obliger le Serpent de Terre à se priver pour ses autres activités. C'est une année qui exige une rigueur financière.

Tout en contrôlant ses dépenses, toutefois, le Serpent de Terre voudra voyager cette année et devrait se faire une provision dans ce but et rester à l'affût des promotions pour les voyages. Il pourrait y avoir plusieurs occasions de partir, y compris dans les dernières semaines de 2012 ou tôt en 2013.

L'année sera également active et agréable pour la vie personnelle du Serpent de Terre. Pour ceux qui sont en relation de couple sérieuse, l'année du Dragon renfermera des moments privilégiés. De nombreux Serpents de Terre vont prendre des décisions et des engagements importants et c'est là que les instincts du Serpent de Terre vont bien le guider. Il lui sera profitable de discuter de ses rêves et de ses aspirations avec ses proches car ceux-ci ont ses intérêts à cœur. Les membres plus âgés de sa famille peuvent également le soutenir.

Le Serpent de Terre peut également compter sur une vie sociale intéressante et variée. Son travail et ses intérêts vont lui permettre de faire des rencontres et il aura souvent des occasions de sortir. La nature exubérante de l'année encouragera le Serpent de Terre à se réaliser : ce peut être une période stimulante, en particulier pour ceux qui déménagent dans une nouvelle région ou qui sont prêts à se faire de nouveaux amis. Les mois d'avril et de juillet et la période à partir de la mi-novembre seront les plus chargés, mais tout au long de l'année, le Serpent de Terre aura de quoi s'occuper. Une nouvelle amitié ou liaison amoureuse importante pourrait naître en raison de l'influence de l'année du Dragon.

Globalement, l'année du Dragon peut être bien remplie pour le Serpent de Terre. Dans son travail, il peut grandement améliorer ses perspectives en faisant preuve d'engagement, en écoutant attentivement les conseils et en se montrant disposé à s'adapter. Les perspectives sont favorables pour ses relations avec les autres et certains Serpents de Terre vont prendre d'importantes décisions personnelles ou rencontrer une personne qui deviendra très importante. Les effets de l'année du Dragon peuvent être considérables *et* de longue portée.

## Conseil pour l'année

Écoutez attentivement vos proches et ceux qui ont de l'expérience pour vous aider. Avec leurs conseils, leurs encouragements et leur soutien, vous pouvez accomplir beaucoup de choses. Par ailleurs, restez ouvert à la nouveauté, en assumant de nouvelles tâches au bureau, par exemple, ou en élargissant vos intérêts personnels. En choisissant le changement et en misant sur votre chance, vous pouvez vous préparer pour l'avenir.

# Des Serpents célèbres

Mohammed Ali, René Angélil, Le frère André, Yasser Arafat, Denys Arcand, Kim Basinger, Charles Baudelaire, Emmanuelle Béart, Björk, Éric Bernier, Céline Bonnier, Denis Bouchard, Benoît Brière, Sophie Cadieux, Corneille, Xavier Dolan, Dostoïevski, Marcel Dubé, Michel Dumont, Anne-Marie Dussault, Bob Dylan, Françoise Faucher, Marc Favreau, Margie Gillis, Nancy Huston, Dany Laferrière, Antonine Maillet, Nathalie Mallette, André Mathieu, Claude Nougaro, Aristote Kennedy-Onassis, Jacqueline Onassis, Béatrice Picard, Pablo Picasso, Brad Pitt, Daniel Radcliffe, Franklin D. Roosevelt, Mickey Rourke, Patrick Roy, Jean-Paul Sartre, André Sauvé, Franz Schubert, Brooke Shields, Paul Simon, Marie-Jo Thério, Sylvie Tremblay, Shania Twain, Armand Vaillancourt, Charlie Watts, Oprah Winfrey, Virginia Woolf.

# Le Cheval

| | |
|---|---|
| 25 JANVIER 1906 – 12 FÉVRIER 1907 | Cheval de Feu |
| 11 FÉVRIER 1918 – 31 JANVIER 1919 | Cheval de Terre |
| 30 JANVIER 1930 – 16 FÉVRIER 1931 | Cheval de Métal |
| 15 FÉVRIER 1942 – 4 FÉVRIER 1943 | Cheval d'Eau |
| 3 FÉVRIER 1954 – 23 JANVIER 1955 | Cheval de Bois |
| 21 JANVIER 1966 – 8 FÉVRIER 1967 | Cheval de Feu |
| 7 FÉVRIER 1978 – 27 JANVIER 1979 | Cheval de Terre |
| 27 JANVIER 1990 – 14 FÉVRIER 1991 | Cheval de Métal |
| 12 FÉVRIER 2002 – 31 JANVIER 2003 | Cheval d'Eau |

# La personnalité du Cheval

*Dans la vie, on peut emprunter plusieurs sentiers.
Toutefois, le plus satisfaisant est souvent celui
que l'on défriche soi-même.*

Le Cheval est né sous le double signe de l'élégance et de la fougue. Sa personnalité attachante et son charme lui assurent une grande popularité. Étant lui-même fort sociable, il adore les soirées entre amis, les réceptions et autres activités mondaines qui lui donnent l'occasion de fréquenter ses semblables.

Où qu'il soit, il n'est pas rare que le Cheval soit le boute-en-train de l'assemblée. Doté d'excellentes qualités de leadership, il se fait également apprécier par son honnêteté et ses manières franches. Cet orateur éloquent, versé dans l'art de la persuasion, trouve qu'il n'y a rien de mieux qu'un bon débat. Son esprit vif et agile, de surcroît, lui permet d'assimiler les choses en un temps record.

Le Cheval, cependant, est aussi un être au caractère irascible et, bien que ses emportements soient passagers, il lui arrive de regretter ses propos. De plus, il a peine à garder les secrets d'autrui, la discrétion n'étant pas au nombre de ses qualités.

Les centres d'intérêt du Cheval sont multiples, tout comme les activités auxquelles il prend part. D'ailleurs, il ne sait parfois plus où donner de la tête tant elles sont nombreuses, et peut gaspiller ses énergies sur des projets qu'il n'a jamais le temps de compléter. Le Cheval a également tendance à être versatile, aussi ses objets de fascination sont-ils quelquefois de courte durée, se succédant au gré des modes.

Une marge de liberté et d'indépendance est nécessaire au natif de ce signe. À vrai dire, il se trouve fort mal disposé à l'égard des règles et des directives qu'on pourrait tenter de lui faire suivre ; il préfère de loin n'avoir de comptes à rendre à personne. Malgré son côté rebelle, il aime se sentir entouré, encouragé et soutenu dans ses entreprises.

Grâce à ses nombreux talents et à son caractère avenant, le Cheval peut aller loin dans la vie. C'est un amateur de défis, un travailleur méthodique et infatigable. Néanmoins, s'il s'avère que les événements jouent contre lui et que certains projets échouent, il faudra du temps au natif de ce signe pour se remettre d'aplomb et entamer un nouveau départ. En effet, le Cheval vit pour réussir ; à ses yeux, échouer est une terrible humiliation.

Le natif aime que sa vie soit variée. Il tâte souvent de plusieurs métiers avant de fixer son choix et, même par la suite, reste à l'affût de nouvelles avenues alléchantes. À vrai dire, il est d'un naturel agité et a besoin d'action, à défaut de quoi il s'ennuie facilement. Il excelle toutefois dans les postes lui accordant toute latitude pour exercer son esprit d'initiative ou privilégiant les relations interpersonnelles.

Bien que le Cheval se préoccupe fort peu d'accumuler les richesses, c'est avec soin qu'il gère ses finances, aussi est-il rare qu'il connaisse de sérieuses difficultés sur ce plan.

Le Cheval est également un voyageur chevronné attiré par les lieux inconnus ou les contrées éloignées. Un jour ou l'autre, il sera tenté de s'établir à l'étranger pour quelque temps et, grâce à sa faculté d'adaptation, il se sentira chez lui où qu'il aille.

Portant un soin tout particulier à son apparence, le natif de ce signe a une prédilection pour les tenues élégantes, colorées et originales. Il connaît un grand succès auprès du sexe opposé et vivra souvent nombre d'aventures galantes avant de s'assagir. Loyal et protecteur envers son partenaire, le Cheval tient toutefois, en dépit de ses engagements familiaux, à conserver son indépendance et à jouir d'une liberté suffisante pour cultiver ses champs d'intérêt et s'adonner à ses loisirs. Il s'entend à merveille avec les natifs du Tigre, de la Chèvre, du Coq et du Chien. Se révèle également positive l'alliance avec le Lièvre, le Dragon, le Serpent, le Cochon et un autre Cheval, tandis que le côté sérieux et intolérant du Bœuf en fait un partenaire peu approprié. De même, le Cheval s'accorde difficilement avec le Singe et le Rat ; le premier étant fort curieux et le second ayant besoin de sécurité, ils n'apprécieront aucunement ce compagnon qui se veut libre comme l'air.

La femme Cheval, généralement fort séduisante, est sympathique et ouverte aux autres. Douée d'une grande intelligence, elle s'intéresse à quantité de choses et ne laisse rien de ce qui se passe autour d'elle lui échapper. Les activités de plein air, les sports et le conditionnement physique lui procurent un vif plaisir. Elle aime également les voyages, la littérature et les arts, et brille dans la conversation.

Bien que le Cheval puisse se montrer têtu et un tantinet égocentrique, il reste qu'il a une nature attentionnée et offre volontiers son aide. Il jouit également d'un excellent sens de l'humour et sait faire bonne impression partout. S'il parvient à contenir sa fébrilité et à maîtriser son tempérament colérique, il nouera de belles amitiés, occupera son temps à de multiples activités et, en règle générale, atteindra la majeure partie de ses buts. Sa vie sera tout sauf ennuyante.

# Les cinq types de Chevaux

Cinq éléments, soit le métal, l'eau, le bois, le feu et la terre, viennent tempérer ou renforcer les douze signes du zodiaque chinois. Les effets de ces éléments sont décrits ci-après, accompagnés des années où ils dominent. Ainsi, les Chevaux nés en 1930 et en 1990 sont des Chevaux de Métal, ceux de 1942 et de 2002 sont des Chevaux d'Eau, etc.

## Le Cheval de Métal (1930, 1990)

Chez le Cheval de Métal se marient l'audace, la confiance et la franchise. Ce natif est un innovateur de premier ordre qui ne manque pas non plus d'ambition. Aimant les défis, il prendra un plaisir tout particulier à résoudre des problèmes complexes. Le Cheval de Métal a toutefois soif d'indépendance et ne voit pas d'un bon œil qu'on mette le nez dans ses affaires. Il peut se montrer charmant, voire charismatique, mais tout aussi bien têtu et quelque peu irritable. Il compte généralement de nombreux amis et mène une vie sociale des plus actives.

## Le Cheval d'Eau (1942, 2002)

Doté d'une nature amicale et d'un bon sens de l'humour, le Cheval d'Eau a également une excellente culture générale. Se montrant aussi habile en affaires, il saisit promptement les occasions avantageuses qui surviennent. Cependant, sa tendance à l'éparpillement, tout comme l'inconstance de ses centres d'intérêt, et parfois même de ses décisions, peuvent jouer à son détriment. Le Cheval d'Eau est néanmoins bourré de talents, aussi est-il souvent promis à un grand avenir. Soucieux de son apparence, il s'habille avec goût et élégance. Les voyages le passionnent et il s'adonne volontiers aux activités sportives et de plein air.

## Le Cheval de Bois (1954)

Plein de gentillesse, d'agréable compagnie, le Cheval de Bois est un habile communicateur et, tout comme le Cheval d'Eau, il possède une excellente culture générale. Ce travailleur acharné et consciencieux s'attire invariablement l'estime de ses amis et de ses collègues. On recherche fréquemment son opinion, et son imagination fertile donne naissance à des idées aussi originales que pratiques. Le Cheval de Bois aime mener une vie sociale dynamique. Il peut également se montrer fort généreux et a un sens moral poussé.

## Le Cheval de Feu (1906, 1966)

L'élément du feu, lorsqu'il s'associe au tempérament du Cheval, produit l'une des forces les plus extraordinaires du zodiaque chinois. Le Cheval de Feu est promis à une existence trépidante ; il n'est pas rare qu'il laisse sa marque dans le domaine professionnel qu'il a choisi. Sa forte personnalité, son intelligence ainsi que sa détermination lui valent de nombreux appuis et l'admiration de tous. Le Cheval de Feu aime par-dessus tout l'action, l'aventure ; aussi sa vie ne sera-t-elle pas sous le signe de la tranquillité. Il lui arrive toutefois d'exprimer ses opinions sans ménagement et, en règle générale, il tolère mal qu'on s'immisce dans ses affaires ; il n'aime pas davantage obéir aux ordres. C'est un personnage haut en couleur, plein d'humour, et qui a une vie sociale bien remplie.

## Le Cheval de Terre (1918, 1978)

Le Cheval de Terre est plein d'égards et d'affection pour autrui. Plus enclin à la prudence que les autres Chevaux, il se révèle également fort sage, perspicace et capable. Quoiqu'il soit parfois indécis, il est doué d'un sens aigu des affaires et sait jouer de finesse sur le plan financier. Sa nature tranquille et amicale lui vaut l'appréciation de sa famille et de ses amis.

# Perspectives pour le Cheval en 2012

L'année du Lièvre (du 3 février 2011 au 22 janvier 2012) est généralement favorable au Cheval, mais pendant la portion qui reste, il devra garder la tête froide et se montrer flexible. S'il est trop intransigeant ou indépendant, il pourrait compromettre sa situation et une partie de ses bons coups.

Ce besoin d'être attentif s'applique à tous les aspects de sa vie. Au travail, il doit rester à l'affût et bien renseigné et s'adapter au besoin à la situation. Même si les pressions s'accroissent, le Cheval aura souvent la chance de perfectionner certaines compétences. En ce sens, les mois de septembre et d'octobre vont sans doute donner lieu à des occasions prometteuses au travail.

La fin de l'année étant par tradition un moment de grandes dépenses, le Cheval devra faire attention à son argent pendant cette période. Il devra si possible étaler ses achats saisonniers et faire des provisions pour les dépenses plus importantes.

Les activités sociales accrues vers la fin de l'année occasionneront également d'autres dépenses pour bien des Chevaux. Certaines semaines entraîneront un tourbillon d'activités et il serait utile de planifier à l'avance. Le Cheval s'amusera souvent pendant cette période mais, encore une fois, il devra rester attentif en présence des autres. Un relâchement ou une indiscrétion pourrait entraîner des problèmes. Ceux qui entament une nouvelle liaison amoureuse devraient demeurer particulièrement attentifs et à l'affût.

Dans sa vie familiale également, il importe que le Cheval soit attentif à son entourage et demeure ouvert et disponible. Dans bien des foyers tenus par des Chevaux, les activités pourraient être nombreuses dans les derniers mois de l'année du Lièvre, et plus il y a de collaboration – et une flexibilité pour planifier –, mieux c'est.

En général, l'année du Lièvre peut être satisfaisante pour le Cheval et en restant à l'affût et en s'adaptant au besoin, il pourra souvent profiter des occasions qui surviennent et de l'expérience qu'il peut acquérir.

L'année du Dragon, qui commence le 23 janvier, est caractérisée par l'activité et l'esprit d'entreprise. Bien que le Cheval aime s'impliquer dans beaucoup de choses, il devra toutefois faire preuve de prudence cette année. Ce n'est pas le moment pour lui de faire fi de toute prudence ou de prendre des risques inutiles. La réussite viendra plutôt en avançant progressivement et en prenant le temps d'organiser les activités et les projets. Cela peut déplaire au Cheval, mais il appréciera le côté vivant de l'année du Dragon et passera de bons moments dans l'ensemble.

Une caractéristique intéressante de l'année du Dragon concerne les occasions qui peuvent surgir subitement. Ce sera peut-être l'occasion pour le Cheval de voyager à préavis relativement court, d'essayer une nouvelle activité ou de soumettre sa candidature pour un poste devenu vacant de façon inattendue. Lorsque de telles chances arrivent, le Cheval doit agir rapidement s'il estime que cela lui convient. Comme bon nombre seront amenés à le découvrir, dans une année du Dragon, ce sont ceux qui saisissent les occasions qui profitent le plus.

Au travail, le Cheval aura d'excellentes chances de progresser dans sa situation présente. En effet, l'année du Dragon va lui offrir la chance d'aller de l'avant et de perfectionner ses compétences, à l'occasion de mutations de personnel, de l'instauration de nouveaux objectifs ou d'autres possibilités. Même si c'est une année tout indiquée pour progresser, elle peut toutefois occasionner des pressions et des situations qui mettront la patience du Cheval à l'épreuve. Certaines périodes de l'année vont être exigeantes mais permettront en même temps au Cheval de faire la démonstration de ses forces et de ses ressources. L'année du Dragon n'est pas toujours facile pour le Cheval, mais c'est en relevant le défi qu'il pourra apprendre et progresser.

Pour les Chevaux qui souhaitent changer d'emploi, soit en raison d'une inquiétude au sujet du cours des événements, soit par besoin d'un nouveau défi, et pour ceux qui sont à la recherche d'un travail, l'année du Dragon exigera des efforts et un esprit d'initiative. En raison d'une concurrence sans doute féroce, le Cheval devra porter attention aux demandes d'emploi qu'il remplit et, quand c'est possible, se renseigner davantage sur le poste convoité. Cet effort supplémentaire comptera pour beaucoup dans sa réussite. Les mois de mars, de juin, de septembre et de novembre pourraient donner lieu à de bonnes possibilités pour le travail. Toutefois, la situation peut évoluer rapidement tout au long de l'année du Dragon, et le Cheval doit rester à l'affût et prêt à agir.

Les progrès réalisés au travail par bien des Chevaux vont certes entraîner une hausse salariale mais, là encore, la prudence est de mise. Ce n'est pas le moment de prendre des risques. Si le Cheval est tenté par la spéculation, il devrait vérifier les conséquences possibles et éclaircir ses responsabilités. S'il n'y prend pas garde, il pourrait faire une mauvaise évaluation de la situation. Par ailleurs, pour ce qui est des dossiers importants à régler, le Cheval doit être consciencieux et se donner suffisamment de temps. S'il y a des incertitudes, il est important d'éclaircir la situation. En matière financière cette année, la vigilance est de mise.

Un autre domaine qui exigera quelques précautions est le bien-être du Cheval. Vu son haut niveau d'activité et le fait qu'il mène peut-être une vie exigeante, il importe qu'il se réserve du temps pour le repos. En contrepartie, dans le cas où il est sédentaire pendant de longues périodes, il devrait corriger la situation en s'assurant de faire de l'exercice régulièrement. Pour répondre aux exigences de cette année mouvementée, il doit se préoccuper de son propre bien-être et, si approprié, consulter un médecin sur la meilleure façon de procéder.

Grâce à sa nature sociable, le Cheval connaît beaucoup de gens et son cercle de connaissances est destiné à s'élargir encore plus pendant l'année. Il s'acoquinera avec certaines personnes presque sur-le-champ et pourrait nouer de nouvelles amitiés importantes. Par conséquent, sa vie sociale sera souvent active. L'année peut également s'annoncer prometteuse pour les histoires de cœur. Même si certaines liaisons battent de l'aile, d'autres peuvent souvent prendre la relève rapidement par la suite. La flèche de Cupidon atteindra de nombreux Chevaux cette année ! Les mois de mars, d'avril, de juin et d'août pourraient être les plus socialement actifs.

La vie familiale du Cheval sera également bien remplie et intéressante. Pendant certaines périodes de l'année, le niveau d'activité pourrait devenir frénétique. Dans de tels cas, chacun doit collaborer en se concentrant sur les tâches à faire et se tenir prêt au besoin à remettre ou à réaménager certaines activités ou certains projets. On devra très certainement faire preuve de flexibilité dans la maison du Cheval au cours de l'année. Par ailleurs, il pourrait également y avoir plusieurs réussites sociales à célébrer et le Cheval prendra plaisir à participer à diverses occupations familiales.

Un autre domaine où les perspectives sont favorables est le voyage. Le Cheval devrait prévoir de prendre des vacances ou de faire une pause pendant l'année. Le changement de routine peut lui faire un grand bien et certains Chevaux vont prendre un plaisir particulier à faire des voyages à court préavis.

Globalement, le Cheval aura droit à une évolution positive de sa situation au cours de l'année du Dragon. Pour obtenir des résultats, toutefois, il devra y mettre des efforts et parfois surmonter des situations difficiles. Certaines périodes de l'année vont lui demander un grand effort mais peuvent en même temps signaler certaines de ses qualités les plus fines, dont sa résolution et sa ténacité. Il devra user de précautions, mais il sera encouragé tout au long de l'année par ses relations positives avec bien des gens et sa vie familiale et sociale sera active et agréable. L'année peut être satisfaisante pour lui, mais il est important qu'il maintienne un équilibre de vie et qu'il prenne le temps de profiter du fruit de ses efforts. Ce qui est accompli sera bien mérité.

## Le Cheval de Métal

L'année sera occupée, mouvementée et aussi surprenante pour le Cheval de Métal. Les événements ne manqueront pas, mais tout au long, le Cheval de Métal devra faire preuve de flexibilité dans son approche. Son élément est le Métal, ce qui signifie qu'il a une forte volonté. S'il est trop rigide dans sa façon de penser, cependant, il pourrait se priver de certaines occasions que l'année du Dragon peut offrir. C'est une année où il faut rester à l'affût et tirer le meilleur parti des occasions *au moment où elles se présentent.*

Un des aspects les plus favorisés cette année sera la capacité du Cheval de Métal de perfectionner ses compétences et de parfaire son expérience. Pour ceux qui œuvrent dans le domaine de l'éducation, les titres de compétences acquis maintenant peuvent créer des occasions importantes : s'ils y mettent l'effort requis, bon nombre peuvent compter sur des résultats impressionnants. De la même façon, l'année du Dragon donnera aux Chevaux de Métal nouvellement qualifiés la chance de miser sur ce qu'ils ont accompli. C'est très certainement une année favorable à la croissance personnelle.

Cette dernière affirmation s'applique aussi aux Chevaux de Métal qui ont terminé leurs études il y a un certain temps mais qui estiment qu'il serait peut-être utile d'acquérir une autre compétence. En intervenant de façon positive et possiblement en s'inscrivant à un cours ou en réservant du temps pour l'étude personnelle, ils peuvent s'ouvrir de nouvelles possibilités. L'engagement et l'initiative seront reconnus et récompensés en 2012.

La situation professionnelle du Cheval de Métal pourrait également être le lieu d'une évolution favorable. Les Chevaux de Métal déjà établis dans un poste seront souvent encouragés à ajouter à leur expérience. Bon nombre vont certes faire d'importants progrès en ce sens, mais des périodes de l'année vont toutefois être exigeantes et l'accomplissement de certaines tâches deviendra difficile en raison de l'accroissement de la charge de travail ou d'autres problèmes. En de tels cas, le Cheval de Métal gagnerait à se rappeler le mot de Henry Ford : « Les problèmes sont souvent des occasions déguisées. » En faisant de son mieux et en montrant de l'initiative, il peut non seulement acquérir une importante nouvelle expérience, mais également améliorer grandement sa réputation.

Les Chevaux de Métal à la recherche de travail devraient élargir la gamme de leurs possibilités. En montrant de l'initiative, bon nombre d'entre eux vont voir de nombreuses portes importantes s'ouvrir. L'année du Dragon pourrait leur réserver des surprises et certains Chevaux de Métal pourraient obtenir un poste auquel ils ne s'attendaient pas ou en trouver un par hasard qui s'avère idéal. Les mois de mars, de juin, de septembre et de novembre pourraient renfermer de bonnes possibilités pour le travail.

Les progrès réalisés au travail vont également permettre à de nombreux Chevaux de Métal d'augmenter leurs revenus au cours de l'année. Le Cheval de Métal doit toutefois avoir l'œil sur ses dépenses en raison de ses nombreux frais et parfois des réserves à faire pour des contributions ou d'autres projets. Trop d'achats impulsifs pourraient l'obliger à renoncer à d'autres activités. C'est une année où il faut être prudent et éviter les risques inutiles. Le Cheval de Métal devrait toutefois faire des provisions pour voyager au cours de l'année. Le temps passé à l'extérieur peut lui faire beaucoup de bien tout en lui permettant de visiter des destinations souvent attrayantes.

Il peut également compter sur une vie sociale pleine et stimulante. Encore une fois, il sera fortement sollicité par ses amis et appréciera leur soutien et leur loyauté. De plus, l'année du Dragon peut donner lieu à des célébrations et il y aura plusieurs occasions joyeuses à partager.

L'année du Dragon est très favorable aux liaisons amoureuses. Pour les Chevaux de Métal en relation de couple, cela peut apporter une grande joie qui s'accroîtra au cours de l'année. Pour d'autres, il y a de nombreuses occasions de faire de nouvelles rencontres et même si certaines liaisons d'étiolent dès leurs balbutiements, elles peuvent rapidement faire place à d'autres. L'année pourrait être prometteuse pour les histoires de cœur, mais une réserve s'impose : les lapsus et les indiscrétions peuvent blesser et le Cheval de Métal ne devrait pas se comporter de manière à s'humilier honte, à embarrasser les autres ou à agir de telle manière que cela se retourne contre lui. À tous les Chevaux de Métal : prenez note. Les mois de mars, d'avril, de juin et d'août pourraient donner lieu à davantage d'activités sociales, même si le Cheval de Métal aura largement de quoi s'occuper en tout temps.

Étant donné le niveau d'activité cette année, il importe que ses intérêts et ses loisirs ne soient pas mis de côté. Ces derniers peuvent souvent lui permettre d'utiliser ses habiletés d'une autre manière et lui donner la chance de se détendre. Durant l'année du Dragon, le Cheval de Métal doit maintenir son équilibre de vie. S'il se sent peu emballé par ses intérêts actuels et se cherche un nouveau défi, il devrait prioritairement trouver un nouvel intérêt.

Il devrait également se préoccuper de son bien-être au cours de l'année. S'il traverse une période de grosses journées et de longues soirées, il devrait se donner du temps pour relaxer et récupérer. Il serait également avisé de surveiller son niveau d'exercice et son alimentation, car les deux peuvent influer sur son énergie et sa vitalité.

Il sera reconnaissant pour l'aide reçue des membres de sa famille cette année. Il devrait être ouvert dans des moments de prise de décision ou de forte pression ou lorsqu'il a des nouvelles intéressantes à raconter. Avec certains membres de sa famille, le Cheval de Métal peut être légèrement réticent, mais ses proches apprécieront vivement son ouverture et le fait qu'il leur permette de l'aider.

En général, l'année du Dragon peut être favorable au Cheval de Métal. Même si elle peut amener des pressions et créer des situations exigeantes, cela va bien souvent lui permettre de démontrer sa force de caractère. Avec ses ambitions et ses espoirs pour l'avenir, tout ce qu'il apprend maintenant peut devenir un important tremplin pour plus tard. Sur le plan personnel, l'année peut également être pleine et stimulante et ses relations avec les autres vont souvent être fort appréciées. L'année demandera des efforts mais sera aussi agréable.

## Conseil pour l'année

Saisissez toutes les occasions d'ajouter à votre expérience. Les ouvertures cette année sont potentiellement déterminantes. Par ailleurs, appréciez vos relations avec les autres. Bien des gens croient en vous et sont prêts à vous aider. Écoutez-les.

## Le Cheval d'Eau

L'année sera satisfaisante pour le Cheval d'Eau et il aura beaucoup de choses à faire et à apprécier.

Pour de nombreux Chevaux d'Eau nés en 1942, un des faits marquants de l'année sera leur soixante-dixième anniversaire, que leurs amis et leurs proches vont vouloir fêter avec style. On pourrait également leur réserver des surprises et des cadeaux inattendus. Bon nombre de ces Chevaux d'Eau vont particulièrement apprécier l'occasion de passer du temps avec des gens qu'ils voient peu, y compris en reprenant contact avec des parents ou des amis éloignés. Ce pourrait être un moment fort sur le plan personnel et le Cheval d'Eau pourrait rester interdit devant la démonstration d'amour, de générosité et d'affection qu'on lui témoigne.

Ces célébrations n'ont pas à se limiter au Cheval d'Eau lui-même : les membres de sa famille et ses amis proches pourraient également avoir des dates importantes ou des réussites personnelles à souligner. Une caractéristique de l'année du Dragon est de faire place aux festivités et aux réussites, et cela sera certainement le cas dans nombre de foyers tenus par des Chevaux d'Eau.

En plus de participer à certaines célébrations, le Cheval d'Eau s'impliquera souvent avec ses proches dans divers projets à la maison, dont celui de rafraîchir certaines pièces (et de les débarrasser des traîneries dans certains cas) et d'installer de nouveaux équipements et objets de confort. L'année du Dragon comporte un fort élément pratique et le Cheval d'Eau sera à l'origine de bien des améliorations du domicile.

Même s'il est satisfait de ce qui est accompli, toutefois, il devrait éviter de se précipiter inutilement. Il vaut mieux faire les bons choix que de s'empresser à prendre les mauvaises décisions. Le Cheval d'Eau doit également se sensibiliser aux coûts de ses projets, prendre le temps de comparer les prix et s'assurer que ses besoins sont satisfaits. Plus on en discute, mieux c'est.

Les occasions de voyager seront excellentes au cours de l'année et de nombreux Chevaux d'Eau auront la chance de prendre des vacances spéciales. Souvent, ils auront bien du plaisir à les organiser et en se renseignant sur leur destination et en se préparant adéquatement, ils vont s'amuser à fond. Certains pourraient jumeler des vacances avec un intérêt personnel et participer à des événements ou à des manifestations culturelles pendant leur voyage.

Le Cheval d'Eau est de nature curieuse et pourrait également s'adonner à une nouvelle activité pendant l'année. Certains Chevaux d'Eau pourraient s'intéresser à des cours donnés dans leur région. L'année du Dragon peut offrir de bonnes possibilités au Cheval d'Eau s'il est disposé à tenter sa chance, et il peut tirer une grande satisfaction de ses activités.

Il va également accueillir favorablement les occasions sociales qui se présenteront au cours de l'année. Entre autres, s'il est membre d'une société ou d'un groupe d'intérêt (ou s'il décide de s'y joindre), il pourrait être amené à y jouer un plus grand rôle. Tout Cheval d'Eau esseulé, qui a peut-être déménagé dans une nouvelle région ou qui a vu sa situation changer récemment, devrait envisager de sortir plus souvent, peut-être en s'impliquant dans la vie communautaire. Ses actions pourraient le rendre plus satisfait sur le plan personnel. La période de la fin février à avril et les mois de juin et d'août pourraient être les plus socialement actifs.

Même si dans l'ensemble l'année sera bonne, le Cheval d'Eau doit se garder de précipiter les choses. Cela vaut pour les finances et la correspondance d'affaires aussi bien que pour les achats. S'il n'y prend pas garde, des erreurs pourraient se glisser ; le Cheval d'Eau devrait demander des conseils en cas de doute. À tous les Chevaux d'Eau : prenez note.

Pour les Chevaux d'Eau nés en 2002, l'année s'annonce prometteuse. Ils vont pouvoir perfectionner leurs habiletés, développer leurs intérêts et s'adonner à de nouvelles occupations et ils vont apprécier la chance d'en faire plus. Le jeune Cheval d'Eau sera souvent ravi par les perspectives qui s'offrent à lui. Une bonne partie de ce qu'il apprend cette année, à l'école ou dans ses loisirs, lui donnera une bonne base de compétences pour plus tard.

Tout au long de l'année, le jeune Cheval d'Eau va également apprécier le soutien de son entourage, et son humour, son entrain et sa curiosité vont en ravir (et parfois en exaspérer) plus d'un. L'année s'annonce pleine et intéressante.

À l'orée d'une nouvelle décennie dans sa vie, le Cheval d'Eau jeune ou plus âgé passera de très bons moments. En plus d'apprécier le soutien et l'affection de ses proches et les festivités pour souligner son dixième ou son soixante-dixième anniversaire, il prendra souvent plaisir aux occasions que l'année apporte. En tirant le meilleur parti de ses idées et en faisant bon usage de son temps, il peut en faire une année satisfaisante et agréable.

## Conseil pour l'année

Évitez la précipitation. Soyez prêt à accorder du temps et de l'attention à vos projets. Grâce à vos quelques efforts et à une attitude engagée, en plus du soutien dont vous jouissez, vous aurez une année bien remplie.

## Le Cheval de Bois

Il y a un proverbe chinois qui dit : « Comme le long chemin met la force du cheval à l'épreuve, le temps révèle le caractère d'un homme. » Les deux aspects de ce proverbe sont tout à fait justes pour le Cheval de Bois cette année.

Le Cheval de Bois est persévérant et pratique et ces deux qualités vont bien lui servir au cours de l'année. L'année du Dragon peut être exigeante. Certaines périodes vont bien se dérouler alors que d'autres vont imposer des pressions et des défis.

La vie professionnelle du Cheval de Bois est l'un des domaines où les exigences seront accrues. Même si de nombreux Chevaux de Bois vont être heureux de continuer d'occuper un poste qui leur est familier, avec des tâches appropriées à leurs talents, des changements sont à venir. Parfois, la direction pourrait décider de mettre en œuvre de nouvelles procédures, ou des déplacements de personnel feront en sorte que le rôle du Cheval de Bois changera du tout au tout. Certains événements pourraient préoccuper le Cheval de Bois au plus haut point, surtout s'il estime que certains changements pourraient compliquer sa tâche. Il doit néanmoins patienter.

La vie va reprendre son cours normal et, alors qu'il s'ajustera à ses nouvelles tâches ou routines, certains avantages inattendus pourraient se dégager. Il pourrait avoir l'occasion d'utiliser ses compétences de nouvelle façon ou d'acquérir un point de vue plus éclairé sur son domaine ou sur la société pour laquelle il travaille. Par ailleurs, pour les Chevaux de Bois qui ont besoin d'un nouveau défi, l'année du Dragon sera à la hauteur des attentes. Peu resteront à l'abri des développements qu'elle apportera.

En raison du cours des événements, le Cheval de Bois devrait profiter pleinement de toute formation offerte. En restant au fait des développements et en élargissant ses compétences, il constatera que ses nouvelles connaissances lui viennent en aide dans sa situation actuelle et, plus important encore, qu'elles lui donneront plus d'envergure pour plus tard.

Pour les Chevaux de Bois qui décident de passer à autre chose ou qui cherchent du travail, l'année du Dragon peut être exigeante. La concurrence est féroce et le Cheval de Bois devra faire preuve de persévérance et d'initiative. Lorsqu'il remplit des demandes d'emploi, il devrait se renseigner davantage sur le poste convoité, de manière à mettre l'accent sur son expérience et sur la pertinence de sa candidature. Les années du Dragon peuvent évoluer de curieuse façon et certains Chevaux de Bois pourraient se voir refuser un poste et offrir un poste différent à la place. La période de la mi-février à la fin mars et les mois de juin, de septembre et de novembre pourraient donner lieu à des développements décisifs, mais chaque fois que le Cheval de Bois repérera une occasion qui lui convient, il devra agir sans tarder. La vitesse et l'esprit d'initiative seront des facteurs importants cette année.

En matière de finances, le Cheval de Bois devra faire preuve de prudence. Lorsqu'il contracte de nouveaux engagements, il devrait en vérifier les conditions et les conséquences possibles. Il en va de même pour la correspondance d'affaires : il devrait être consciencieux et diligent. Il devrait également se méfier s'il est tenté par la spéculation. Pour ce qui est des finances, c'est une année qui exige des précautions et de la vigilance.

Le Cheval de Bois aura également de grosses dépenses cette année, peut-être en rapport avec la famille, les voyages ou de nouveaux équipements, et il devrait les intégrer à l'avance à son budget lorsque c'est possible. S'il est prudent, il pourra réaliser bon nombre de ses projets cette année à condition d'être un bon gestionnaire.

Les perspectives de voyage sont bonnes et tous les Chevaux de Bois devraient essayer de prendre des vacances cette année. Ils pourront ainsi interrompre leur routine habituelle et prendront souvent plaisir à visiter des sites d'intérêt touristique. Pour ceux qui aiment les sports, la musique ou la culture, il pourrait être possible de jumeler leurs projets de voyage avec un événement spécial ou un site d'intérêt.

Les intérêts personnels du Cheval de Bois peuvent lui procurer une grande satisfaction. S'il se réserve du temps pour les poursuivre, il sera ravi bien souvent de pouvoir utiliser ses connaissances et ses compétences de multiples façons.

Même si ses nombreux engagements vont le tenir occupé, sa vie sociale peut l'aider à maintenir son équilibre de vie et il devrait se donner comme but de sortir lorsqu'il le peut. Certains amis pourraient lui être très utiles cette année, en particulier compte tenu des pressions que le Cheval de Bois pourrait subir. La période de la mi-février à avril, les mois de juin et d'août et les dernières semaines de l'année seront les plus actifs socialement, mais tous les Chevaux de Bois devraient rester en contact régulier avec leurs amis pendant l'année du Dragon et prendre plaisir aux occasions sociales qu'elle peut apporter. Pour ceux qui sont sans attaches, des possibilités de liaison passionnante pourraient être dans les cartes, au hasard d'une rencontre qui deviendrait rapidement décisive.

Dans sa vie familiale, le Cheval de Bois peut également compter sur des occasions importantes et de nombreux Chevaux de Bois vont célébrer les réalisations ou les nouvelles de quelqu'un qui leur est cher. Dans de telles occasions, les capacités d'organisation, le souci pour les autres et les conseils du Cheval de Bois seront appréciés par bien des gens. En raison d'une année généralement bien remplie, il importe de partager les tâches ménagères et de discuter ouvertement de tout problème qui surgit. De cette manière, on peut non seulement arriver à mieux gérer certaines des situations plus éprouvantes de l'année, mais on peut accomplir beaucoup plus de choses.

Globalement, l'année du Dragon sera remplie et variée pour le Cheval de Bois. Il y aura des hauts, surtout en rapport avec les réalisations familiales et les intérêts personnels, aussi bien que des bas, lorsque des pressions et des incertitudes se manifesteront. Malgré cela, le Cheval de Bois est un réaliste et, en faisant de son mieux, il peut sortir gagnant de l'année avec une bonne feuille de route.

## Conseil pour l'année

Consultez vos proches et ceux qui parlent d'expérience. Par ailleurs, soyez ouvert. Dans une année remplie et sous pression, vous ne devez pas garder vos préoccupations pour vous-même. Réservez du temps pour vos intérêts aussi car ils peuvent évoluer dans un sens positif et vous faire du bien.

## Le Cheval de Feu

L'alliance de l'élément du feu au caractère du Cheval est un puissant tandem qui rend le Cheval de Feu entreprenant et courageux. Il est passionné et ambitieux et est bien placé pour bien s'en tirer pendant l'année du Dragon. Même si les perspectives sont encourageantes, le Cheval de Feu devra parfois atténuer sa nature exubérante. Il peut réaliser des progrès cette année, mais s'il prend des risques ou s'il mise trop sur sa bonne fortune, des problèmes ou des déceptions peuvent s'ensuivre. À tous les Chevaux de Feu : prenez note.

Une des caractéristiques intéressantes de l'année du Dragon concerne les nombreuses bonnes idées qui peuvent émerger. Le Cheval de Feu sera partant pour en essayer quelques-unes et prendra plaisir à certains développements au cours de l'année. Pour tout Cheval de Feu qui s'ennuie ou qui se sent peu épanoui, c'est un excellent temps pour adopter une nouvelle activité. Bon nombre d'entre eux seront attirés par quelque chose de nouveau et vont non seulement en profiter d'ores et déjà mais constater que cela peut créer des possibilités pour l'avenir.

Le Cheval de Feu aura de bonnes occasions de voyager au cours de l'année, dont certaines à court préavis. Il devrait y donner suite lorsque c'est possible. Non seulement profitera-t-il du repos que cela apporte, mais il prendra plaisir à visiter des lieux intéressants. L'année du Dragon sera souvent en mesure de satisfaire la nature aventurière du Cheval de Feu.

Avec ses voyages et ses intérêts personnels, le Cheval de Feu aura beaucoup de dépenses cette année et s'il veut faire tout ce qu'il a envie de faire, il devra surveiller ses sorties d'argent de près. S'il contracte de nouveaux engagements, il devrait vérifier les conditions et les conséquences, et s'il est tenté par la spéculation, il devrait être particulièrement prudent. En matière de finances, c'est une année à mettre sous le signe de la prudence.

Dans sa vie familiale, le Cheval de Feu peut compter sur une année mouvementée. Avec le niveau d'activité en cours, toutefois, il faudra établir une bonne coopération et faire preuve de flexibilité. Par ailleurs, comme le Cheval de Feu et d'autres de son foyer vont sans doute envisager leurs options pour l'avenir, il importe que tout le monde soit ouvert et discute de ce qu'il a en tête. Parmi toutes les activités, il y aura toutefois certaines occasions mémorables, dont peut-être un anniversaire ou une réussite personnelle, et le Cheval de Feu va y prendre part avec bonheur.

Grâce à sa nature active et sociable, il sera également en contact avec de nombreuses personnes cette année et fera sans doute de nouvelles connaissances qui peuvent lui être particulièrement utiles. Tout Cheval de Feu esseulé devrait faire tous les efforts possibles pour sortir davantage et considérer la possibilité de se joindre à un groupe d'intérêt dans son secteur. Le fait d'accomplir quelque chose de positif va non seulement le motiver mais l'aidera à rencontrer des gens. La période de la mi-février à avril et les mois de juin et d'août pourraient être les plus socialement actifs.

Les perspectives sont bonnes pour les histoires de cœur. Or, même si l'année du Dragon peut procurer beaucoup de plaisir au Cheval de Feu, il devrait éviter de se mettre dans une situation qui pourrait mal tourner ou l'embarrasser. Les années du Dragon peuvent sévir contre les relâchements et les risques inutiles.

Au travail, la situation peut évoluer de façon intéressante. Pour les Chevaux de Feu bien établis dans une société ou une profession, il y aura des occasions d'assumer de plus grandes responsabilités. Parfois, la tournure des événements peut surprendre le Cheval de Feu. En se montrant bien disposé, cependant, il pourra non seulement faire avancer sa carrière, mais aura également la chance de faire ses preuves dans une fonction différente. L'année du Dragon exige un peu de flexibilité mais est propice à une progression constante sur le plan professionnel.

Pour les Chevaux de Feu qui cherchent du travail ou qui espèrent passer à autre chose, ils se doivent de s'ouvrir aux possibilités qui s'offrent. En demeurant à l'affût tout en faisant preuve d'initiative et de détermination, bon nombre réussiront dans leur quête. Les mois de mars, de juin, de septembre et de novembre pourraient donner lieu à des développements positifs, mais la clé pour progresser dans sa carrière cette année est la disposition à relever de nouveaux défis.

Globalement, l'année du Dragon peut être pleine et intéressante pour le Cheval de Feu. Dans son travail, il pourrait profiter de développements favorables, alors que dans sa vie familiale et sociale et dans ses intérêts personnels, il aura largement de quoi s'occuper. L'année du Dragon offre des occasions d'aller de l'avant, mais le Cheval de Feu doit tout le temps demeurer à l'affût et considérer les conséquences de ses actions. S'il est prudent, toutefois, l'année peut être positive et relativement réussie pour lui.

## Conseil pour l'année

Appréciez vos relations avec les autres. Par ailleurs, tirez le maximum de vos chances de rencontrer des gens. Certains pourraient vous être particulièrement utiles maintenant et dans un avenir proche. Votre nature sociable pourrait vous rendre de bons services cette année.

## Le Cheval de Terre

L'élément de la terre donne au Cheval de Terre une qualité pragmatique qui lui permet de bien juger les situations et d'exercer un bon jugement. Et ces talents vont s'avérer très utiles dans cette année au rythme accéléré. En demeurant à l'affût et en s'adaptant aux situations qui se présentent, le Cheval de Terre peut faire d'importants progrès et profiter de ses réussites personnelles. L'année sera pleine et occupée, avec beaucoup de potentiel.

La situation professionnelle du Cheval de Terre subira d'importants développements. Grâce aux nouvelles tâches qu'ils accomplissent depuis peu, un bon nombre de Chevaux de Terre seront encouragés à porter leur carrière à un autre niveau et auront droit à une mutation ou à la chance d'assumer de nouvelles responsabilités. Même si cette offre constitue une importante reconnaissance de leurs réalisations, les changements pourraient nécessiter quelques ajustements. Ces Chevaux de Terre auront non seulement de nouveaux dossiers complexes à régler très tôt, mais devront composer avec de nouveaux collègues et une nouvelle routine. Au travail donc, il y aura des périodes exigeantes pendant l'année du Dragon. Toutefois, s'il reste concentré et vient à bout des ajustements requis, le Cheval de Terre verra les difficultés et les pressions décroître et il pourra s'installer dans son nouveau rôle. L'expérience ainsi acquise marquera une étape importante dans le développement de sa carrière. Les mois de mars, de juin, de septembre et de novembre pourraient être propices à de bonnes occasions.

Pour les Chevaux de Terre qui trouvent que leur carrière pourrait profiter d'un changement de situation ou qui cherchent du travail, la recherche d'un emploi peut souvent être décourageante. Toutefois, s'ils sont résolus et gardent confiance en eux, bon nombre vont découvrir des ouvertures prometteuses. Celles-ci ne seront pas toujours dans le domaine qu'ils cherchaient au départ mais peuvent bien des fois offrir à ces Chevaux de Terre la chance d'utiliser leurs compétences à d'autres fins. La situation peut évoluer de surprenante façon pendant l'année du Dragon pour le Cheval de Terre, mais malgré les difficultés initiales, il pourra souvent en profiter à long terme.

La progression du Cheval de Terre au travail cette année va souvent lui permettre d'augmenter son revenu et il pourrait avoir la chance de suppléer à celui-ci en tirant profit d'un intérêt ou d'une habileté. Il devra toutefois être prudent avec son argent et se méfier s'il est tenté par la spéculation ou par des combines douteuses. S'il a des doutes sur une démarche quelconque, il devrait obtenir des conseils professionnels. Il pourrait aussi avoir des dépenses importantes cette année et devra faire preuve de rigueur dans son budget. Trop d'achats impulsifs pourraient l'obliger à faire des économies plus tard. En matière de finances, c'est une année qui exige de la discipline.

Un domaine où bien des Chevaux de Terre pourront se payer la traite est celui des voyages. Ils apprécieront fort de prendre des vacances et certains auront la chance de visiter des parents. D'autres occasions de voyage pourraient se présenter vers la fin de l'année.

Le Cheval de Terre a un cercle d'amis fidèles en qui il a toute confiance et il leur sera reconnaissant pour leur soutien et leurs conseils au cours de l'année. Dans des moments difficiles au travail, leur compréhension et leurs idées peuvent l'aider et le rassurer. Par ailleurs, le Cheval de Terre aura aussi la chance de rencontrer de nouvelles personnes cette année et établira rapidement de bons rapports avec certaines d'entre elles. La période de la fin février à la fin avril et les mois de juin et d'août seront les plus socialement actifs.

Pour ceux qui sont sans attaches, l'année du Dragon renferme de merveilleuses possibilités romantiques. Certains Chevaux de Terre seuls au début de l'année vont s'établir en couple ou se marier pendant l'année et les histoires de cœur peuvent revêtir un caractère particulièrement excitant.

L'année s'annonce occupée pour la vie familiale du Cheval de Terre et exigera beaucoup de son temps. Ceux qui sont parents devront non seulement veiller aux besoins de leurs enfants mais auront aussi à s'occuper de leurs nombreux autres engagements. Des périodes de l'année seront exigeantes et fatigantes mais, là encore, l'approche pragmatique du Cheval de Terre sera utile. En organisant son emploi du temps, en se concentrant sur ses priorités et en communicant adéquatement avec les autres, il peut vivre de très bons moments parmi le brouhaha. Pendant cette année occupée, il devrait également compter sur le soutien des autres et se montrer disposé à partager certaines tâches ménagères. Et même s'il est fin prêt pour démarrer des projets de rénovation, il devrait être patient et s'attaquer à ces tâches lorsque le temps le lui permet. L'année du Dragon pourrait être fébrile, mais dans bien des foyers tenus par des Chevaux de Terre, elle peut également s'avérer très favorable.

En raison de son style de vie exigeant, il importe aussi que le Cheval de Terre se donne du temps pour se reposer et pour s'adonner à ses intérêts personnels. En 2012, il doit se garder du temps pour lui.

En général, l'année sera chargée pour le Cheval de Terre, mais elle renfermera également d'excellentes occasions. En profitant de celles-ci au maximum et en s'adaptant au besoin, il peut progresser tout en gagnant une nouvelle expérience précieuse. Les perspectives sont favorables pour ses relations avec les autres, et sa vie familiale, quoique fébrile, pourrait lui apporter des moments privilégiés. Pour ceux qui sont sans attaches, la flèche de Cupidon pourrait les atteindre. Globalement, c'est une année satisfaisante qui permettra au Cheval de Terre de profiter de ses nombreuses qualités.

## Conseil pour l'année

Dans les années du Dragon, les situations sont parfois fluides. Restez à l'affût du cours des événements et profitez au maximum de vos occasions. Ce que vous accomplirez maintenant pourrait avoir des retombées à long terme. Par ailleurs, profitez de vos relations avec les autres. Leur soutien, leur amour et leurs conseils peuvent vous être utiles pendant cette année chargée.

# Des Chevaux célèbres

Neil Armstrong, Rowan Atkinson, Samuel Beckett, Ingmar Bergman, Leonard Bernstein, Dominique Briand, Pascale Bussières, Édith Cochrane, Sean Connery, Elvis Costello, Kevin Costner, Cindy Crawford, James Dean, Caroline Dhavernas, Aretha Franklin, Jean-Luc Godard, Gene Hackman, Rita Hayworth, Jimi Hendrix, Janis Joplin, Patricia Kaas, Charlotte Laurier, Pierre Lebeau, Lénine, André Melançon, Monique Mercure, Philippe Noiret, Marina Orsini, Louis Pasteur, Jacques Parizeau, Marie-Chantal Perron, Luc Plamondon, Lou Reed, Rembrandt, Jean Renoir, Isabel Richer, Theodore Roosevelt, Alexandre Soljenitsyne, Barbra Streisand, Kiefer Sutherland, Audrey Tautou, John Travolta, Michel Tremblay, Mike Tyson, Antonio Vivaldi, Denzel Washington, Billy Wilder, Michael York.

# La Chèvre

| | |
|---|---|
| 13 FÉVRIER 1907 – 1er FÉVRIER 1908 | Chèvre de Feu |
| 1er FÉVRIER 1919 – 19 FÉVRIER 1920 | Chèvre de Terre |
| 17 FÉVRIER 1931 – 5 FÉVRIER 1932 | Chèvre de Métal |
| 5 FÉVRIER 1943 – 24 JANVIER 1944 | Chèvre d'Eau |
| 24 JANVIER 1955 – 11 FÉVRIER 1956 | Chèvre de Bois |
| 9 FÉVRIER 1967 – 29 JANVIER 1968 | Chèvre de Feu |
| 28 JANVIER 1979 – 15 FÉVRIER 1980 | Chèvre de Terre |
| 15 FÉVRIER 1991 – 3 FÉVRIER 1992 | Chèvre de Métal |
| 1er FÉVRIER 2003 – 21 JANVIER 2004 | Chèvre d'Eau |

# La personnalité de la Chèvre

Apprécier la vie, malgré ses difficultés,
voilà la qualité première.

Née sous le signe de l'art, la Chèvre est dotée d'une imagination fertile et d'une grande créativité. Tout en sachant apprécier les plaisirs raffinés de la vie, c'est une personne accommodante, qui préfère évoluer dans un milieu détendu et libre de contraintes. En effet, routine et horaires rigides conviennent fort peu à son tempérament, non plus qu'un climat de discorde. Inutile de la presser d'agir contre son gré, la Chèvre ira à son rythme. Malgré son attitude plutôt décontractée face à la vie, son côté perfectionniste la pousse invariablement à donner sa pleine mesure lorsqu'elle entreprend un projet.

Moins portée à travailler seule qu'en équipe, la Chèvre attache une grande importance au soutien et à l'encouragement de son entourage. Laissée à elle-même, elle a tendance à s'inquiéter et à jeter un regard pessimiste sur les choses. Dans la mesure du possible, elle délègue la prise de décisions aux autres, se contentant de mener ses petites affaires de son côté. Mais si elle croit profondément en une cause ou doit défendre sa position, elle agira courageusement et avec à-propos.

Usant souvent de son charme pour arriver à ses fins, la Chèvre sait se montrer persuasive. Elle peut toutefois hésiter à partager ses véritables sentiments. Pourtant, une attitude plus directe l'avantagerait.

Malgré sa nature calme et réservée, la Chèvre devient souvent le boute-en-train de l'assemblée pour peu qu'elle soit entourée de gens qu'elle aime. C'est une hôtesse hors pair dont les talents d'animatrice ne se démentent jamais. On peut compter sur elle pour offrir une prestation étincelante lorsqu'elle se trouve sous les feux de la rampe, d'autant plus si elle a l'occasion de mettre à profit ses talents créatifs.

De tous les signes du zodiaque chinois, la Chèvre est assurément celui qui est le plus doué sur le plan artistique. Que ce soit dans le domaine du théâtre, de la littérature, de la musique ou des arts visuels, elle laissera sa marque. Créatrice-née, elle est au comble du bonheur lorsqu'elle se consacre à un projet faisant appel à ses talents. Mais là encore, la Chèvre travaille mieux en équipe que seule. Elle a besoin d'une source d'inspiration et d'une influence qui la guidera. Une fois sa vocation trouvée, néanmoins, il n'est pas rare qu'elle atteigne la renommée.

En plus d'être attirée par les arts, la Chèvre a généralement un fort penchant religieux ainsi qu'un intérêt marqué pour la nature, les animaux et la campagne. Elle affectionne également les sports. D'ailleurs, les natifs de ce signe se révèlent souvent des adeptes accomplis en ce domaine, ou à tout le moins de passionnés spectateurs!

N'étant pas particulièrement matérialiste, la Chèvre ne s'inquiète pas outre mesure de ses finances. En fait, la chance lui sourit sur ce plan; aussi aura-t-elle rarement peine à boucler son budget. Disons même que son insouciance l'incitera à dépenser bien vite l'argent gagné, plutôt que de le mettre de côté pour l'avenir.

En règle générale, la Chèvre quitte la maison assez tôt, mais elle maintiendra toujours des liens solides avec ses parents et avec les autres membres de sa famille. Sa propension à la nostalgie est d'ailleurs bien connue, comme en témoigne son habitude de garder des souvenirs de sa jeunesse et des endroits qu'elle a visités. Sans que sa maison soit particulièrement bien rangée, elle sait où les choses se trouvent, et les lieux sont d'une propreté impeccable.

Pour la Chèvre, les affaires de cœur revêtent une grande importance; aussi vivra-t-elle souvent moult aventures amoureuses avant de se ranger. Bien qu'elle s'adapte assez facilement, un environnement stable lui sied davantage. Elle s'entend à merveille avec le Tigre, le Cheval, le Singe, le Cochon et le Lièvre. De bons rapports sont également possibles avec le Dragon, le Serpent, le Coq et une autre Chèvre, mais elle jugera sans doute le Bœuf et le Chien trop sérieux à son goût. Les habitudes économes du Rat, quant à elles, ne lui diront rien qui vaille.

La femme Chèvre fait montre d'un dévouement exemplaire envers sa famille. Elle a un goût exquis en matière d'ameublement, et c'est avec des doigts de fée qu'elle confectionne ses vêtements et ceux de ses enfants. Prenant un soin jaloux de son apparence, elle sait plaire au sexe opposé. Bien qu'elle ne brille pas par son sens de l'organisation, sa personnalité attachante et son délicieux sens de l'humour font bonne impression partout. L'art culinaire, le jardinage et les activités de plein air comptent parmi ses loisirs de prédilection.

Gentille et compréhensive, la Chèvre gagne facilement l'amitié de ses pairs, qui se sentent généralement très bien en sa compagnie et ont vite fait de lui pardonner ses entêtements occasionnels. Moyennant le soutien et les encouragements nécessaires, la Chèvre mènera une vie heureuse et très satisfaisante. Plus elle laissera libre cours à sa créativité, mieux elle se portera.

# Les cinq types de Chèvres

Le métal, l'eau, le bois, le feu et la terre sont les cinq éléments qui viennent renforcer ou tempérer les douze signes du zodiaque chinois. Leurs effets, accompagnés des années au cours desquelles ils prédominent, sont décrits ci-après. Ainsi, les Chèvres nées en 1931 et en 1991 sont des Chèvres de Métal, celles qui sont nées en 1943 et en 2003 sont des Chèvres d'Eau, et ainsi de suite.

## La Chèvre de Métal (1931, 1991)

Consciencieuse dans tout ce qu'elle entreprend, la Chèvre de Métal est apte à très bien réussir dans la profession qu'elle choisit.

Toutefois, sa confiance cède facilement le pas à l'inquiétude ; aussi gagnerait-elle à partager ses préoccupations avec d'autres au lieu de tout garder pour elle. D'une loyauté indéfectible envers sa famille et ses employeurs, la Chèvre de Métal compte un petit cercle d'amis fidèles. Il n'est pas rare qu'elle excelle dans une discipline artistique, car ses talents sont remarquables. Elle aime collectionner les objets anciens et son foyer sera d'ordinaire meublé avec goût.

## La Chèvre d'Eau (1943, 2003)

S'attirant tout naturellement l'amitié d'autrui, la Chèvre d'Eau jouit d'une cote de popularité enviable. Si elle repère sans difficultés les bonnes occasions, son manque de confiance en elle entrave quelquefois l'atteinte de ses objectifs. Le changement n'a rien pour plaire à la Chèvre d'Eau, qui préfère de loin la stabilité tant à la maison qu'au travail. Elle s'exprime aisément, a un bon sens de l'humour et se débrouille très bien avec les enfants.

## La Chèvre de Bois (1955)

La Chèvre de Bois au grand cœur est toujours prête à faire plaisir. Elle participe à une foule d'activités et a de nombreux amis. D'un naturel confiant, la Chèvre de Bois a toutefois tendance à acquiescer aux demandes d'autrui un peu trop facilement et il serait à son avantage de se montrer plus ferme. Les questions financières lui sont en général favorables et, comme la Chèvre d'Eau, les enfants l'adorent.

## La Chèvre de Feu (1907, 1967)

Sachant ce qu'elle veut dans la vie, la Chèvre de Feu se sert souvent de ses charmes et de ses talents persuasifs pour arriver à ses fins. Elle a tendance à ne pas se préoccuper des questions qui l'importunent et peut parfois se perdre dans ses pensées et son imaginaire. Comme elle gère de façon plutôt fantaisiste et cède facilement à l'extravagance, elle aurait tout avantage à traiter ses finances avec un plus grand soin. Sa personnalité joyeuse et vivante assure à la Chèvre de Feu, qui adore fréquenter les fêtes et les réceptions, un grand nombre d'amis.

## La Chèvre de Terre (1919, 1979)

Bienveillante et attentionnée de nature, la Chèvre de Terre fait preuve d'une fidélité exemplaire envers sa famille et ses amis; partout où elle va, elle crée une atmosphère agréable. Bien que fiable et méticuleuse au travail, la Chèvre de Terre a peine à épargner, n'aimant pas se priver du moindre petit luxe qui la tente. Ses champs d'intérêt sont variés et elle possède une excellente culture générale. Elle éprouve toujours un vif plaisir à suivre de près les activités de ses proches.

# Perspectives pour la Chèvre en 2012

L'année du Lièvre (du 3 février 2011 au 22 janvier 2012) est généralement favorable à la Chèvre, quoique pour en tirer le maximum, elle devra demeurer résolue et saisir les occasions. Cela est particulièrement vrai dans les derniers mois, qui s'annoncent actifs et stimulants.

Au travail, bien des Chèvres vont composer avec une augmentation de leur charge de travail et de nouveaux objectifs à atteindre. Malgré les exigences, cela peut non seulement permettre à la Chèvre de démontrer ses forces, mais également créer des possibilités prometteuses à poursuivre. Les Chèvres qui sont à la recherche d'un travail devraient maintenir leur détermination. En prenant l'initiative, bon nombre pourraient décrocher un poste dans les derniers mois de l'année du Lièvre même si, dans certains cas, celui-ci sera temporaire.

La Chèvre devrait également être favorisée en matière de finances pendant cette période et, si elle demeure à l'affût, elle peut faire des achats qui lui plairont. De plus, de nombreuses Chèvres peuvent compter sur des occasions de voyage dans les dernières semaines de l'année.

La vie familiale et sociale de la Chèvre sera également bien remplie au moment où l'année du Lièvre tirera à sa fin. Pour réussir à faire tout ce qu'elle a envie de faire, elle devrait commencer à planifier tôt. Bien des Chèvres vont être sollicitées, que ce soit par la famille ou par la vie en société, et auront parfaitement raison d'apprécier certaines des relations très privilégiées qu'elles entretiennent.

Étant née sous le signe de l'art, la Chèvre a une nature curieuse et trouvera que l'année du Dragon renferme de grandes possibilités. L'année sera bien remplie, inspirante et souvent agréable.

L'année du Dragon commence le 23 janvier et presque aussitôt, la Chèvre remarquera qu'il y a un changement dans l'air. Les événements se précipitent dans une année du Dragon, et la Chèvre devra garder la tête froide durant celle-ci.

Un des aspects plus positifs de l'année concerne les relations de la Chèvre avec autrui. Grâce à sa joie de vivre, à sa maîtrise de la conversation et à sa propension à se retrouver au centre de l'action, elle va souvent se plaire à participer aux occasions sociales qui se présenteront durant l'année du Dragon. De nombreuses Chèvres vont trouver leur vie sociale bien dynamique cette année.

Pour toute Chèvres qui commencerait l'année avec le moral à zéro, l'année du Dragon pourrait signaler un changement important dans sa situation. Ces Chèvres devraient épouser l'esprit de l'année du Dragon et envisager d'adopter de nouvelles activités ou de se joindre à des groupes d'intérêt. En prenant des mesures positives, elles peuvent contribuer énormément à provoquer le changement qu'elles souhaitent. De nouvelles amitiés bénéfiques peuvent se forger et cette période peut également être stimulante sur le plan des liaisons amoureuses. Un bon nombre de Chèvres qui sont sans attaches au début de l'année vont rencontrer quelqu'un qui pourrait rapidement devenir l'être cher. Les mois de février, d'avril, de juillet et de décembre pourraient occasionner le plus d'activité sociale, mais à presque tout moment de l'année, la Chèvre aura des choses intéressantes à faire.

L'année sera également bien remplie dans de nombreux foyers tenus par des Chèvres et on devra par conséquent miser sur une bonne coopération et faire preuve de flexibilité. Les conséquences du changement, entraîné par la situation de la Chèvre ou d'un autre membre de la famille au travail, doivent être discutées à fond. L'année sera très certainement celle du partage et de l'ouverture.

De plus, même si certains événements pendant l'année peuvent être source d'incertitude, la Chèvre ne devrait pas toujours envisager le pire. Certaines pressions ou difficultés seront de courte durée et, comme disait Einstein : « Au sein de la difficulté, il y a une occasion. »

Même si une partie de l'année sera très chargée, la Chèvre prendra particulièrement plaisir aux moments privilégiés qu'elle passera avec les autres et 2012 pourrait apporter des moments de pur bonheur.

On pourrait assister à d'importants développements dans la situation professionnelle de la Chèvre pendant l'année du Dragon. En raison de l'aspect novateur de celle-ci, la Chèvre pourrait devoir s'adapter à de nouvelles procédures et à de nouveaux règlements et voir sa charge de travail changer. Malgré le caractère possiblement redoutable de cette situation, si elle fait de son mieux et s'adapte au besoin, elle peut acquérir une expérience utile. Ce n'est pas le moment de s'obstiner à refuser le changement.

De nombreuses Chèvres auront la chance de faire des progrès dans leur lieu de travail actuel. Toutefois, pour celles qui sont mal à l'aise avec le cours des événements et cherchent autre chose, et pour celles qui sont à la recherche d'un travail, l'année du Dragon peut là encore donner lieu à d'importants développements. Pour en profiter, ces Chèvres devront être flexibles et élargir la gamme des possibilités à envisager. Dans une année du Dragon, justement, les événements peuvent évoluer curieusement et donner lieu à d'intéressantes possibilités. Tout nouveau poste peut certes exiger un long apprentissage, mais en se montrant à la hauteur du défi, bon nombre de Chèvres vont non seulement avoir la chance de s'établir dans un travail souvent différent mais pourront également se positionner pour des progrès futurs, surtout pendant l'année favorable du Serpent qui suivra. Les mois de mars, de mai, de septembre et d'octobre pourraient déclencher d'importants développements au travail, mais pendant toute l'année du Dragon, la Chèvre devrait être préparée au changement et tirer le meilleur parti des occasions.

Les progrès réalisés au travail peuvent avoir une incidence positive sur les finances de la Chèvre. Toutefois, en raison d'un style de vie très mouvementé et de nombreux projets en cours, ses dépenses pourraient grimper. En limitant ses dépenses dans les premiers mois de l'année, elle aura une meilleure chance d'aller de l'avant avec ses activités plus tard en 2012. C'est une année où il faut garder les cordons de la bourse bien serrés.

Globalement, l'année du Dragon sera chargée et exigeante pour la Chèvre mais elle peut lui offrir de nombreuses possibilités. Les événements de l'année vont certes entraîner leur lot de pressions mais avec un peu de soutien et certains ajustements, la Chèvre peut passer des moments intéressants et enrichissants sur le plan personnel. Par ailleurs, ce qu'elle accomplit maintenant aura souvent des incidences plus tard dans l'année favorable du Serpent qui suivra.

## La Chèvre de Métal

Grâce à l'énergie et à la vigueur de l'année du Dragon, la Chèvre de Métal peut compter sur une année stimulante à venir. Les perspectives sont particulièrement favorables pour sa vie personnelle et elle sera très sollicitée, que ce soit à l'occasion de fêtes, de sorties mondaines ou d'activités diverses. Son cercle social sera amené à s'agrandir pendant l'année et sa bonne humeur et sa nature directe seront particulièrement appréciées. Pour de nombreuses Chèvres de Métal, une liaison amoureuse peut ajouter à l'excitation de cette année déjà passablement occupée, et même si certaines relations ne durent pas, l'année offrira des moments privilégiés. La période du début de l'année du Dragon jusqu'à la fin février et les mois d'avril, de juillet et de décembre pourraient être les plus socialement actifs. Toutefois, les perspectives sont telles qu'à presque tout moment de l'année, la Chèvre de Métal aura une variété de choses à faire.

Pour les Chèvres de Métal qui déménagent pendant l'année, possiblement pour les études ou le travail, cette période peut revêtir une importance particulière. Même si les premiers jours dans un nouvel endroit peuvent être déconcertants, ces Chèvres de Métal vont très rapidement rencontrer des gens et se refaire un cercle social. C'est très certainement un temps favorable à la croissance personnelle pour la Chèvre de Métal et elle apprendra beaucoup de ces nouvelles situations.

Il importe également qu'elle discute avec les autres et écoute leurs conseils. Ce n'est pas le moment de garder ses préoccupations ou son anxiété pour soi ou de se priver du soutien que les autres sont prêts à offrir. Il y aura aussi des occasions pour elle de rendre la pareille, possiblement en donnant un coup de main à un parent âgé.

Les occasions de voyage constituent un autre aspect positif de l'année. Que ce soit pour des vacances ou pour faire une courte pause, la Chèvre de Métal prendra souvent plaisir à visiter des destinations attrayantes. Toutefois, celles qui décident de beaucoup voyager cette année doivent bien se préparer : plus elles font des économies et planifient à l'avance, plus elles pourront profiter de leur voyage.

En raison de ses voyages, de sa vie sociale et de ses autres dépenses, la Chèvre de Métal devra surveiller son budget de près cette année et demeurer prudente si elle est tentée par des achats impulsifs ou des gâteries. Si elle contracte un engagement, quel qu'il soit, elle devrait prendre le temps de comparer les diverses conditions et options disponibles et prendre conscience des obligations qui s'y rattachent. En matière de finances, c'est une année qui exige de la prudence.

Même si la Chèvre de Métal aura de quoi s'occuper cette année, et certaines semaines seront particulièrement chargées, elle devrait s'assurer que ses intérêts n'en souffrent pas. Étant nées sous le signe de l'art, bon nombre de Chèvres de Métal ont un talent pour la création et devraient prendre plaisir à le développer au cours de l'année. Les années du Dragon affichent un parti pris favorable à l'innovation et ce que les Chèvres de Métal réussiront à accomplir pourrait être bien reçu.

La Chèvre de Métal aurait également intérêt à porter attention à son bien-être. De longues soirées et trop de malbouffe pourraient la rendre vulnérable aux problèmes de santé mineurs. Pour se tenir en forme cette année, elle gagnerait à s'alimenter correctement et à s'accorder du repos pour récupérer après une période particulièrement mouvementée.

Pour les nombreuses Chèvres de Métal qui sont aux études, l'année sera prometteuse mais exigeante. En progressant dans leurs études, elles rencontreront parfois des concepts et des habiletés difficiles à maîtriser et feront l'objet de grandes attentes. Toutefois, c'est par la contrainte que la Chèvre de Métal apprendra davantage : avec de la persévérance et de la confiance en soi, elle peut réaliser des progrès appréciables cette année. Les mots d'ordre sont : concentration, discipline et persévérance. En gardant en vue les débouchés possibles de ses apprentissages et en demandant de l'aide pendant les moments difficiles, cependant, elle sera encouragée à poursuivre. Grâce à leurs études, certaines Chèvres de Métal pourraient avoir de nouvelles possibilités de carrière à envisager et, là encore, l'année du Dragon peut s'avérer déterminante et utile à plus long terme.

Pour les Chèvres de Métal qui sont au travail, l'année du Dragon leur offrira d'excellentes occasions de perfectionner leurs compétences et de parfaire leur expérience. Celles qui sont déjà établies dans un poste auront souvent la chance de suivre des formations. Si elles se montrent disposées à apprendre, elles seront en mesure de faire des progrès appréciables et de démontrer leur potentiel pour l'avenir. Même si la Chèvre de Métal n'en est qu'au début de sa vie professionnelle, elle peut semer des graines pour l'avenir.

Cela s'applique également aux Chèvres de Métal qui cherchent du travail. Pour obtenir un poste, il faudra faire preuve de détermination et de persévérance. D'autant plus que ce qu'on a à offrir pourrait être peu inspirant et ne pas correspondre tout à fait à ce que la Chèvre de Métal avait en tête. Cela peut toutefois ouvrir la voie à d'autres possibilités. Les avantages à long terme de l'année du Dragon ne doivent pas être sous-estimés. Les mois de mars et de mai et la période de la mi-août à octobre pourraient entraîner des développements prometteurs pour le travail.

Globalement, l'année du Dragon sera chargée et souvent stimulante sur le plan personnel pour la Chèvre de Métal. Essentiellement, elle lui donnera l'occasion de croître et d'acquérir une expérience de vie et de travail pour progresser à l'avenir. Sur le plan personnel, cette année peut être heureuse, et les qualités de la Chèvre de Métal seront largement appréciées et lui permettront de nouer de nouvelles amitiés essentielles. En somme, une année positive et enrichissante.

## Conseil pour l'année

Soyez prêt à fournir un effort. Que vous soyez aux études ou au travail, les attentes seront grandes à votre égard et pour réussir, vous devez vous engager à fond et vous montrer à la hauteur. Ce ne sera peut-être pas facile, mais les avantages seront grands. Par ailleurs, comptez sur le soutien des autres. Cela peut faire une grande différence cette année.

## La Chèvre d'Eau

L'année sera agréable pour la Chèvre d'Eau. Même si certaines périodes seront plus chargées et un peu trop mouvementées à son goût, elle sera généralement satisfaite de ce qu'elle a réussi à accomplir. Elle découvrira rapidement toutefois que les événements se précipitent, et ses projets pourraient être interrompus ou modifiés au dernier moment. C'est très certainement un temps pour rester à l'affût et s'adapter au besoin.

Cela est particulièrement vrai dans sa vie familiale. La Chèvre d'Eau et son entourage auront parfois certaines idées qu'ils veulent mettre en œuvre. Or, pendant la discussion et au moment où des décisions sont imminentes, il se produira quelque chose qui imposera des changements. Une idée plus forte pourrait émerger, l'idée originale pourrait s'avérer impraticable ou, s'il y a un achat à faire, un choix plus approprié pourrait s'imposer. Tout au long de l'année, la Chèvre d'Eau doit être ouverte d'esprit et flexible lorsqu'elle prend des décisions.

De plus, l'année du Dragon affiche un degré de spontanéité dont il faut tenir compte. Dans certains cas, la Chèvre d'Eau pourrait profiter d'une promotion de dernière minute pour voyager. En profitant au maximum de ces occasions, elle prendra beaucoup de plaisir à tout ce qu'elle entreprend pendant l'année.

Comme toujours, elle s'intéressera vivement aux activités de ses proches, au point de se faire du souci pour eux parfois. Elle aura cependant la chance de discuter de ses inquiétudes et d'offrir des conseils au cours de l'année, et sa capacité de compatir et d'exprimer sa pensée sera particulièrement appréciée.

Par ailleurs, même si elle en fera beaucoup pour les autres cette année, elle profitera en retour d'un appui pour certains de ses propres projets, possiblement en rapport avec certaines tâches, certains de ses intérêts, de l'équipement défectueux ou de la correspondance. Il y aura énormément d'entraide et de coopération dans la famille de la Chèvre d'Eau cette année. De plus, l'année du Dragon étant propice aux célébrations, il pourrait y avoir une nouvelle ou une occasion qui donne lieu à une fête.

La Chèvre d'Eau appréciera également les rencontres avec ses amis. Ils auront non seulement des nouvelles et des idées à partager, mais pourraient également participer ensemble à des événements et à des activités lorsqu'ils ont des intérêts en commun. La Chèvre d'Eau est socialement très habile et sa chaleur, sa vivacité et sa joie de vivre seront appréciées par plusieurs.

Les Chèvres d'Eau esseulées ou un peu découragées pourraient constater que l'année du Dragon offre la possibilité d'une amélioration. Pour en profiter, toutefois, elles doivent passer à l'action et se rendre disponibles aux occasions. Cela pourrait prendre la forme d'une participation à des groupes d'intérêt ou à des activités dans leur région, ou encore d'une aide apportée à la communauté. En faisant des gestes positifs, elles se donneront la chance de rencontrer des gens dont certains auront les mêmes sentiments ou vivront la même situation qu'elles. Les premières semaines de l'année et les mois d'avril, de juillet et de décembre pourraient afficher le plus d'activités sociales.

En cette année du Dragon, le parti pris en faveur de l'innovation fera en sorte que la Chèvre d'Eau sera tentée par la nouveauté. Elle pourrait s'adonner à un nouveau loisir, possiblement en rapport avec son bien-être, entreprendre des études dans un domaine d'intérêt ou apprendre une nouvelle habileté. Peu importe ce qu'elle décide de faire, la Chèvre d'Eau y prendra souvent plaisir.

Avec les dépenses encourues pour les voyages, la vie sociale et la maison, ainsi que pour l'achat et l'entretien d'équipements, la Chèvre d'Eau aura beaucoup de sorties d'argent cette année et, certains mois, le montant pourrait dépasser le budget habituel. Par conséquent, elle doit contrôler son budget et, si possible, faire des réserves au plus tôt pour les dépenses plus importantes. Par ailleurs, si elle est peut-être embêtée par la paperasse à régler, un manque d'attention ou un délai pourraient avoir une incidence fâcheuse sur ses acquis. En matière de finances, la rigueur et la vigilance sont de mise.

Même si la Chèvre d'Eau est plutôt active, elle pourrait porter davantage attention à son bien-être, en s'assurant de bien s'alimenter, par exemple, et en faisant des exercices régulièrement. Si elle se néglige dernièrement ou si elle estime qu'il y a place à l'amélioration, elle pourrait obtenir un avis médical sur la meilleure façon de procéder. De cette manière, ses gestes vont non seulement lui être utiles mais, pour ce qui est de l'exercice en particulier, pourraient devenir un nouvel intérêt qu'elle appréciera.

Globalement, l'année du Dragon peut être pleine et stimulante pour la Chèvre d'Eau, mais, pour en tirer le meilleur parti, elle se doit de s'adapter et de se montrer flexible dans ses projets. Comme toujours, elle appréciera vivement ses relations avec les autres, et l'année du Dragon peut lui offrir des occasions prometteuses. Avec une attitude de disponibilité, elle peut profiter de cette période occupée mais enrichissante.

## Conseil pour l'année

Restez ouvert à la nouveauté. En lisant sur un nouveau sujet, en pratiquant de nouveaux exercices, en apprenant une nouvelle habileté ou en maîtrisant un appareil technologique, vous pouvez tirer une grande satisfaction de cet apprentissage. C'est une année aux multiples possibilités.

## La Chèvre de Bois

L'année du Dragon avance à pas rapides et la Chèvre de Bois sera parfois préoccupée par le cours des événements. Des changements peuvent subitement lui être imposés et la contraindre à réviser certains plans. Malgré les pressions que l'année du Dragon peut apporter, toutefois, il y a aura aussi des développements positifs et des moments privilégiés à savourer.

Un des aspects les plus importants de l'année concerne la situation professionnelle de la Chèvre de Bois. Même si de nombreuses Chèvres de Bois auront passé un bon moment déjà à s'établir dans leur profession, de nouveaux systèmes ou règlements pourraient être introduits, des changements dans la gestion pourraient imposer de nouvelles méthodes de travail et une nouvelle technologie pourrait affecter leur rôle. L'année apportera des changements qui vont toucher de nombreuses Chèvres de Bois et même si la tentation est grande dans leur cas de déplorer la disparition de leurs anciennes méthodes, le changement fera assurément place à de nouvelles possibilités.

Pour tirer le maximum de sa situation, la Chèvre de Bois devra se montrer flexible. Si elle résiste au changement ou se montre désobligeante, elle pourrait nuire à sa position actuelle et rater certaines occasions. Cette année, elle n'aura pas le choix de s'adapter au besoin.

La plupart des Chèvres de Bois vont demeurer avec leur employeur actuel cette année, avec des tâches considérablement modifiées cependant. Pour celles qui optent pour le changement ou qui cherchent du travail, l'année du Dragon pourrait là encore être déterminante. Même si ces Chèvres de Bois ont une idée du travail qu'elles veulent faire, elles pourraient obtenir un poste très différent de l'ancien en élargissant le faisceau de possibilités, et insuffler ainsi une nouvelle vie à leur carrière. Les mois de mars et de mai et la période de la mi-août à la fin d'octobre pourraient donner lieu à d'importants développements au travail, mais la Chèvre de Bois se doit de rester à l'affût tout au long de l'année et de se montrer disposée à s'adapter.

L'année lui fournira néanmoins des chances de perfectionner ses compétences. Cela pourrait se traduire par des séances de formation au travail, une expérience acquise dans de nouvelles fonctions ou des lectures et de l'étude qu'elle fera par elle-même. En étant réceptive et en épousant le caractère progressiste de l'année, elle peut gagner beaucoup sur le plan personnel et s'épanouir davantage dans ce qu'elle fait.

Sa croissance personnelle n'a pas à se limiter à son travail, cependant. Elle a peut-être des idées et des intérêts personnels qu'elle veut poursuivre davantage. Au cours de l'année, bon nombre de Chèvres de Bois vont s'adonner à des intérêts personnels satisfaisants et potentiellement bénéfiques. Pour certaines, les nouveaux intérêts adoptés cette année pourraient prendre de l'ampleur dans les années qui suivent.

Les progrès réalisés par de nombreuses Chèvres de Bois au travail pourraient entraîner une modeste hausse salariale et certaines vont pouvoir y suppléer en exploitant un intérêt, une habileté ou une idée rentable. Cependant, en matière de finances, la Chèvre de Bois doit être disciplinée. En plus de prévoir les dépenses importantes à l'avance, elle devrait se méfier des transactions risquées et des achats impulsifs. Cela peut causer une mauvaise évaluation de la situation et entraîner des regrets. Côté finances, la prudence est de mise.

Socialement, la Chèvre de Bois appréciera tout particulièrement son cercle d'amis intimes cette année. Certains sont des amis de longue date, et lorsque des changements ou des difficultés surviennent, elle appréciera de pouvoir discuter avec des gens de confiance. Le fait de discuter peut souvent apaiser certaines angoisses en plus de mettre les choses et les situations davantage en perspective.

En plus de compter sur le soutien de ses amis, la Chèvre de Bois appréciera les occasions sociales qui se présenteront au cours de l'année, dont un bon nombre lui feront particulièrement plaisir. De plus, ses intérêts et ses activités peuvent l'amener à élargir son cercle social : toute Chèvre de Bois à la recherche d'amitiés constatera que l'année du Dragon peut remettre un peu de piquant dans sa vie. Les mois de février, d'avril, de juillet et de décembre seront les plus socialement actifs.

L'année s'annonce également fébrile dans bien des foyers tenus par des Chèvres de Bois et exigera une certaine flexibilité. Parfois, des changements au travail et dans les engagements vont perturber les routines et imposer des ajustements. De plus, les occasions peuvent survenir de manière inattendue et pour en profiter, la Chèvre de Bois devra intervenir rapidement. L'année du Dragon comporte un fort élément de spontanéité qui souvent peut mener à des occasions intéressantes et variées pour la Chèvre de Bois. Elle appréciera également le soutien de ses proches pendant l'année, en particulier lorsqu'elle subit des pressions ou des changements. Enfin, même si l'année s'annonce chargée dans bien des foyers tenus par des Chèvres de Bois, elle aura sa part de moments privilégiés pour fêter les réalisations et les événements heureux de la famille.

Globalement, l'année du Dragon sera exigeante pour la Chèvre de Bois, en particulier en raison des changements qu'elle imposera. Cependant, si elle s'adapte aux nouvelles situations et si elle relève le défi, la Chèvre de Bois aura la chance de progresser sur le plan personnel et de profiter des ouvertures. C'est une année pour aller de l'avant et pour épouser la nouveauté tout en profitant des occasions amenées par cette année potentiellement bénéfique.

## Conseil pour l'année

Que ce soit pour votre travail ou pour vos intérêts personnels, cherchez à avancer dans ce que vous faites. L'année du Dragon vous apportera de bonnes occasions de le faire, mais vous devez garder l'esprit ouvert et être prêt à agir. L'année sera peut-être exigeante mais, en même temps, elle est remplie de possibilités…

## La Chèvre de Feu

L'année sera chargée pour la Chèvre de Feu et imposera des pressions et des exigences en même temps qu'elle apportera d'excellentes occasions. Pour en profiter au maximum, la Chèvre de Feu doit établir ses priorités et s'y tenir. Sinon, elle risque de courir d'une activité à l'autre sans récolter les bénéfices de tous ses efforts. Une bonne gestion du temps sera très utile cette année.

Cette dernière affirmation sera particulièrement vraie au travail. Au cours de l'année, bien des Chèvres de Feu auront à composer avec une charge de travail accrue, en plus de tenir compte de changements de procédure, de nouveaux règlements et de nouveaux collègues et clients. Certaines périodes de l'année seront plus exigeantes et la Chèvre de Feu, étant donné sa nature consciencieuse, va souvent se préoccuper de tout ce qu'elle a à faire. Le fait de prioriser ses tâches peut lui être utile. En se concentrant sur ses tâches plus prioritaires et en faisant bon usage de son temps et de ses compétences, elle pourra non seulement accomplir beaucoup de choses, mais aura la chance de démontrer ses compétences sous pression et d'élargir son expérience. C'est en se montrant à la hauteur des défis qu'on manifeste sa force intérieure et qu'on bâtit sa réputation. Cette année, la Chèvre de Feu peut grandement améliorer ses perspectives d'avenir.

L'année sera aussi ponctuée de séances de formation que bien des Chèvres de Feu vont suivre dans le but de se familiariser avec des tâches, des procédures et des équipements nouveaux, ou de se tenir au courant de l'évolution de leur société et de leur domaine. En tirant le meilleur parti de ces occasions, la Chèvre de Feu pourra non seulement démontrer son désir de progresser, mais aussi acquérir des connaissances qui mèneront à de nouvelles possibilités. C'est très certainement une année pour rester ouvert d'esprit et disposé à apprendre.

De nombreuses Chèvres de Feu auront la chance d'assumer des tâches plus importantes dans leur milieu de travail. Pour celles toutefois qui souhaitent un changement ou qui cherchent du travail, l'année du Dragon peut s'avérer un point tournant dans leur vie professionnelle. Pour en bénéficier, ces Chèvres de Feu doivent rester ouvertes aux possibilités. En restant à l'affût, en effectuant des démarches et en cherchant conseil, bon nombre pourraient dénicher un poste qui contraste avec ce qu'elles faisaient auparavant. Là encore, ce que certaines accompliront cette année les mettra en excellente posture pour l'avenir, en particulier pour les occasions qui s'annoncent pour 2013. Les mois de mars et de mai et la période de la fin août à la fin d'octobre pourraient donner lieu à des développements prometteurs, mais les occasions peuvent survenir rapidement à tout moment durant l'année du Dragon.

Les progrès réalisés par la Chèvre de Feu au travail peuvent mener à une augmentation de salaire au cours de l'année et de nombreuses Chèvres de Feu vont également bénéficier d'un cadeau ou d'une prime. Un bon nombre pourrait avoir un coup de chance en rapport avec l'argent cette année, mais la Chèvre de Feu devra néanmoins se montrer prudente. Avec un style de vie souvent accaparant et de nombreux engagements, elle devra surveiller ses dépenses et faire des provisions longtemps à l'avance pour des projets plus coûteux. En resserrant les cordons de la bourse, elle pourra aller de l'avant avec bon nombre de ses projets. Si, en revanche, elle gère son argent au petit bonheur, elle pourrait devoir faire des économies ou réviser ses projets. À toutes les Chèvres de Feu, prenez note.

En raison des nombreuses exigences de son horaire chargé, il importe également que la Chèvre de Feu s'occupe de son bien-être, y compris en s'accordant du temps de repos et de détente pour apprécier les plaisirs de la vie. Elle serait avisée de réfléchir à son alimentation et à son régime d'exercice et de demander des conseils pour les améliorer si besoin est.

Elle devrait également s'assurer que ses intérêts ne soient pas mis de côté. Ses activités peuvent non seulement lui donner la chance de faire quelque chose de différent, mais lui permettront également de miser sur sa créativité et de faire des rencontres. En raison de l'esprit d'entreprise qui règne pendant l'année du Dragon, certaines Chèvres de Feu vont avoir du succès et obtenir des encouragements pour poursuivre leurs intérêts et développer leurs idées. C'est une année de possibilités et la Chèvre de Feu doit réserver du temps pour elle-même et pour les activités qu'elle affectionne.

Cela s'applique également à sa vie sociale. Même si elle est souvent occupée, la Chèvre de Feu ne devrait pas se priver de la chance de rencontrer des amis ou de participer à des événements qui l'attirent. De telles occasions peuvent lui faire du bien et la divertir. De plus, bon nombre de Chèvres de Feu vont bénéficier des conseils de certains amis et profiter de leur expérience. Pour les Chèvres de Feu célibataires, l'année du Dragon peut réserver des surprises, et une amitié actuelle ou nouvelle pourrait subitement prendre de l'ampleur. Les premières semaines de l'année et les mois d'avril, de juillet et de décembre pourraient être socialement plus actifs, mais tout au long de l'année, la Chèvre de Feu profitera de sa participation à la vie sociale.

À la maison, il se passera beaucoup de choses cette année et il faudra compter sur une bonne communication. Il sera peut-être nécessaire de maintenir la fluidité de certains arrangements en raison des changements et des interruptions dans les situations. Même si l'année du Dragon sera chargée, elle renfermera des moments privilégiés. Il y aura un anniversaire ou une réussite à souligner et la vie familiale de la Chèvre de Feu aura une grande importance pour elle. Sa maison pourrait également devenir un sanctuaire essentiel pendant cette année souvent active.

En général, les perspectives sont bonnes pour la Chèvre de Feu pendant l'année du Dragon mais pour en bénéficier, elle doit canaliser ses énergies avec sagesse et se concentrer sur ses priorités. Avec un peu de précaution, d'attention et d'effort, elle peut apprendre énormément et se préparer à des succès futurs. L'année pourrait être exigeante mais instructive et, en se montrant à la hauteur, la Chèvre de Feu la trouvera souvent enrichissante sur le plan personnel.

## Conseil pour l'année

Gardez votre équilibre de vie et réservez du temps pour la famille, les amis et les intérêts personnels. Saisissez les occasions de perfectionner vos compétences. Durant cette année chargée, votre engagement vous rapportera beaucoup.

## La Chèvre de Terre

Il y a un proverbe chinois qui affirme : « Avec des aspirations, vous pouvez aller n'importe où ; sans aspirations, vous n'irez nulle part. » Pour la Chèvre de Terre, l'année est tout indiquée pour décider quelles sont ses aspirations. L'année du Dragon renferme un grand potentiel pour elle, et les actions qu'elle entreprendra auront souvent une importance à long terme.

Au commencement de l'année du Dragon, la Chèvre de Terre pourrait faire le point sur sa situation et réfléchir à ce qu'elle veut accomplir dans les douze prochains mois. Elle devrait impliquer la famille et les amis intimes dans sa réflexion et discuter de ses rêves et de ses aspirations en toute honnêteté. Cela lui permettra non seulement de prendre conscience des gestes à faire maintenant, mais aussi de bénéficier des idées, des conseils et des offres d'assistance des autres. L'année du Dragon n'est pas le moment de fermer son esprit aux possibilités, surtout dans les premiers mois. Elle pourrait également profiter de certaines occasions qui se présentent subitement pendant l'année et devra demeurer à la fois consciente et flexible.

La situation professionnelle de la Chèvre de Terre subira d'importants développements. Même si les pressions et les changements peuvent causer un certain inconfort, c'est une année progressiste qui permettra à la Chèvre de Terre d'assumer davantage de responsabilités et de perfectionner ses compétences. La période peut représenter un moment difficile à traverser en raison de certaines exigences qu'on lui imposera, mais cela permettra souvent à la Chèvre de Terre de s'établir plus solidement et d'ajouter à sa réputation. Elle peut également en tirer des enseignements. Il y aura possiblement de nouvelles procédures à apprendre et des problèmes à surmonter, et les initiatives qu'on devra proposer vont permettre aux idées et à la créativité de s'exprimer – souvent un point fort de la Chèvre de Terre, justement. Au cours de l'année, bon nombre de Chèvres de Terre vont progresser au sein de leur société, souvent à l'instigation de leurs cadres.

Pour les Chèvres de Terre qui sont à la recherche d'un travail ou qui décident de passer à autre chose, l'année peut être déterminante. Ces Chèvres de Terre doivent non seulement réfléchir au genre de poste qu'elles convoitent mais également contacter des organismes appropriés et des centres d'emploi pour obtenir des conseils. En prenant l'initiative, plusieurs réussiront à prendre pied dans une société ou dans une autre organisation. Par la suite, si elles sont disposées à apprendre et y mettent l'effort, elles peuvent utiliser ce poste comme tremplin pour l'avenir. Les mois de mars, de mai, de septembre et d'octobre pourraient receler d'importants développements au travail, mais les occasions peuvent survenir presque à tout moment dans une année qui bouge rapidement.

Pour favoriser sa situation actuelle et l'atteinte de ses aspirations, la Chèvre de Terre, qu'elle soit déjà employée ou à la recherche d'un travail, devrait également profiter de toute formation offerte. Si, par ailleurs, elle ressent le besoin de perfectionner ses compétences, elle devrait envisager des façons de le faire. Si elle doit étudier ou prendre un cours de sa propre initiative, cela vaudra la peine, et tout ce qu'elle fait maintenant lui servira plus tard.

La Chèvre de Terre prendra également plaisir à développer certains de ses intérêts au cours de l'année. C'est un moment stimulant pour celles qui s'adonnent à des activités créatives et, souvent, le fruit de leur travail recevra un accueil favorable. Pour les Chèvres de Terre qui aspirent à poursuivre leurs intérêts de façon plus poussée, c'est le moment d'aller de l'avant.

Les progrès réalisés au travail par la Chèvre de Terre pourraient occasionner une augmentation de salaire au cours de l'année et certaines pourraient également suppléer à leurs revenus en exploitant un intérêt ou un passe-temps. Toutefois, en raison d'un style de vie bien rempli et de dépenses nombreuses, la Chèvre de Terre devra tenir un budget rigoureux et prévoir une allocation pour des projets et des engagements plus coûteux. C'est une année qui exige une saine gestion financière.

Sur le plan personnel, la Chèvre de Terre sera très sollicitée. Sa popularité tient à sa nature sincère et attentive et, au cours de l'année, elle va non seulement élargir son cercle social mais faire d'importants nouveaux contacts. Pour certaines Chèvres de Terre, l'année du Dragon peut également renfermer un intérêt amoureux qui ajoutera de la passion à cette année pleine et prometteuse. Les premières semaines de l'année et les mois d'avril, de juillet et de décembre pourraient présenter le plus d'occasions sociales.

La Chèvre de Terre aura également beaucoup à faire à la maison et sera très active pour aider ses proches. Sa capacité d'empathie sera très appréciée, et les membres plus jeunes et plus âgés de sa famille auront souvent de bonnes raisons de lui être reconnaissants pour ses conseils et ses encouragements. Par ailleurs, la Chèvre de Terre prendra plaisir à participer aux activités communes et à faire avancer les projets de la maison, mais la nature mouvementée de l'année exigera quelques accommodements et de la flexibilité. Avec une bonne coopération, toutefois, la vie familiale de la Chèvre de Terre peut être active et souvent enrichissante. Il pourrait également y avoir des occasions de voyage de dernière minute.

Globalement, l'année du Dragon offre un potentiel considérable pour la Chèvre de Terre, mais elle doit se concentrer sur ses priorités et se montrer flexible lorsque les situations évoluent. Même si l'année peut être exigeante, c'est une période marquée au signe du progrès et la Chèvre de Terre peut se faire beaucoup de bien et préparer un avenir prometteur.

## Conseil pour l'année

Utilisez bien vos habiletés personnelles. Vous serez très en forme cette année. La période pourrait être exigeante pour vous mais grâce à vos efforts, à votre esprit d'entreprise et à votre créativité, vous serez bien récompensé et pourrez préparer votre avenir.

# Des Chèvres célèbres

Isabelle Adjani, Pamela Anderson, Isaac Asimov, Jane Austen, Anne Bancroft, Simone de Beauvoir, Sandrine Bonnaire, Lord Byron, John le Carré, Coco Chanel, Marie Chouinard, Mary Higgins Clark, Sophie Clément, Gilles Courtemanche, Catherine Deneuve, Geneviève Després, Charles Dickens, Lise Dion, Umberto Eco, Federico Fellini, Denise Filiatrault, Louise Forestier, Sylvie Fréchette, Nathalie Gascon, Bill Gates, Mel Gibson, Annie Girardot, Whoopi Goldberg, John Grisham, Johnny Hallyday, George Harrison, Isabelle Huppert, Julio Iglesias, Mick Jagger, Franz Kafka, Nicole Kidman, Ben Kingsley, Andrée Lachapelle, Serge Lama, Jacques Languirand, Ricardo Larrivée, Diane Lavallée, Heath Ledger, Sylvie Léonard, Doris Lessing, Franz Liszt, John Major, Michel-Ange, Joni Mitchell, Rupert Murdoch, Mussolini, Robert de Niro, Amélie Nothomb, Sinéad O'Connor, Marcel Pagnol, Denis Paris, Eva Perón, Marcel Proust, Keith Richards, Julia Roberts, Ludivine Sagnier, Nicolas Sarkozy, Carlos Saura, William Shatner, Linda Sorgini, Bruni Surin, Mark Twain, Rudolph Valentino, Denis Villeneuve, Barbara Walters, John Wayne, Bruce Willis, Debra Winger.

# Le Singe

猴

| | |
|---|---|
| 2 FÉVRIER 1908 – 21 JANVIER 1909 | Singe de Terre |
| 20 FÉVRIER 1920 – 7 FÉVRIER 1921 | Singe de Métal |
| 6 FÉVRIER 1932 – 25 JANVIER 1933 | Singe d'Eau |
| 25 JANVIER 1944 – 12 FÉVRIER 1945 | Singe de Bois |
| 12 FÉVRIER 1956 – 30 JANVIER 1957 | Singe de Feu |
| 30 JANVIER 1968 – 16 FÉVRIER 1969 | Singe de Terre |
| 16 FÉVRIER 1980 – 4 FÉVRIER 1981 | Singe de Métal |
| 4 FÉVRIER 1992 – 22 JANVIER 1993 | Singe d'Eau |
| 22 JANVIER 2004 – 8 FÉVRIER 2005 | Singe de Bois |

# La personnalité du Singe

Plus grande est l'ouverture à la nouveauté,
plus de choses nouvelles surviennent.

C'est sous le signe de la fantaisie qu'est né le Singe. Curieux et débordant d'imagination, il se plaît à garder l'œil ouvert sur tout ce qui se passe autour de lui. Nul besoin de le prier, d'ailleurs, pour qu'il donne des conseils ou qu'il règle des problèmes. À vrai dire, il aime secourir autrui, et on peut se fier à ses recommandations, toujours pleines de bon sens.

Le Singe se fait remarquer par son intelligence, sa culture générale et son esprit de découverte. Il jouit également d'une excellente mémoire, ce qui pourrait expliquer que bon nombre des natifs de ce signe ont le don des langues. Tout à la fois sûr de lui et amical, le Singe est maître dans l'art de la persuasion : cet amateur de discussions n'éprouve aucune difficulté à rallier les autres à son point de vue. Comme on peut s'y attendre, il excelle dans les domaines de la politique, des relations publiques, de l'enseignement, et dans tout emploi exigeant des talents de vendeur ou d'orateur.

Cependant, il peut recourir à la ruse pour arriver à ses fins (qui ne sont pas toujours honnêtes !) et ne manque pas une occasion de s'en tirer à bon compte ou de se montrer plus malin que ses adversaires. Son charme et sa subtilité sont tels qu'on ne comprend où il voulait en venir… que trop tard. Malgré toute son ingéniosité, pourtant, le Singe court le risque d'être victime de sa propre astuce. La confiance qu'il a dans ses capacités, en effet, ne le prédispose ni à tenir compte des conseils ni à se laisser aider. S'il prête toujours volontiers son concours à d'autres, c'est néanmoins à son propre jugement qu'il s'en remet pour mener ses affaires.

Le Singe se distingue également par l'art consommé avec lequel il règle les problèmes et se tire des situations les plus désespérées ;

et naturellement, il s'empressera de mettre son talent au service de ses amis. En vérité, l'instinct de conservation atteint chez lui un summum.

Vu ses nombreuses aptitudes, le Singe est susceptible de jouir de revenus considérables ; mais cet amoureux des plaisirs de la vie n'hésitera pas une seconde à s'offrir un voyage exotique ou un objet de luxe ayant attiré son regard. Constater qu'un autre possède ce que lui-même désire peut parfois exciter son envie.

Malgré son caractère sociable, le Singe est un penseur qui attache un grand prix à son indépendance. Il lui faut avoir les coudées franches pour agir comme bon lui semble ; aussi est-il fort malheureux si l'on entrave ses initiatives ou si on lui impose des contraintes excessives. De même, la monotonie ne lui sied pas et, au premier signe d'ennui, il tournera son attention d'un autre côté. Son manque de persévérance, malheureusement, ralentit souvent ses progrès. Sa tendance à l'éparpillement ne le sert pas davantage, tendance que tous les Singes gagneraient à maîtriser. Mieux vaudrait en effet que le natif de ce signe se concentre sur un objet d'intérêt à la fois, ce qui, à plus long terme, lui permettrait d'accomplir davantage de choses.

Le Singe est un as de l'organisation et, bien que son comportement ait parfois de quoi déconcerter, il a toujours une idée derrière la tête. Les rares fois où ses plans ne produisent pas exactement les résultats escomptés, il se contentera, avec un haussement d'épaules, d'en tirer une leçon. En règle générale, il ne répétera pas deux fois la même erreur et, au cours de sa vie, il touchera à tout.

Aimant faire bonne impression, le Singe compte de nombreux admirateurs et partisans. Il faut reconnaître que sa beauté, son humour et la confiance qu'il dégage ne passent pas inaperçus.

Le Singe se marie généralement tôt. Pour que l'union soit réussie, son partenaire doit lui laisser le champ libre pour explorer ses domaines d'intérêt et satisfaire ses envies de voyage. Le Singe ayant besoin de variété et d'action, il s'accorde à merveille avec les natifs du Rat, du Dragon, du Cochon et de la Chèvre, tous sociables et extravertis. Sa débrouillardise et sa nature entreprenante enchantent également le Bœuf, le Lièvre, le Serpent et le Chien, tandis qu'elles exaspèrent le Coq et le Cheval. Le Tigre, pour sa part, ne supporte pas ses combines et ses stratagèmes. Enfin, l'alliance entre deux Singes est le plus souvent harmonieuse, fondée sur la compréhension et l'entraide.

La femme Singe, quant à elle, est dotée d'une intelligence et d'un esprit d'observation remarquables, en plus de se révéler très psychologue. On tient d'ailleurs ses opinions en haute estime ; très persuasive, elle parvient invariablement à ses fins. Bien des choses sont susceptibles de piquer sa curiosité, aussi accumule-t-elle les occupations. La femme Singe est soucieuse de son apparence ; elle s'habille avec élégance et soigne sa coiffure. Affectueuse et attentionnée envers ses enfants, elle compte également de loyaux amis.

Lorsque le Singe peut refréner sa propension à se mêler de tout et qu'il parvient à cibler ses efforts, alors sa vie a toutes les chances d'être couronnée de succès. Il se remet vite des déceptions, rien ne peut l'arrêter. Une vie fort pittoresque et mouvementée l'attend.

# Les cinq types de Singes

S'ajoute aux caractéristiques qui marquent les douze signes du zodiaque chinois l'influence de cinq éléments qui viennent les renforcer ou les tempérer. On retrouve ci-après les effets qu'ils exercent sur le Singe et les années au cours desquelles chaque élément prédomine. Ainsi, les Singes nés en 1920 et en 1980 sont des Singes de Métal, ceux qui sont nés en 1932 et en 1992, des Singes d'Eau, etc.

## Le Singe de Métal (1920, 1980)

Le Singe de Métal a une volonté à toute épreuve. C'est avec une détermination exemplaire qu'il se jette dans l'action, de préférence seul plutôt qu'en équipe. Ambitieux et sûr de lui, il est également sage, et le travail ne lui fait pas peur. Doué d'une remarquable habileté en matière de finances, il fait de judicieux investissements. Malgré sa nature quelque peu indépendante, le Singe de Métal apprécie les soirées et les événements mondains. Il se montre chaleureux et attentionné envers ceux qu'il aime.

## Le Singe d'Eau (1932, 1992)

Chez le Singe d'Eau, polyvalence, détermination et perspicacité s'allient à merveille. Plus discipliné que les autres Singes, il est prêt à poursuivre ses buts d'une manière soutenue, sans se laisser distraire. Il est parfois réticent à révéler ses véritables intentions, aussi peut-il rester particulièrement évasif lorsqu'on le questionne. Le Singe d'Eau ne réagit pas favorablement à la critique, mais, comme il sait convaincre, il gagne aisément la collaboration des autres. Étant donné sa fine compréhension de la nature humaine, il s'accorde bien avec ses semblables.

## Le Singe de Bois (1944, 2004)

Chez le Singe de Bois prédominent l'efficacité, la méthode et l'application. Pourvu d'une imagination débordante, il cherche toujours à tirer profit de ses idées ou à acquérir de nouvelles compétences. À l'occasion, son enthousiasme le mène un peu trop loin, et si ses plans ne se déroulent pas comme prévu, il peut devenir très agité. Toutefois, son esprit d'aventure est tel que les risques ne l'effraient pas. Les voyages le passionnent. Amis et collègues lui vouent une grande estime.

## Le Singe de Feu (1956)

Intelligent et plein de vitalité, le Singe de Feu impose invariablement le respect. Son imagination fertile et son insatiable curiosité, quoique très positives, le détournent quelquefois d'occupations qui se révéleraient plus utiles ou fructueuses. Il aime se faire voir et participera volontiers à tout ce qui se passe autour de lui. Si l'on ne se plie pas à sa volonté, le Singe de Feu peut se montrer têtu, et il essaie parfois d'endoctriner les esprits moins résolus. C'est un personnage qui déborde d'entrain et qui a l'heur de plaire au sexe opposé, mais il reste loyal à son partenaire!

## Le Singe de Terre (1908, 1968)

Le Singe de Terre est studieux et cultivé; il a tout pour se distinguer dans sa profession. Moins extraverti que les autres Singes, il préfère les activités paisibles et sérieuses. Ses principes élevés vont de pair avec sa nature aimante, et il peut se montrer très généreux envers les moins fortunés. Il gère fort habilement ses finances, aussi est-il souvent prospère à la fin de sa vie. Sa présence a un effet calmant sur son entourage, et il s'attire aussi bien le respect que l'affection de ceux qu'il rencontre. Toutefois, c'est avec discernement qu'il choisit ses confidents.

# Perspectives pour le Singe en 2012

L'année du Lièvre (du 3 février 2011 au 22 janvier 2012) peut être satisfaisante pour le Singe et bien qu'elle soit moins remplie que certaines, elle renfermera de bonnes occasions, et les derniers mois seront une période généralement favorable.

Dans son travail, le Singe pourrait vivre d'importants développements et pourrait être pressenti pour assumer de plus grandes responsabilités et assister dans certaines situations. Avec sa débrouillardise et ses qualités particulières, il sera non seulement apprécié mais souvent en demande. Les mois d'octobre et de novembre pourraient être occupés pour les Singes qui sont à la recherche d'un travail ou pour ceux qui espèrent faire avancer leur carrière.

Le caractère rusé du Singe peut également lui être utile lorsqu'il a des achats à faire. Que ce soit pour lui-même, pour ses proches ou pour sa maison, il sera content de ses choix (et les autres aussi). S'il cherche quelque chose en particulier, il pourrait bénéficier d'une offre avantageuse et dans certaines transactions, il peut s'en tirer plutôt bien. Il prendra également plaisir aux occasions mondaines qui se présentent et les mois de septembre et de décembre seront particulièrement actifs. Il doit cependant rester attentif en société et tenir compte des points de vue des autres. Un faux pas pourrait l'embarrasser.

De la même façon, dans sa vie familiale, le Singe devra consulter les autres sur ses projets et faire l'effort d'échelonner ses activités au lieu de les concentrer sur un court laps de temps. Une planification à l'avance peut donner lieu à des occasions particulièrement réussies. Certains Singes auront également l'occasion de voyager dans les dernières semaines de l'année du Lièvre.

Le Singe a une nature curieuse et aime être actif et impliqué; l'année du Dragon lui convient parfaitement. Celle-ci commence le 23 janvier et renferme de grandes possibilités pour le Singe. Grâce à sa capacité de juger les situations, le Singe va comprendre, dès le commencement de l'année du Dragon, que c'est une période progressiste et sera davantage inspiré à agir. S'il a des vœux non réalisés, des ambitions à court terme ou des idées à poursuivre plus avant, c'est le moment d'agir. La vitalité de l'année du Dragon alliée à la débrouillardise du Singe forment une combinaison puissante.

Au travail, de nombreux Singes auront vécu des changements récemment. D'ailleurs, certains trouveront qu'ils ne se réalisent plus pleinement et voudront faire meilleur usage de leurs compétences. Cette année, leur situation est particulièrement favorable. S'ils sont déjà établis dans une carrière, leur expérience et leur réputation pourraient leur permettre de réaliser de bons progrès et de faire avancer leur carrière dans leur lieu de travail actuel. Pour ce faire, le Singe doit se tenir au fait des développements. Sa capacité à identifier les ouvertures possibles peut le mettre en position avantageuse.

Pour les Singes qui souhaitent travailler ailleurs, ainsi que pour ceux qui cherchent du travail, les perspectives sont également favorables. Même si la recherche d'un emploi n'est jamais facile, en demeurant actifs, en effectuant des démarches et en donnant suite lorsque des postes vacants les intéressent, ils vont sans doute voir leur esprit d'initiative et leur détermination triompher. Là encore, la capacité du Singe d'identifier puis de profiter au maximum des occasions sera un facteur déterminant cette année. En raison de la nature active de l'année du Dragon, des possibilités pourraient se présenter presque à tout moment, mais on se doit d'y donner suite. Les mois de mars, d'avril, de septembre et de novembre pourraient donner lieu à des développements favorables. Par ailleurs, les Singes qui obtiennent un nouveau poste tôt dans l'année pourraient se voir offrir de plus grandes responsabilités plus tard en 2012. Sur le plan du travail, c'est une année qui favorise l'esprit d'initiative, l'effort et le progrès.

Les progrès réalisés par le Singe au travail peuvent l'avantager financièrement et de nombreux Singes auront droit à une augmentation de salaire au cours de l'année. Toutefois, toute augmentation pourrait inciter le Singe à dépenser et s'il n'y prend pas garde, ses dépenses pourraient grimper. Il doit demeurer vigilant et utiliser tout surplus financier pour améliorer sa position globale, y compris en réduisant ses dettes, en économisant pour des besoins particuliers et en profitant d'incitatifs fiscaux pour mettre de l'argent de côté. Avec une bonne gestion, le Singe peut améliorer ses finances cette année, mais il lui faudra être discipliné.

Le Singe rend sa vie intéressante en s'adonnant à un large éventail d'intérêts et cette année encore, ces derniers vont lui donner beaucoup de plaisir. Il prendra souvent plaisir à poursuivre ses intérêts et à les partager avec d'autres, y compris en participant à divers événements. Pour le Singe créatif, certaines de ses idées ou de ses œuvres pourraient lui faire particulièrement plaisir. La nature entreprenante du Singe convient bien à la vitalité et au côté novateur de l'année. C'est un excellent temps pour considérer une nouvelle activité pour tout Singe prêt à relever un nouveau défi. L'année du Dragon est remplie de possibilités prometteuses, mais pour en profiter, le Singe doit passer à l'action.

Les intérêts personnels, actuels et nouveaux, vont souvent mettre le Singe en contact avec d'autres et au cours de l'année, sa vie sociale peut lui être très agréable. De plus, il pourrait décider de se joindre à un groupe d'intérêt ou à un ordre professionnel, ce qui l'amènera à rencontrer de nouvelles personnes. Sur le plan personnel, il sera très en forme cette année et beaucoup réagiront favorablement à sa bonne mine et à son affabilité. Les Singes qui déménagent dans un nouveau secteur prendront particulièrement plaisir à se constituer un nouveau cercle social, et pour certains, qui sont sans attaches, une liaison amoureuse pourrait survenir de façon inattendue. Les mois de mai, d'août et de décembre pourraient afficher le plus d'activités sociales.

La vie familiale du Singe peut également lui être satisfaisante même si on devra faire preuve d'une bonne collaboration et d'une volonté d'adaptation lorsque les horaires et les situations changent. Le Singe, toutefois, est particulièrement habile à trouver la meilleure solution pour tout le monde – un talent qui sera apprécié cette année. Par ailleurs, il sera souvent le moteur derrière certains projets de rénovation à la maison en plus de proposer (et d'organiser) des activités auxquelles toute la maisonnée pourra participer. Bien des choses tourneront autour de lui cette année et ses proches vont apprécier ses qualités particulières et le temps qu'il réserve à sa vie familiale.

Dans l'ensemble, l'année du Dragon en est une de grandes possibilités pour le Singe. C'est un temps pour prendre l'initiative et transformer les rêves et les projets en réalités. En y mettant l'effort, en saisissant ses occasions et en mettant ses compétences à profit, il peut compter sur quelques réussites importantes. Que ce soit au travail ou dans ses intérêts personnels, c'est une année pour aller de l'avant et vivre sa vie plus pleinement. Grâce à sa nature simiesque, il a des talents très variés et l'année du Dragon lui donnera la chance de briller. Toutefois, beaucoup de choses reposent sur le Singe lui-même. En 2012, il doit croire en lui-même et agir avec détermination. Selon les perspectives dominantes, il peut réaliser beaucoup de choses – et, chose importante, en profiter –, mais il devra y mettre l'effort nécessaire.

## Le Singe de Métal

L'élément du métal donne au Singe une forte détermination. Lorsque le Singe de Métal s'est fixé un objectif particulier, il travaille sans cesse pour l'atteindre et cette résolution lui servira bien au cours de l'année. Cependant, l'année du Dragon sera chargée et s'il n'y prend pas garde, le Singe de Métal pourrait disperser ses énergies ou se laisser distraire de ses véritables buts. Au cours de cette année favorable, il doit établir ses priorités et s'y tenir.

Au travail, c'est une année qui annonce des progrès et du changement. Même si de nombreux Singes de Métal pourraient juger qu'ils sont bien établis dans leur lieu de travail actuel, l'année du Dragon n'admet pas l'immobilité. Des postes à plus grande responsabilité pourraient s'ouvrir, en raison de changements dans le personnel ou d'une réorganisation, offrant au Singe de Métal la chance d'avancer ou de modifier ses tâches. Le vent du changement va souffler pour de nombreux Singes de Métal cette année et ceux-ci seront souvent ravis d'être mis au défi.

L'expérience que plusieurs pourront acquérir est une autre caractéristique de l'année. Que ce soit au cours de leurs tâches quotidiennes (y compris lorsqu'ils ont à régler certains problèmes ou à subir les pressions qui surgissent) ou en suivant une formation d'appoint, les Singes de Métal qui perfectionnent leurs connaissances et leurs compétences vont grandement améliorer leur situation actuelle et élargir leurs possibilités pour plus tard.

Pour les Singes de Métal qui cherchent des moyens de faire avancer leur carrière, ainsi que pour ceux qui sont à la recherche d'un travail, l'année du Dragon peut là encore offrir des possibilités importantes. En restant à l'affût et en se renseignant sur les ouvertures, le Singe de Métal pourrait voir sa détermination récompensée par un nouveau poste. Même si celui-ci tranche nettement sur ce qu'il faisait auparavant, il peut représenter un nouveau défi professionnel et lui donner la chance de faire ses preuves auprès d'un nouvel employeur.

Un facteur qui joue en faveur du Singe de Métal est sa capacité à établir de bonnes relations de travail avec beaucoup de gens. En ce sens, il devrait faire tous les efforts pour rencontrer de nouveaux collègues et s'établir au sein d'une équipe. S'il y a lieu, il pourrait également juger bon de se joindre à un ordre professionnel. En se démarquant pour mieux se faire connaître, il peut améliorer grandement sa situation actuelle et future. Ce qui est accompli en 2012 peut marquer une étape importante dans la croissance personnelle et professionnelle du Singe de Métal, qui lui sera utile à l'avenir. La période de mars à la mi-mai et les mois de septembre et de novembre pourraient donner lieu à des développements décisifs.

L'année du Dragon peut également offrir des possibilités prometteuses pour le Singe de Métal. En ce sens, si une nouvelle activité attire son attention, il devrait y donner suite. De la même façon, s'il a des idées qu'il peut développer ou mettre de l'avant, il devrait le faire. C'est très certainement une année pour agir *et donner suite*. Le principal obstacle du Singe de Métal, c'est qu'il abandonne les projets avant de les mener à terme, ou qu'il papillonne d'une activité à l'autre. Dans l'année du Dragon, il doit maintenir sa concentration et utiliser son temps efficacement.

Il devrait également porter attention à son style de vie au cours de l'année. Pour ce faire, il devrait non seulement maintenir les divers aspects de sa vie en équilibre, mais s'assurer qu'il fait suffisamment d'exercice et s'alimente sainement. Il est parfois si occupé qu'il peut négliger ces aspects essentiels. Il devra cependant s'en préoccuper s'il veut être à son meilleur.

Un autre domaine qui exigera une attention particulière sera les finances. Même si bon nombre de Singes de Métal vont jouir d'une augmentation de leurs revenus, les tentations seront nombreuses pendant l'année du Dragon et le Singe de Métal doit se méfier des achats trop impulsifs. Par ailleurs, s'il lorgne du côté des transactions risquées ou spéculatives, il doit être bien renseigné sur les obligations qui s'y rattachent. S'il n'y prend pas garde, l'argent sera trop facilement dépensé et pas toujours à des fins utiles. À tous les Singes de Métal, prenez note et soyez prudents.

Le Singe de Métal entretient de bonnes relations avec beaucoup de personnes et au cours de l'année, il pourrait faire de nouvelles rencontres et nouer des amitiés durables. Les mois d'avril, de mai, d'août et de décembre pourraient être les plus socialement actifs. Pour les Singes de Métal qui sont sans attaches, y compris ceux qui ont vécu des difficultés personnelles ces dernières années, l'année du Dragon pourrait raviver leur situation par de nouveaux intérêts, de nouvelles amitiés et, dans le cas de certains, une nouvelle liaison importante pourrait agrémenter leur année.

À la maison, il y aura beaucoup d'activité cette année et pour réussir à tout faire, le Singe de Métal devra faire bon usage de son temps. En particulier, en ce qui concerne les rénovations de la maison, il devrait se concentrer sur un projet à la fois au lieu de vouloir tout embrasser trop rapidement. L'année du Dragon est certes favorable aux activités pratiques, mais il faut faire un usage raisonnable de ses ressources en énergie, en temps et en argent. Comme pour bien des aspects de sa vie cette année, le Singe de Métal gagnera à écouter les conseils de son entourage. Il y aura également des événements à commémorer dans bien des foyers tenus par des Singes de Métal cette année, un agrandissement de la famille, la réussite d'un projet ou le propre succès du Singe de Métal ou d'un de ses proches.

Dans l'ensemble, l'année du Dragon offre de grandes possibilités pour le Singe de Métal, mais il doit se concentrer sur ses priorités et utiliser son temps et son énergie sagement. Le fait d'embrasser trop de projets trop rapidement ou de disperser ses efforts pourrait entraîner des résultats moins satisfaisants. Le temps est plutôt à la discipline et à la concentration afin de profiter au maximum des chances offertes. Cela dit, fort de l'amour et du soutien de ses proches, le Singe de Métal peut compter sur des développements stimulants dans sa vie personnelle. L'année s'annonce chargée et d'une grande portée.

## Conseil pour l'année

Vous pouvez accomplir beaucoup de choses cette année en plus de favoriser votre situation future, mais vous devez faire bon usage de votre temps. Concentrez-vous sur vos priorités et vos objectifs principaux et évitez les distractions. L'année vous sera favorable, mais vous devez demeurer concentré et discipliné.

## Le Singe d'Eau

Cette année marque le commencement d'une nouvelle décennie dans la vie du Singe d'Eau et elle aura une grande importance. Il aura la chance d'aller de l'avant et de profiter de moments privilégiés. Beaucoup de choses lui seront favorables cette année.

Même si la plupart des Singes d'Eau auront déjà quelques idées sur leurs objectifs, l'année du Dragon peut entraîner d'importants changements et des améliorations pour ceux qui commencent 2012 dans un état d'insatisfaction, de déprime ou de dérive existentielle. Ces Singes d'Eau doivent tirer un trait sur tout ce qui a précédé et se concentrer sur le présent et l'avenir rapproché. Avec de la détermination, de la confiance en soi et l'aide et le soutien dont ils disposent (y compris ceux offerts par les organismes appropriés), ils peuvent commencer à apporter les améliorations qu'ils souhaitent. Pour ces Singes d'Eau, il pourrait s'agir d'un moment important à passer, mais il leur incombe de prendre l'initiative et d'avoir confiance en eux.

De nombreux Singes d'Eau auront déjà fixé des objectifs précis pour l'année. Ceux qui sont aux études auront fort à faire. Une partie de l'année du Dragon sera intensive et personnellement exigeante sur le plan des études. Elle donnera également à certains Singes d'Eau la chance d'obtenir une expérience de travail. Bien que ces Singes d'Eau aient de quoi s'occuper, toutefois, ils seront souvent satisfaits de leurs progrès et des ouvertures offertes par leurs activités courantes.

De plus, bon nombre vont réagir favorablement à l'étendue et à la flexibilité des options de cours offertes cette année. Les possibilités seront nombreuses pour le Singe d'Eau et il sera content de ses choix.

De nombreux Singes d'Eau vont également prendre beaucoup de plaisir à leurs intérêts personnels cette année. Si le Singe d'Eau a la chance de perfectionner une habileté en rapport avec un intérêt ou s'il découvre une nouvelle activité qui lui plaît, il devrait en profiter. En embrassant les occasions qui lui sont offertes, il rendra sa vingtième année importante et bénéfique. Une partie de ses activités comportera également un bon élément social qui les rendra plus enrichissantes et plus amusantes.

Pour les Singes d'Eau qui travaillent ou qui sont à la recherche d'un emploi, l'année du Dragon peut là encore entraîner des développements importants. En particulier, ceux qui travaillent pourraient vivre d'importants changements. S'il est aux premiers stades de sa carrière, le Singe d'Eau pourrait se voir offrir une formation plus spécialisée et de nouveaux objectifs à atteindre. Une partie de ce qu'on lui demande de faire pourrait être exigeante et déconcertante. S'il se montre bien disposé, toutefois, il peut acquérir une expérience essentielle à l'avancement de sa carrière et préparer ses progrès futurs.

Pour les Singes d'Eau qui ne se plaisent pas dans leur situation actuelle, l'année du Dragon leur donnera l'occasion de réévaluer leur carrière. Certains pourraient envisager une formation supplémentaire ou un stage d'apprentissage ou se chercher un poste ailleurs. L'année du Dragon favorise les choix et le progrès ; en passant à l'action, bon nombre de ces Singes d'Eau vont pouvoir mettre leur carrière sur les rails. Il leur incombe toutefois de prendre l'initiative. Cela s'applique également à ceux qui sont à la recherche d'un emploi. Même si la quête d'un emploi peut être lassante, de nombreux Singes d'Eau qui sont prêts à considérer diverses possibilités et à obtenir des conseils auprès de leurs contacts et d'agences réussiront à gravir ce premier échelon essentiel sur l'échelle de leur développement professionnel. La période de la fin février à la mi-mai et les mois de septembre et de novembre pourraient donner lieu à des développements favorables.

En raison de ses intérêts divers et d'une vie sociale souvent active, toutefois, le Singe d'Eau devra surveiller ses dépenses de près. S'il cède trop souvent aux tentations, il pourrait devoir faire des économies plus tard ou se voir imposer des versements d'intérêt plus élevés. Il devrait également se méfier des transactions douteuses ou risquées. S'il n'est pas prudent, il pourrait subir des pertes. À tous les Singes d'Eau, prenez note et soyez consciencieux et discipliné en matière de finances.

Malgré la prudence qui s'impose, la vie sociale du Singe d'Eau peut lui apporter beaucoup de plaisir cette année. Il aura d'excellentes occasions de faire des rencontres et de nouer de nouvelles amitiés précieuses au hasard de ses intérêts et des changements dans sa situation professionnelle. Pour certains Singes d'Eau qui sont sans attaches, une liaison amoureuse pourrait ajouter un peu d'excitation à l'année. La période d'avril au début juin et les mois d'août et de décembre pourraient être les plus socialement actifs, mais pendant une bonne partie de l'année, le Singe d'Eau aura de quoi s'occuper.

Il recevra également un précieux soutien de sa famille et de ses proches. D'ailleurs, même s'il est absorbé dans ses diverses activités et enclin à prendre ses propres décisions, cela ne devrait pas l'empêcher de demander des conseils ou de discuter à fond de ses choix au besoin. Avec une plus grande ouverture, il peut profiter des conseils et de l'assistance que les autres sont disposés à lui donner. À tous les Singes d'Eau, rappelez-vous cela et soyez ouverts.

Globalement, l'année du Dragon renferme un énorme potentiel pour le Singe d'Eau. En particulier, elle lui permettra de perfectionner certaines compétences et d'acquérir une expérience qui lui rapportera plus tard. Ce qu'il accomplit cette année peut souvent être déterminant en ce qui concerne certaines de ses réussites des années à venir. C'est également un temps pour demeurer ouvert aux possibilités. Avec une approche positive, le Singe d'Eau sera enchanté de ce qu'il est en mesure d'accomplir, alors que sur le plan personnel, beaucoup de choses peuvent arriver dans sa vingtième année et lui apporter de bons moments à apprécier.

## Conseil pour l'année

Vous avez peut-être des idées à propos de ce que vous voulez faire, mais fiez-vous aux conseils des autres tout en restant ouvert aux multiples possibilités. Avec de l'aide, des encouragements et une disposition à saisir les occasions qui vous sont offertes, vous pouvez vivre une année non seulement exceptionnelle mais déterminante.

## Le Singe de Bois

L'élément du bois fait ressortir les qualités progressistes du Singe. Le Singe de Bois est pratique et axé sur l'avenir ; de plus, il a des intérêts diversifiés et l'année du Dragon va le tenir bien occupé.

Une des caractéristiques de l'année du Dragon est de favoriser la nouveauté, et le Singe de Bois pourrait adopter un nouveau loisir, approfondir un intérêt actuel ou se joindre à un groupe d'activité dans son secteur. C'est à coup sûr une année pour aller de l'avant.

Le Singe de Bois recevra également les encouragements d'autrui. Il se pourrait qu'à la simple mention d'une idée, d'autres le pressent d'aller de l'avant ou même proposent de donner suite à sa proposition. C'est une année pour agir, et, comme le Singe de

Bois le constatera maintes fois, non seulement il prendra plaisir à presque toutes ses activités, mais certains de ses projets vont progresser de manière fortuite. Il doit rester ouvert aux aléas de la chance cette année et embrasser les occasions qui l'interpellent.

De nombreux Singes de Bois vont décider de réserver du temps pour perfectionner des compétences utiles, y compris dans l'utilisation d'outils informatiques. En approfondissant ses connaissances, le Singe de Bois peut tirer une grande satisfaction de ses occupations.

Tout Singe de Bois qui commence l'année avec le moral à zéro ou qui se sent peu épanoui dans sa situation actuelle devrait envisager d'adopter un nouvel intérêt ou se fixer un objectif personnel pour l'année. Ce faisant, il va non seulement prendre plaisir à s'absorber dans une activité autre, mais récolter les bénéfices qui peuvent s'ensuivre. À tous ces Singes de Bois, prenez note et passez à l'action.

Le Singe de Bois apprécie souvent les activités de plein air, et le jardinage peut lui apporter beaucoup de plaisir au cours de l'année. L'année du Dragon peut être une période active et souvent inspirante, et le Singe de Bois pourrait également profiter des installations locales, dont les parcs et les installations récréatives, ou visiter des sites d'intérêt.

Les perspectives sont favorables aux activités en groupe et le Singe de Bois sera bien disposé à partager une bonne partie de ce qu'il fait cette année. Ses intérêts en particulier peuvent le mettre en contact avec beaucoup de gens et de nouvelles amitiés vont souvent naître ainsi. Pour les Singes de Bois qui cherchent à augmenter leurs contacts avec les autres, peut-être en raison d'un récent changement de situation, ils seraient avisés de prendre des cours, de se joindre à des groupes d'activité dans leur secteur ou de rencontrer d'autres adeptes. L'année du Dragon est très favorable au Singe de Bois et toute action positive sera bien récompensée. La période d'avril au début juin et les mois d'août et de décembre pourraient donner lieu à plus d'activité sociale.

Le Singe de Bois peut également compter sur une vie familiale enrichissante cette année. Là encore, il sera bien disposé à participer aux activités de groupe. Que ce soit pour des achats, des rénovations ou d'autres projets, s'il discute de ses idées et partage ses décisions, il sera content de ce qui est accompli cette année. Les activités pratiques seront à l'avant-plan et les projets de rénovation et l'ajout d'équipements ou d'objets de confort vont faire une nette différence dans l'environnement du Singe de Bois. En mettant ses projets en marche, cependant, il devrait éviter de se précipiter inutilement, tout en se tenant prêt à envisager des alternatives. Les années du Dragon peuvent entraîner des possibilités prometteuses et pour en profiter, le Singe de Bois doit rester à l'affût.

Il suivra également les activités de la famille avec beaucoup d'intérêt, et le temps et l'aide qu'il consacre aux plus jeunes de la famille seront grandement appréciés. Son entregent, son empathie et son soutien (souvent par des moyens subtils) peuvent faire beaucoup de bien.

Même si les perspectives pour le Singe de Bois dans l'année du Dragon sont généralement favorables, un domaine qui exigera de la prudence est celui des finances. Les rénovations, les achats importants et d'autres engagements feront en sorte qu'il devra surveiller ses dépenses et faire des provisions à l'avance pour les achats coûteux. S'il a des inquiétudes au sujet d'une transaction ou d'une correspondance d'affaires qu'il reçoit, il devrait obtenir des conseils. C'est une année qui exige d'être prudent et consciencieux.

Globalement, toutefois, le Singe de Bois peut profiter beaucoup de ce qu'il accomplit dans l'année du Dragon. Que ce soit pour poursuivre ses intérêts et ses idées, adopter de nouveaux loisirs ou s'attaquer à des rénovations ou à d'autres projets, il pourrait constater que sa motivation et sa disposition à agir vont mener à de bons résultats. D'ailleurs, les événements dans l'année du Dragon peuvent parfois prendre une tournure curieuse et ses actions vont peut-être entraîner de nouvelles possibilités ou créer d'autres occasions. Pour le Singe de Bois, c'est une période qui peut s'avérer différente, stimulante et souvent enrichissante sur le plan personnel. Par ailleurs, les perspectives pour sa vie familiale et sociale sont également bonnes et, là encore, l'année peut être satisfaisante à ce niveau.

## Conseil pour l'année

Soyez flexible et ouvert aux possibilités. En étant disposé à explorer des idées et à tenter différentes expériences, vous pouvez grandement profiter de l'année et vous amuser.

## Le Singe de Feu

Il y a un proverbe chinois qui convient tout à fait au Singe de Feu cette année : « Mieux vaut agir que s'abstenir. » L'année du Dragon peut apporter d'excellentes occasions pour le Singe de Feu, mais il doit en prendre conscience. C'est une année pour prendre acte de ses idées et réaliser ses ambitions ; autrement, les occasions vont se perdre.

Le Singe de Feu constatera des développements dans presque tous les domaines de sa vie. Dans son travail, le changement est dans l'air. Avec les restructurations et les ajustements en cours dans nombre d'industries, le Singe de Feu pourrait voir son rôle changer. Certes, cela pourrait le préoccuper, mais de nouvelles occasions peuvent s'ensuivre. S'il est disposé à s'adapter et à miser sur son importante expérience, il pourrait se positionner avantageusement pour assumer un rôle plus important et souvent différent.

Par ailleurs, le Singe de Feu possède une nature imaginative. Il est débrouillard et peut trouver de nombreuses bonnes idées et solutions. Ces talents vont lui être utiles cette année. Les idées qu'il met de l'avant pourraient être favorablement accueillies ; pour ceux qui ont la chance de créer ou d'innover dans le cadre de leur travail ou de leurs intérêts, c'est une période qui peut être remplie de succès et inspirante.

Les bonnes relations de travail qu'il entretient avec bien des gens sont un autre facteur favorable au Singe de Feu. Certains Singes de Feu pourraient même assumer un rôle de mentor pendant l'année. Avec le dynamisme qui caractérise les années du Dragon, des changements peuvent survenir à presque tout moment, mais la période de mars au début mai et les mois de septembre et de novembre pourraient être déterminants.

Bon nombre de Singes de Feu vont pouvoir progresser avec leur employeur actuel cette année. Pour ceux, en revanche, qui trouvent que le moment est propice au changement ou qui cherchent du travail, l'année peut renfermer des possibilités importantes. En passant en revue les différentes façons d'utiliser leurs compétences, ils pourraient dénicher un emploi qui représente un changement avantageux. Par ailleurs, même si la quête d'un emploi n'est jamais facile, les événements peuvent prendre une tournure curieuse dans l'année du Dragon et certains Singes de Feu se verront offrir un poste de façon inattendue à la suite de plusieurs refus. Tout au long de l'année, le Singe de Feu doit demeurer persévérant, déterminé et flexible.

Les Singes de Feu qui optent pour un changement de carrière cette année ou qui estiment qu'il serait utile d'améliorer leurs compétences dans certains domaines devraient également profiter de toute formation ou mise à jour qui leur est offerte. Une action positive sera bénéfique à la situation du Singe de Feu dans l'immédiat et aussi pour l'avenir.

Les progrès réalisés par le Singe de Feu au travail vont l'aider financièrement et il pourrait également bénéficier d'une prime ou d'un cadeau pendant l'année. Il devra toutefois tenir un budget rigoureux, surtout en raison d'une augmentation probable de ses dépenses familiales et de ses frais d'hébergement cette année. S'il ne le fait pas déjà, il devrait tenir des comptes de ses dépenses pour être mieux renseigné sur sa situation. En général, plus sa gestion de ses finances est serrée, mieux c'est.

Il devrait également être prudent et consciencieux avec sa correspondance d'affaires, surtout celle en lien avec les finances. Pendant cette année mouvementée, il ne peut se permettre de négliger les questions financières.

Dans sa vie familiale, l'année s'annonce bien remplie. Il pourrait y avoir un mariage, la naissance d'un petit-fils ou d'une petite-fille ou un autre événement familial notable à célébrer. Étant donné que des développements prometteurs sont possibles et qu'un grand besoin de planifier se fera sentir, le Singe de Feu sera là pour donner son appui, et sa capacité d'organisation et d'empathie sera grandement appréciée.

Malgré les bons moments de l'année, cependant, il y aura aussi des pressions et parfois des divergences d'opinions. Il faudra en tenir compte et essayer parfois de les régler. Par ailleurs, les Singes de Feu qui voudront faire des rénovations à la maison devront réserver suffisamment de temps pour les faire et calculer précisément les coûts que cela implique.

Même si le Singe de Feu sera occupé avec ses divers engagements, il appréciera fort les occasions de sortir et de rencontrer ses amis. Le côté convivial lui plaira et certains amis pourraient lui apporter un soutien particulier. Les Singes de Feu qui cherchent à s'épanouir davantage sur le plan social pourraient constater que certains de leurs intérêts offrent de bonnes occasions de rencontrer des gens. Les mois d'avril, de mai, d'août et de décembre pourraient renfermer le plus d'activités sociales.

Globalement, l'année du Dragon est prometteuse pour le Singe de Feu, mais pour en profiter pleinement, il doit agir avec détermination. C'est le moment de mettre de l'avant ses qualités, ses idées et son expérience personnelles. Ses relations avec autrui seront également importantes, et il vivra des moments privilégiés dans sa vie familiale.

## Conseil pour l'année

Cette année vous est favorable à plus d'un égard, mais vous devez demeurer flexible. Gardez une attitude positive et déterminée, et rappelez-vous que « mieux vaut agir que s'abstenir ».

## Le Singe de Terre

L'année du Dragon est une période de grandes possibilités et le Singe de Terre profitera souvent des occasions qu'elle apporte.

Une des caractéristiques de l'année du Dragon est la vitesse à laquelle les événements se succèdent. Ce n'est pas une année qui prône l'immobilisme. Le Singe de Terre devra garder la tête froide. S'il a une idée ou si une occasion se présente, il devrait agir rapidement. Comme le dit le dicton : « L'avenir appartient à ceux qui se lèvent tôt. » C'est une année où l'initiative et les réactions rapides portent véritablement fruit.

Au travail, presque tous les Singes de Terre vont ressentir les effets du changement. Que ce soit à l'occasion de changements de personnel, de l'implantation de nouvelles procédures ou d'une restructuration interne, il y a beaucoup de changement dans l'air. Toutefois, même si l'incertitude et la pression règnent, il y aura également des occasions à saisir. En raison de leur expérience et de leur connaissance de la maison, de nombreux Singes de Terre seront bien placés pour assumer un plus grand rôle ou s'impliquer dans des projets spécialisés. Là encore, le Singe de Terre doit se tenir au courant et signaler rapidement son intérêt. Sa polyvalence et sa disposition à assumer de nouveaux rôles vont le mettre en excellente posture. Une autre de ses forces est d'entretenir de bonnes relations de travail avec ses collègues. En étant membre à part entière de l'équipe et en exploitant les possibilités de son réseau, il peut améliorer sa réputation et ses perspectives encore cette année. Par ailleurs, plus il fait valoir ses idées, plus il accomplira de choses.

De nombreux Singes de Terre vont pouvoir progresser dans leur travail actuel. Ceux, en revanche, qui veulent passer à autre chose ou qui cherchent un emploi pourraient constater que l'année du Dragon leur ouvre bien des portes. Il ne sera pas facile d'obtenir un nouveau poste, mais en cherchant activement un emploi et en mettant l'accent sur leur expérience, de nombreux Singes de Terre vont constater que leur détermination, leur énergie et leur engagement peuvent mener à une nouvelle occasion de carrière prometteuse. Là encore, si des postes vacants s'ouvrent, le Singe de Terre doit agir rapidement. La vitesse est essentielle cette année.

Inspirés par l'esprit d'innovation qui prévaut cette année, certains Singes de Terre vont opter pour un changement de carrière. Il pourrait y avoir des ajustements personnels à faire et beaucoup à apprendre, mais ces Singes de Terre vont se sentir prêts à relever le défi, et cette année marquera un nouveau chapitre dans la vie professionnelle de bon nombre d'entre eux. Les mois de mars, d'avril, de septembre et de novembre pourraient donner lieu à d'importants développements.

Les progrès réalisés au travail peuvent également avoir une incidence financière positive, mais avec tous ses engagements courants et les projets qu'il voudrait réaliser, le Singe de Terre doit garder un bon contrôle sur ses dépenses et gérer ses finances avec soin. Les transactions risquées, la spéculation ou les achats hâtifs pourraient s'avérer regrettables. À tous les Singes de Terre, prenez note et portez une attention particulière à vos finances.

Les pressions étant nombreuses cette année, il importe également que le Singe de Terre s'accorde du temps pour le repos, la détente et l'exercice. Même dans une année réussie à bien des égards, il faut maintenir l'équilibre entre les divers aspects de sa vie. Pour ce faire, le Singe de Terre devrait s'assurer que ses intérêts personnels ne soient pas négligés. Il devrait non seulement réserver régulièrement du temps à cet effet, mais envisager de se donner des objectifs à atteindre pour l'année, par exemple en perfectionnant une habileté liée à ses intérêts personnels, en développant une idée ou en participant à des événements. Tout Singe de Terre qui a négligé ses intérêts dernièrement ou qui estime qu'il a perdu son équilibre de vie devrait envisager d'adopter une nouvelle activité cette année et s'accorder un peu de temps pour lui.

La vie sociale du Singe de Terre l'aidera à garder sa vie en équilibre en lui permettant de garder un contact régulier avec ses amis et de participer à des événements qui lui plaisent. De plus, en s'intéressant à ce qui se passe dans sa région, il pourrait passer de bons moments et faire des rencontres. Pour ceux qui sont sans attaches, les développements importants apportés par l'année du Dragon pourrait entraîner une liaison amoureuse inattendue. La période d'avril au début juin et les mois d'août et de décembre pourraient être les plus socialement actifs.

La vie familiale du Singe de Terre sera occupée. Tant et si bien qu'il pourrait désespérer de tout ce qui lui est demandé en 2012. Si toutefois il fait ce qu'il peut, s'emploie à atténuer les pressions dès qu'elles surgissent et joue pleinement son rôle dans la vie familiale, ces périodes mouvementées peuvent également s'avérer mémorables. Par ailleurs, s'il est sous pression, il importe qu'il ne se sente pas obligé de tout régler à lui seul mais ait recours aux autres pour obtenir de l'aide au besoin.

Globalement, le Singe de Terre sera favorisé cette année. Grâce à son énergie, à son ambition et à sa capacité d'adaptation, il peut profiter pleinement des changements apportés par l'année. C'est le moment d'aller de l'avant et de relever de nouveaux défis. Ce faisant, le Singe de Terre non seulement s'épanouira davantage, mais améliorera sa situation à long terme. La clé du succès cette année est de se mettre de l'avant et d'agir rapidement. De plus, il bénéficiera de ses bonnes relations avec autrui, et sa vie familiale et sociale sera active et enrichissante.

## Conseil pour l'année

Pensez à adopter un nouvel intérêt ou à vous fixer un nouvel objectif pour l'année. En effectuant une action positive, vous pouvez en tirer un grand bénéfice sur le plan personnel et professionnel cette année.

# Des Singes célèbres

Gillian Anderson, Marie-Christine Barrault, Jacqueline Bisset, Björn Borg, France Castel, Johnny Cash, Jules César, Robert Charlebois, Jacques Chirac, Colette, John Constable, David Copperfield, Bette Davis, Bo Derek, Céline Dion, Michael Douglas, Diane Dufresne, Alexandre Dumas, Murielle Dutil, Mia Farrow, F. Scott Fitzgerald, Ian Fleming, Bernard Fortin, Ève Gadouas-Ranger, Paul Gauguin, Macha Grenon, Mika Häkkinen, Jerry Hall, Tom Hanks, Françoise Hardy, Martina Hingis, Harry Houdini, Jean-Paul II, Linda Johnson, Buster Keaton, Edward Kennedy, Louise Marleau, Dominique Michel, Modigliani, Caroline de Monaco, Wajdi Mouawad, Guy Nantel, Martina Navratilova, Peter O'Toole, Anthony Perkins, Robert Powell, Lisa Marie Presley, Hubert Reeves, Debbie Reynolds, Monique Richard, Alice Ronfard, Michael Schumacher, Jacques Tati, Elizabeth Taylor, Kiri Te Kanawa, Harry Truman, Boris Vian, Léonard de Vinci, Venus Williams.

# Le Coq

鸡

| | |
|---|---|
| 22 JANVIER 1909 – 9 FÉVRIER 1910 | Coq de Terre |
| 8 FÉVRIER 1921 – 27 JANVIER 1922 | Coq de Métal |
| 26 JANVIER 1933 – 13 FÉVRIER 1934 | Coq d'Eau |
| 13 FÉVRIER 1945 – 1er FÉVRIER 1946 | Coq de Bois |
| 31 JANVIER 1957 – 17 FÉVRIER 1958 | Coq de Feu |
| 17 FÉVRIER 1969 – 5 FÉVRIER 1970 | Coq de Terre |
| 5 FÉVRIER 1981 – 24 JANVIER 1982 | Coq de Métal |
| 23 JANVIER 1993 – 9 FÉVRIER 1994 | Coq d'Eau |
| 9 FÉVRIER 2005 – 28 JANVIER 2006 | Coq de Bois |

# La personnalité du Coq

Je fixe le cap
et le garde résolument.
Je hisse mes voiles
que gonfle le vent de la chance.

Le Coq naît sous le signe de la candeur. Personnalité flamboyante et colorée, c'est un organisateur-né. Il aime pouvoir planifier ses activités et se montre méticuleux dans tout ce qu'il fait.

Doté d'une belle intelligence, c'est un être habituellement très cultivé et réputé pour son sens de l'humour. Très persuasif, il raffole des discussions et des débats. Il s'exprime toujours avec une grande franchise et n'hésite pas à partager ses opinions, qu'on souhaiterait parfois plus nuancées. Force est de reconnaître qu'il manque de tact et peut souvent blesser son entourage ou nuire à sa réputation à cause de remarques ou de gestes inconsidérés. Très changeant de nature, il aurait intérêt à maîtriser une impulsivité susceptible de lui jouer de vilains tours.

Le Coq est habituellement très digne ; il respire la confiance et l'autorité. Doué pour les affaires, il organise ses finances comme il organise tout le reste, c'est-à-dire avec un talent consommé. C'est un investisseur astucieux qui, au cours de sa vie, peut accumuler une fortune enviable. La plupart des Coqs sont économes et judicieux dans leurs dépenses, mais les exceptions qui confirment la règle sont des paniers percés notoires. Heureusement, le Coq gagne en général très bien sa vie, aussi le voit-on rarement démuni.

Si vous fréquentez le Coq, vous l'apercevrez toujours armé d'un calepin, ou les poches bourrées de bouts de papier. En effet, il s'écrit constamment des notes ou des rappels, de crainte d'oublier, car, voyez-vous, il ne peut supporter l'inefficacité. Ordre, méthode et précision sont pour lui des valeurs essentielles.

# Le Coq

Le Coq est habituellement très ambitieux, mais il manque parfois de réalisme quant à ses objectifs, ce qu'on pourrait attribuer à une imagination particulièrement fertile. En voulant lui ramener les pieds sur terre, on peut facilement l'indisposer. En fait, il n'aime pas la critique, et lorsqu'il sent qu'on met son jugement en doute ou qu'on veut se mêler de ses affaires, il ne se gêne pas pour le dire. Pourtant, il aurait intérêt à tenir compte plus souvent des remarques qui lui sont faites. Mais son égocentrisme et son entêtement passagers sont amplement compensés par le fait qu'il est fiable, honnête et loyal, qualités qu'apprécient tous ceux qui le connaissent. Les Coqs nés tant à l'aube qu'au crépuscule (entre 5 h et 7 h et entre 17 h et 19 h) sont en général les plus extravertis du signe, mais tous ont en commun une grande sociabilité. Ils adorent les fêtes et les réceptions de toutes sortes, et on n'imagine pas le Coq sans un large cercle d'amis. Bien servi par son entregent, il se distingue d'ailleurs par sa remarquable facilité à établir le contact avec des personnes d'influence. Il se joint souvent à des clubs ou à des associations, et les activités organisées trouvent en lui un participant enthousiaste. Ses sujets de prédilection concernent le plus souvent l'environnement et les causes humanitaires ou sociales. Sa nature bienveillante le porte spontanément à aider les moins favorisés que lui.

Le jardinage est un passe-temps qui a beaucoup d'attrait pour lui et, malgré le temps limité qu'il peut y consacrer, son jardin fait invariablement l'envie de ses voisins.

Soigneux de son apparence, le Coq a généralement une mise distinguée et, si son emploi exige l'uniforme, c'est avec fierté et dignité qu'il le portera. Il ne déteste pas qu'on parle de lui; pour tout dire, être le point de mire lui est particulièrement agréable. Côté travail, les relations publiques et les médias sont des domaines où il réussit bien; il fait aussi un excellent professeur.

À n'en pas douter, la femme Coq mène une vie qui n'a rien de monotone. Elle est si active dans plusieurs domaines qu'on se demande comment elle arrive à jongler avec toutes ses occupations. Ses opinions sont en général très tranchées et, comme le natif masculin, elle n'hésite pas à les exprimer, ni à dire aux autres quoi faire et comment faire! Elle est remarquablement efficace et bien organisée, qualités dont témoigne son intérieur : chez elle, tout est impeccable. S'habillant avec goût, elle choisit de préférence des tenues pratiques, mais toujours élégantes.

Le Coq a souvent plusieurs enfants, et il aime prendre une part active à leur éducation. Il fait un partenaire très fidèle et se trouvera beaucoup d'affinités avec les natifs du Serpent, du Cheval, du Bœuf et du Dragon. S'ils ne mettent pas trop de contraintes aux activités du Coq, les Rats, les Tigres, les Chèvres et les Cochons entretiendront aussi de bons rapports avec lui. L'association de deux Coqs, toutefois, risque de faire des flammèches. Pour sa part, le Lièvre, sensible, sera décontenancé par la brusquerie du Coq, tandis que ce dernier ne tardera pas à être exaspéré par le Singe, rusé et trop curieux à son goût. Enfin, l'entente s'avérera difficile entre le Coq et le Chien au naturel anxieux.

Si le Coq apprend à être moins versatile et plus diplomate, il ira loin. Talentueux et fort capable, il fait communément bonne impression partout où il va.

## Les cinq types de Coqs

Le métal, l'eau, le bois, le feu et la terre sont les cinq éléments qui viennent renforcer ou tempérer les douze signes du zodiaque chinois. Leurs effets, accompagnés des années au cours desquelles ils prédominent, sont décrits ci-après. Ainsi, tous les Coqs nés en 1921 et en 1981 sont des Coqs de Métal, les natifs de 1933 et de 1993, des Coqs d'Eau, etc.

### Le Coq de Métal (1921, 1981)

Travailleur acharné et consciencieux, le Coq de Métal sait ce qu'il veut et, quand il passe à l'action, c'est avec optimisme et détermination. Son esprit parfois caustique et ses positions inflexibles le desservent à l'occasion : il arriverait sûrement plus facilement à ses fins s'il apprenait à manier l'art du compromis. Son aisance à traiter des questions d'argent tout comme sa perspicacité en font un gestionnaire efficace. Il est d'une grande loyauté envers ses amis et on le voit souvent se dévouer pour le bien commun.

## Le Coq d'Eau (1933, 1993)

Le Coq d'Eau est doté d'une grande force de persuasion ; il gagne ainsi facilement la collaboration d'autrui. Être intelligent et cultivé, il n'est jamais à court d'idées lors des discussions et des débats. Il semble posséder d'inépuisables ressources d'énergie et, pour obtenir ce qu'il veut, fait preuve d'une capacité de travail remarquable. Cependant, il gaspille parfois un temps précieux à s'occuper de détails mineurs ou sans importance. Toujours affable, il a un bon sens de l'humour et jouit de l'estime de tous.

## Le Coq de Bois (1945, 2005)

Le Coq de Bois, fiable et honnête, se fixe souvent des critères élevés. Animé d'une grande ambition, il réussit généralement bien, mais doit se méfier de sa tendance à s'empêtrer de détails. Il est également porté à courir trop de lièvres à la fois ! Ses champs d'intérêt sont nombreux et variés, et il aime tout particulièrement les voyages. Sa bienveillance à l'égard de sa famille et de ses amis ne se dément jamais.

## Le Coq de Feu (1957)

Le Coq de Feu fait preuve d'une prodigieuse détermination. On apprécie chez lui ses qualités de meneur, son sens de l'organisation et sa grande efficacité au travail. Une force de caractère peu commune lui permet généralement d'atteindre ses objectifs, mais il est porté à être très direct et à ne pas tenir compte des sentiments d'autrui. Toutefois, s'il acquiert un peu plus de tact, il pourra souvent réussir au-delà de ses espérances.

## Le Coq de Terre (1909, 1969)

Le Coq de Terre est doué d'un esprit pénétrant et d'une grande intuition. C'est un travailleur efficace et d'une singulière persévérance ; lorsqu'il se fixe un but, rarement se laisse-t-il dévier de sa trajectoire : il est prêt à tous les efforts. Il jouit de l'estime générale et possède un grand sens de la famille. Habituellement, ces Coqs ont un goût marqué pour les arts.

# Perspectives pour le Coq en 2012

Le Coq croque dans la vie à pleines dents. Durant l'année du Lièvre (du 3 février 2011 au 22 janvier 2012), il aura passé de bons moments même si ses résultats ne sont pas toujours à la hauteur de ses attentes. Les années du Lièvre peuvent avancer lentement et le Coq aura eu son lot de frustrations, en raison de développements décevants. Au moment où l'année tire à sa fin, toutefois, bon nombre de Coqs vont constater une recrudescence d'activité.

Dans son travail, le Coq pourrait subir de nouvelles pressions, mais celles-ci lui permettront de faire un meilleur usage de ses qualités particulières et d'acquérir une expérience additionnelle. En se montrant à la hauteur des défis, il peut grandement améliorer sa position sociale et ses relations avec ses collègues. Les mois d'octobre et de novembre pourraient donner lieu à d'intéressants développements au travail, y compris pour les Coqs qui sont à la recherche d'un emploi.

La vie familiale et sociale du Coq verra elle aussi un sursaut d'activité vers la fin de l'année. Grâce à ses talents organisationnels et à son bon jugement, son entourage fera de nouveau appel à lui pour jouer un rôle important et donner son opinion sur certains points. Le Coq prendra plaisir à quelques-unes des occasions qui se présentent pendant cette période, y compris les rencontres avec des parents ou des amis qu'il ne voit pas souvent. Les mois de septembre et de décembre pourraient être particulièrement remplis et socialement stimulants.

Les derniers mois de l'année vont être plus coûteux et comme les années du Lièvre sont en général plus onéreuses pour le Coq, il devrait faire des provisions à l'avance pour les dépenses supplémentaires et gérer ses finances avec soin.

L'année du Dragon commence le 23 janvier et sera excellente pour le Coq. C'est le moment de foncer avec ses projets et de prendre plaisir à l'évolution de sa vie personnelle. Pour le Coq, l'année du Dragon est une des meilleures.

Il y a un proverbe chinois qui dit ceci : « Ce qui est bien entamé n'est qu'à moitié terminé. » Si le Coq ne l'a pas déjà fait, il devrait, dès que l'année commence, considérer ce qu'il voudrait accomplir dans les douze prochains mois. De cette manière, il pourra non seulement canaliser ses énergies plus efficacement, mais rester davantage à l'affût des bonnes occasions à saisir. Il devrait également discuter de ses idées avec son entourage. Dans certains cas, celui-ci pourrait lui venir en aide de façon inattendue. L'année peut certes être profitable, mais ce n'est pas le moment pour le Coq de faire bande à part.

Les perspectives au travail sont particulièrement favorables et tout Coq encore déçu du peu de progrès réalisé ces derniers temps ou qui se sent insatisfait dans son emploi actuel peut profiter d'excellentes nouvelles possibilités. Ceux qui travaillent dans des sociétés relativement imposantes pourraient constater que leur expérience et leur savoir spécialisé sont enfin mis à profit. Si des possibilités d'avancement ou une mutation dans un autre service se présentent, ils seront bien placés pour en profiter. C'est très certainement une année où le Coq doit faire avancer sa carrière.

Si les occasions sont limitées dans son emploi actuel ou s'il est mûr pour un important changement, là encore, c'est une excellente année pour sonder les possibilités. En vérifiant les ouvertures, en se renseignant et en donnant suite aux postes vacants, de nombreux Coqs pourraient trouver un poste idéal et, par là même, donner un nouveau souffle à leur carrière.

Les perspectives sont également favorables pour les Coqs qui cherchent du travail. L'obtention d'un poste peut demander un effort soutenu, et les démarches, en décourager plus d'un par moments. Toutefois, si le Coq met un soin particulier à remplir ses demandes d'emploi et à se présenter sous un beau jour pour son entrevue, s'il se renseigne sur la société et sur les exigences, il aura de bonnes chances de décrocher un poste qui sera avantageux à long terme. Un élément clé de l'année du Dragon est d'ouvrir des possibilités qui conviennent bien au Coq. La période de février au début d'avril et les mois de juin et de novembre pourraient présenter des développements encourageants au travail. Toutefois, les perspectives étant ce qu'elles sont, des possibilités pourraient survenir presque à tout moment et le Coq devra rester à l'affût.

Même s'il aura fort à faire au cours de l'année, il doit aussi s'accorder du temps pour ses loisirs. Cela lui permettra de se détendre tout en profitant possiblement de moments de bonheur. En particulier s'il s'adonne à des activités de création, le Coq pourrait s'amuser grandement à poursuivre certaines idées. Au cours de cette année active, il doit se permettre de faire des choses qu'il aime au lieu de s'affairer continuellement.

Il appréciera également les occasions sociales qui se présentent au cours de l'année, en particulier celles en lien avec ses intérêts personnels, et prendra souvent plaisir à socialiser, à sortir et à participer à des événements. Les perspectives pour les histoires de cœur sont également bonnes. Les liaisons existantes vont souvent s'approfondir alors qu'un bon nombre de Coqs sans attaches vont faire une rencontre importante. Cupidon va décocher de nombreuses flèches en direction du Coq cette année et la période s'annonce stimulante et bien remplie. Les mois d'avril, de juillet, d'août et de décembre pourraient donner lieu à la plus forte activité sociale, quoique le Coq aura de quoi s'occuper tout au long de l'année.

Il y aura également un bon niveau d'activité dans sa vie familiale et il faudra établir une bonne communication et une grande disponibilité à partager les tâches ménagères. Même si l'année s'annonce chargée, il y aura des réalisations personnelles à souligner, dont, dans certains cas, un agrandissement de la famille et des activités communes à partager. Toutefois, les projets concrets pourraient engendrer davantage de perturbations que prévu. De plus, un projet peut souvent en faire apparaître un autre. On procédera à des améliorations dans bien des foyers tenus par des Coqs cette année, et le Coq devra se préparer aux chambardements que cela occasionnera.

Les progrès réalisés au travail cette année peuvent l'aider financièrement, cependant, et cela sera souvent une motivation suffisante pour le convaincre d'aller de l'avant avec divers projets et achats qu'il envisage depuis un bon moment. Si possible, il devrait se faire une réserve pour des vacances pendant l'année, car il pourrait y prendre un plaisir tout particulier. Par ailleurs, s'il peut utiliser toute amélioration de sa situation financière pour réduire ses dettes ou économiser pour des besoins particuliers, il se félicitera plus tard pour sa prévoyance. Avec une gestion réfléchie, il peut s'en tirer plutôt bien cette année.

En général, l'année du Dragon renferme beaucoup de possibilités pour le Coq et il aura la chance de briller. Il a du style, de la présence et de l'énergie et c'est le moment pour lui d'aller de l'avant avec détermination et de profiter des occasions. Il jouira d'un bon soutien dans nombre de ses entreprises et ses relations avec les autres seront souvent privilégiées. C'est une année qui peut renfermer de belles réussites méritées pour lui.

## Le Coq de Métal

Le Coq de Métal aura vécu beaucoup d'événements ces dernières années et c'est pendant l'année du Dragon que certains de ses efforts vont rapporter. L'année sera réussie et enrichissante pour lui et, grâce aux perspectives également favorables pendant l'année du Serpent qui suivra, cette période de sa vie peut s'avérer particulièrement profitable.

Au moment où commence l'année du Dragon, le Coq de Métal serait avisé de réfléchir à sa situation actuelle et de déterminer ce qu'il veut maintenant accomplir. En sondant les possibilités, il va non seulement confirmer la nature progressiste de l'année, mais se donner un objectif à atteindre.

Dans son travail, les perspectives sont particulièrement encourageantes. Avec son expérience et ses connaissances considérables, il sera souvent en excellente posture pour progresser. En se tenant bien renseigné et à l'affût des occasions, bon nombre de Coqs de Métal vont monter en grade pendant l'année ou obtenir une mutation auprès d'un autre employeur. Comme beaucoup le constateront, leur réputation les devancera et leur permettra de faire progresser leur carrière.

Pour les Coqs de Métal qui souhaitent un changement ou qui cherchent du travail, l'année du Dragon peut là encore renfermer des développements prometteurs. En réfléchissant à ce qu'ils souhaitent faire à présent et en parcourant les possibilités, ces Coqs de Métal peuvent profiter d'occasions importantes. Leur persévérance et leur confiance en eux triomphera souvent de l'adversité et ils seront récompensés par un poste qu'ils pourront utiliser comme tremplin pour l'avenir. La période de février au début d'avril et les mois de juin et de novembre pourraient donner lieu à des occasions en or.

L'année du Dragon est un moment qui peut engendrer de nouvelles tendances et modes qui se propageront rapidement. Si le Coq de Métal y trouve son compte ou s'il pense pouvoir en bénéficier, il devrait y donner suite. Cela pourrait être en lien avec la condition physique, les nouveaux produits, la haute technologie ou un sujet d'intérêt pour lui. En restant à l'affût et en étant prêt à donner suite à ses idées, le Coq de Métal peut tirer une grande valeur des activités qu'il entreprend dans l'année du Dragon.

Vu les perspectives favorables, tout Coq de Métal qui apprécie les activités de création devrait accorder plus d'importance à ses talents et faire la promotion de ses productions, s'il y a lieu. Son approche et son style pourraient susciter une réaction positive.

Certains Coqs de Métal pourraient également réussir à rentabiliser un intérêt personnel ou un passe-temps. Si on ajoute l'augmentation possible de ses revenus attribuable à son avancement professionnel, l'année peut être financièrement favorable. Pour en profiter au maximum, le Coq de Métal doit toutefois contrôler ses dépenses et faire des provisions pour tout achat ou dépôt important. C'est une année où un budget adéquat peut faire une énorme différence dans sa situation.

Grâce à sa nature active et sociable, le Coq de Métal connaît beaucoup de monde et peut encore une fois compter sur une vie sociale souvent occupée. Il aura la chance de faire beaucoup de nouvelles rencontres cette année, dont certaines deviendront de bons amis. Pour ceux qui sont sans attaches, une rencontre inattendue peut mener à une liaison qui, dans certains cas, apportera un changement fondamental. Le mois d'avril, la période de juillet au début septembre et le mois de décembre pourraient être les plus socialement actifs.

Sur le plan familial aussi, beaucoup de choses vont arriver en 2012 et des rêves de longue date pourraient se réaliser. Pour les Coqs de Métal en couple, l'année s'annonce pleine et stimulante. Bon nombre pourraient voir la famille s'agrandir et choisir de changer de logement, ou fêter une réussite personnelle ou professionnelle. Certains pourraient décider de se marier, entre autres aspects joyeux de l'année.

Le Coq de Métal sera également encouragé par le soutien des autres. Ils seront nombreux à le pousser à maximiser son potentiel et à bien le conseiller. Au cours de l'année, il devrait accepter cette aide et écouter les conseils. En retour, il aura lui aussi l'occasion d'encourager et d'aider de nombreuses personnes de son entourage.

Même si tant de choses lui sont favorables cette année, il y a une précaution qui s'impose : les événements qui foisonnent, un style de vie affairé et de grosses journées suivies parfois de longues soirées feront en sorte que le Coq de Métal doit se réserver du temps pour se reposer et récupérer. Se surmener, lésiner sur l'exercice ou mal s'alimenter pourrait exiger son tribut et entraîner des maladies mineures. Pour garder la forme, il doit s'occuper de sa personne. À tous les Coqs de Métal, prenez note.

Globalement, l'année du Dragon est un temps de grandes possibilités personnelles pour le Coq de Métal et s'il mise sur ses forces et sur son expérience, il peut compter sur des progrès importants et savourer des réussites méritées (qui ont parfois mis du temps à venir). En 2012, il devrait agir avec détermination et ne pas gaspiller son temps. Il peut également vivre de grands bonheurs dans sa vie personnelle, qui rendront cette année favorable d'autant plus spéciale.

## Conseil pour l'année

Prenez l'initiative et réalisez vos rêves. Donnez suite à vos idées et *maintenez votre détermination.* C'est un bon temps pour réussir, mais vous devez provoquer l'événement. Grâce à votre expérience et à votre enthousiasme, et avec le soutien des autres, vous avez beaucoup de choses en votre faveur et c'est le moment d'en profiter. Bonne chance.

## Le Coq d'Eau

Pour le Coq d'Eau, c'est une année remplie d'occasions qui lui donnera la chance d'ajouter à son expérience et de profiter d'une vie mondaine souvent agréable. Certains développements pendant l'année peuvent prendre une tournure bizarre, mais le Coq d'Eau profitera de ses nombreuses activités et celles-ci peuvent avoir des retombées importantes.

Pour les nombreux Coqs d'Eau aux études qui commencent de nouveaux cours cette année, possiblement loin de la maison familiale pour la première fois, c'est un moment qui peut être aussi redoutable que stimulant. Il y aura des ajustements à faire et de nouvelles routines à roder, sans compter les exigences de nouveaux sujets à maîtriser. Qu'à cela ne tienne, en gardant bien en vue les avantages de leurs études, ces Coqs d'Eau vont bientôt plonger dans ce qu'ils ont à faire et s'installer dans leur nouvelle situation.

C'est une année aux possibilités multiples pour le Coq d'Eau et, avec une approche volontaire, il constatera que les portes vont s'ouvrir pour lui. Que ce soit par l'apprentissage de nouveaux sujets, la poursuite de nouveaux intérêts ou la prise en compte de nouvelles orientations professionnelles, il trouvera l'année instructive et inspirante.

Pour les Coqs d'Eau déjà employés, c'est également un temps d'importants développements. Ces Coqs d'Eau seront souvent encouragés à assumer de plus grandes responsabilités et recevront des formations d'appoint ainsi que des tâches supplémentaires. Dans certains cas, des mutations de personnel pourraient ouvrir des postes qui leur conviennent. Presque tous les Coqs d'Eau vont vivre des changements cette année et auront la chance de progresser.

Les perspectives sont également encourageantes pour les Coqs d'Eau qui cherchent du travail. Les événements ici pourraient prendre une tournure inusitée. En restant à l'affût des postes vacants, bon nombre de ces Coqs d'Eau pourraient dénicher un travail qu'ils n'avaient pas envisagé auparavant mais qui conviendra parfaitement à leur personnalité et à leurs qualités personnelles. Certains pourraient constater qu'ils sont admissibles à une formation, ou décideront de suivre un stage d'apprentissage. Peu importe ce que le Coq d'Eau décide de faire, s'il cherche activement un emploi, il aura de bonnes chances de progresser professionnellement. La période de février au début d'avril et les mois de juin et de novembre pourraient renfermer des possibilités prometteuses. Par ailleurs, ceux qui vivent un changement tôt dans l'année pourraient voir d'autres occasions se présenter dans le dernier trimestre. Les années du Dragon avancent à pas rapides et sont bien remplies.

Grâce à sa nature sociable, le Coq d'Eau entretient de bonnes relations avec beaucoup de gens et il fera beaucoup de nouvelles rencontres au cours de l'année. Les Coqs d'Eau au travail vont non seulement devenir des joueurs appréciés dans l'équipe, mais vont nouer des amitiés sincères parmi leurs collègues. De la même façon, ceux qui se retrouvent dans un nouvel environnement cette année, possiblement pour des études à l'université ou en raison d'un déménagement pour le travail, vont prendre plaisir à se constituer un nouveau cercle d'amis. Le style du Coq d'Eau, son empathie et ses intérêts variés en font un personnage en demande et l'année du Dragon sera fort occupée socialement. Pour certains, l'excitation d'un intérêt amoureux pourrait s'y ajouter. Le mois d'avril, la période de juillet au début septembre et le mois de décembre pourraient être les plus socialement actifs.

Même si les perspectives sont encourageantes, certains Coqs d'Eau commenceront l'année dans un état d'insatisfaction, ou esseulés, et dans un dilemme à propos de ce qu'il faut faire. Pour ces

Coqs d'Eau, l'année du Dragon peut marquer un tournant. En prenant la résolution d'agir, en sondant les possibilités et en prenant contact avec les centres d'aide s'il y a lieu, ils peuvent commencer à provoquer les changements qu'ils souhaitent. Cela exigera certes un effort, mais celui-ci en vaut largement la peine.

En raison de ses intérêts, de sa vie mondaine et de ses frais de subsistance, le Coq d'Eau aura à composer avec de nombreuses pressions financières et devra bien gérer son argent. Par ailleurs, s'il prend un nouvel engagement, il devrait vérifier les conditions et les obligations qui s'y rattachent. En matière de finances, la rigueur est de mise. Pour les Coqs d'Eau qui sont aux études, il pourrait y avoir une occasion de suppléer à leurs moyens par un emploi occasionnel. Cela les aidera financièrement en plus de leur fournir une bonne expérience de travail.

Les perspectives sont positives pour les intérêts personnels. Que ce soit pour participer à des événements, exploiter des idées ou perfectionner des compétences, le Coq d'Eau aura à la fois le temps et l'occasion de réaliser beaucoup de choses. Ses activités vont également comporter un élément social dans bien des cas. Certains Coqs d'Eau vont peut-être aussi adopter un nouvel intérêt ou loisir au cours de l'année. C'est le temps de faire place aux occasions et à l'innovation.

Avec tout ce qui arrivera au Coq d'Eau cette année, il aura souvent l'occasion d'apprécier le soutien et l'aide de ses proches. Les membres de sa famille et ses amis de longue date vont suivre ses progrès avec intérêt tout en lui prodiguant des conseils au besoin. Les enjeux importants de certaines décisions feront en sorte que le Coq d'Eau devra discuter de ses idées et de ses options avec son entourage. Tout le monde y gagnera. Par ailleurs, même si le Coq d'Eau sera souvent très affairé pendant l'année, toute aide qu'il peut offrir à d'autres, y compris dans l'exécution des tâches ménagères, sera très appréciée.

Globalement, il se passera beaucoup de choses dans l'année du Dragon, à tel point qu'on pourrait la considérer comme un nouveau chapitre dans la vie du Coq d'Eau. Que ce soit aux études ou au travail, il aura des occasions de perfectionner ses compétences et démontrer son potentiel. Un certain effort et degré d'engagement sera requis, mais ce que le Coq d'Eau accomplit maintenant aura des retombées pendant l'année et souvent dans l'avenir. Sur le plan personnel aussi, l'année s'annonce agréable et satisfaisante.

## Conseil pour l'année

Restez ouvert aux possibilités. C'est une période qui évolue rapidement et en profitant le plus possible des occasions qui vous sont offertes, vous pouvez progresser beaucoup. Ce que vous entreprenez maintenant vous servira souvent à plus long terme. C'est une excellente année pour vous. Profitez-en bien.

## Le Coq de Bois

Le Coq de Bois a une nature très pratique. Il est tourné vers l'avenir et aime planifier et s'impliquer à fond dans ses activités. Il est rarement complètement désœuvré, et l'année du Dragon promet d'être pleine et enrichissante pour lui.

Au cours de l'année, il devra porter attention à plusieurs aspects de sa vie. Le logement est un de ceux-ci. Il va faire le nécessaire avec beaucoup d'énergie pour refaire la décoration, classer et ramasser les traîneries ou remplacer certains objets. Il aimera faire des choix et aussi admirer les résultats. Cependant, de nombreux Coqs de Bois vont découvrir qu'un projet mène souvent à un autre ! Le Coq de Bois voudra s'occuper de tout lui-même, mais si ses projets comportent des éléments dangereux ou exigent un effort trop vigoureux, il devrait prendre des précautions ou demander l'aide d'un professionnel. C'est effectivement une année pour faire des activités pratiques et concrètes, mais pas pour prendre des risques.

Avec toute l'attention que l'on porte à la maison, certains Coqs de Bois pourraient également trouver que c'est un bon temps pour déménager, non seulement pour trouver un logement plus approprié à leurs besoins, mais pour s'installer dans un secteur qu'ils privilégient depuis longtemps. L'année du Dragon est très certainement une année active et grâce à ses idées, le Coq de Bois pourrait accomplir beaucoup de choses dans sa vie familiale.

En plus des activités pratiques, le Coq de Bois va grandement apprécier le fait de fréquenter les membres de sa famille. Il y aura des événements à suivre, des nouvelles à partager et des réalisations à fêter. Le Coq de Bois sera souvent ravi de pouvoir donner son temps et ses conseils à ses proches et son soutien pourrait être davantage apprécié qu'il ne le pense.

Les bonnes occasions de voyage ne manqueront pas non plus au cours de l'année et si le Coq de Bois reçoit une invitation à coucher ou découvre une idée de vacances qui lui plaît particulièrement, il devrait y donner suite. Du temps passé à l'extérieur avec ses proches peut lui apporter beaucoup de bonheur. Là encore, c'est très largement une question de profiter au maximum des occasions cette année.

Un autre domaine qui peut donner une grande satisfaction au Coq de Bois est celui des intérêts personnels. C'est un temps favorable à la créativité et à l'esprit d'entreprise, et le Coq de Bois pourrait prendre plaisir à essayer de nouvelles idées, à poursuivre certains intérêts plus à fond ou à s'impliquer dans de nouvelles activités.

Il pourrait également y avoir des développements favorables dans sa vie sociale. Certains Coqs de Bois vont décider de se joindre à une activité ou à un groupe dans leur communauté au cours de l'année et vont non seulement apprécier la chance de rencontrer des gens, mais vont s'impliquer à fond dans les activités. C'est un temps favorable à l'implication et au partage.

Le Coq de Bois va également apprécier son cercle d'amis intimes et la chance de discuter avec ses bonnes connaissances. Une amitié en particulier pourrait s'avérer très importante pour l'appuyer cette année. Pour les esseulés et ceux qui sont sans attaches, l'année du Dragon renferme des possibilités amoureuses. Les mois d'avril, de juillet, d'août et de décembre pourraient donner lieu à la plus forte activité sociale, mais à tout moment de l'année, le Coq de Bois aura des choses intéressantes à faire et des événements pour le stimuler.

Les perspectives financières sont plutôt favorables, mais il doit faire des provisions adéquates pour ses projets et ses achats coûteux et gérer son budget avec rigueur. Par ailleurs, s'il autorise des travaux, surtout sur sa maison, il devrait vérifier ce qui est inclus et obtenir plusieurs devis. En matière de finances, plus il est consciencieux, mieux c'est.

Un autre domaine qui exigera quelques précautions est celui de son bien-être. Le Coq de Bois devrait user de prudence s'il fait des travaux ardus (y compris le jardinage), par exemple, et devrait porter attention à son régime d'exercice et à son alimentation. Certains Coqs de Bois pourraient profiter des installations récréatives de leur localité pour améliorer leur santé. Ces quelques égards et précautions peuvent faire une différence notable cette année.

En général, l'année du Dragon peut être pleine et intéressante pour le Coq de Bois. Ses nombreuses idées peuvent faire bouger les choses et, avec l'aide de sa famille et de ses amis, il sera satisfait de ce qu'il est capable d'accomplir. Bref, une année enrichissante et satisfaisante.

## Conseil pour l'année

Passez à l'action. Qu'il s'agisse de projets de rénovation à la maison, de la poursuite d'intérêts nouveaux ou anciens, de la participation à des groupes locaux ou de sorties mondaines, vous trouverez que vos activités vous apporteront du plaisir et des bénéfices.

## Le Coq de Feu

Le Coq de Feu possède une grande détermination et s'il se fixe des objectifs à atteindre, il s'y emploiera sans relâche jusqu'à la réalisation de ses buts. Dans l'année du Dragon, sa forte volonté et sa résolution vont lui permettre d'accomplir beaucoup de choses. C'est un temps positif, progressiste et souvent heureux.

Grâce à sa tendance à planifier à l'avance, le Coq de Feu aura déjà, dès le début de l'année, réfléchi à ce qu'il veut réaliser dans les prochains douze mois. Ses projets pourraient concerner le travail, des idées ou des activités qu'il veut poursuivre ou des occasions spéciales dans sa vie familiale. Peu importe où il met ses énergies, en ayant un projet précis en tête, il va non seulement canaliser ses énergies plus efficacement, mais également profiter de quelques occasions en or. C'est une année pour demeurer actif et alerte.

Au travail, les perspectives sont particulièrement encourageantes. Les années du Dragon favorisent l'esprit d'entreprise, et l'expérience souvent vaste du Coq de Feu et sa nature débrouillarde peuvent mener à d'importants succès. L'année du Dragon donnera à bien des Coqs de Feu la chance de prospérer et leurs contributions (et leur loyauté) seront souvent récompensées par une promotion ou une offre d'assumer un rôle plus spécialisé.

La plupart des Coqs de Feu vont demeurer en poste au courant de l'année, mais pour ceux qui seraient tentés par l'aventure, l'année du Dragon peut créer d'excellentes occasions. Certains vont trouver que leur expérience et leurs contacts sont utiles dans leur quête. En demeurant à l'affût, en discutant avec les gens bien informés et en se renseignant sur les ouvertures, ils pourraient se voir offrir un nouveau poste important. Cela peut prendre du temps, mais comme le Coq de Feu l'a si souvent démontré, lorsqu'il s'est mis en tête d'accomplir une tâche, il la mène à terme, et sa détermination et sa confiance en lui vont l'aider à y arriver cette année.

La même chose s'applique aux Coqs de Feu qui sont à la recherche de travail. En demeurant résolus et en misant sur leurs ressources, ils pourraient réussir à obtenir un nouveau poste. Même si celui-ci représente une responsabilité moins importante que souhaitée, c'est souvent une position qui admet de l'avancement. La période de février au début d'avril et les mois de juin et de novembre pourraient présenter des occasions particulièrement bonnes, mais les perspectives sont telles que presque à tout moment, le Coq de Feu aura des idées qui méritent d'être considérées.

Un autre aspect favorable de l'année sera la façon dont le Coq de Feu est en mesure de parfaire son expérience. Surtout dans le cas où il assume un nouveau rôle, il aura une excellente occasion d'apprendre les autres aspects de son métier et de son domaine et d'élargir ainsi ses compétences.

Les perspectives progressistes n'ont pas à se limiter au travail, cependant. S'il a certains intérêts qu'il voudrait approfondir ou aperçoit quelque chose qui retient son attention, il devrait se réserver du temps pour y donner suite. En sondant ses idées, il appréciera grandement ce qu'il est capable d'accomplir. Pour tout Coq de Feu qui commence l'année dans un état d'insatisfaction, il serait avisé de s'adonner à une nouvelle poursuite ou de se fixer un nouveau défi.

Les progrès réalisés par le Coq de Feu au travail peuvent également améliorer sa situation financière. Bon nombre de Coqs de Feu vont augmenter leurs revenus au cours de l'année et certains pourraient recevoir un cadeau, une prime ou un bénéfice d'un bon coup financier. Pour profiter le plus possible de cette amélioration, toutefois, le Coq de Feu pourrait trouver utile d'examiner sa situation actuelle et, si possible, de réduire ses dettes et d'économiser de l'argent pour des projets futurs. Une réflexion approfondie et un contrôle rigoureux des dépenses sont à son avantage.

Grâce à sa nature sociable et à ses intérêts diversifiés, le Coq de Feu entretient de bonnes relations avec bien des gens et il sera encore une fois très en demande au cours de l'année. Son cercle de connaissances est destiné à s'agrandir et les mois d'avril, de juillet, d'août et de décembre verront la plus forte activité sociale.

Les Coqs de Feu qui, pour des raisons personnelles, souhaiteraient améliorer leur vie sociale ou se nouer de nouvelles amitiés (ou une liaison amoureuse) pourraient constater que l'année du Dragon représente une nette amélioration de leur situation. En se renseignant sur les activités dans leur secteur et en sortant davantage, ils peuvent apporter les améliorations qu'ils souhaitent.

La vie familiale du Coq de Feu sera également bien remplie pendant l'année et il y aura des réussites personnelles ou familiales à fêter. Certains Coqs de Feu pourraient devenir grands-parents cette année, en plus de prendre plaisir aux réalisations d'un membre plus jeune de la famille. Il y aura des moments de grande fierté pour bon nombre de Coqs de Feu cette année. De plus, ils apprécieront de pouvoir planifier et entreprendre des projets avec leurs proches. C'est une année qui favorise les efforts concertés.

Même si les perspectives sont favorables, toutefois, toute année comporte son lot de difficultés et celle-ci ne sera pas une exception. Le Coq de Feu prend ses responsabilités au sérieux et il sentira des pressions par moments. Dans de tels cas, il devrait se concentrer sur ses priorités au lieu de disperser ses énergies. Les autres vont le soutenir et il devrait accepter l'aide qu'ils peuvent lui apporter. À tous les Coqs de Feu, rappelez-vous-en.

En raison de la nature active de l'année, le Coq de Feu doit s'assurer de faire des exercices réguliers et de manger sainement. Le fait de négliger son propre bien-être pourrait l'exposer à des maladies mineures. S'il a des inquiétudes à ce sujet, il devrait consulter.

À bien des égards, toutefois, cette année peut être réussie sur le plan personnel pour le Coq de Feu. En prenant l'initiative et en utilisant ses idées et son expérience à bon escient, il pourra faire avancer sa carrière et jouir du succès que cela lui apportera. Ses relations avec les autres vont également être positives et il y aura de bons moments à partager avec ses proches. Dans l'ensemble, les temps sont favorables.

## Conseil pour l'année

Fixez vos objectifs pour l'année, puis passez à l'action. Une fois démarrées, vos activités peuvent prendre de l'ampleur et des possibilités prometteuses peuvent s'ensuivre. Soyez audacieux, soyez entreprenant, ayez confiance en vous et utilisez bien vos qualités personnelles. C'est une année pour progresser… et réussir.

## Le Coq de Terre

Le Coq de Terre aura vécu beaucoup de choses ces dernières années, certaines positives, d'autres décevantes. Au commencement de l'année du Dragon, il se sentira prêt intérieurement à aller de l'avant et se fixera des buts avec une ferme résolution. Heureusement, ses actions vont bien le récompenser.

Les perspectives au travail sont particulièrement favorables. Pour les Coqs de Terre qui sont bien établis dans une profession, c'est une année où ils peuvent porter leur carrière à un autre niveau. Des ouvertures pourraient parfois se présenter lorsque les collègues plus expérimentés laissent leur place ou lorsqu'une restructuration est effectuée. Avec son expérience et sa réputation, le Coq de Terre aura souvent les compétences qu'il faut et sera prêt à assumer un plus grand rôle. La tournure des événements peut parfois surprendre. La promotion ou le nouveau poste ne correspondront peut-être pas aux attentes du Coq de Terre. Toutefois, en se montrant à la hauteur, il va rapidement plonger dans son nouveau rôle.

Pour les Coqs de Terre qui estiment que les possibilités sont actuellement limitées, et pour ceux qui cherchent du travail, l'année du Dragon peut là encore apporter d'importants développements. En réfléchissant longuement à ce qu'ils veulent faire maintenant et en consultant les organismes pertinents, ils peuvent trouver des possibilités prometteuses à considérer. Là encore, ces Coqs de Terre devront faire preuve de flexibilité. Même si les postes souhaités ne sont pas disponibles dans l'immédiat, en remplissant des demandes d'emploi et en maintenant leur résolution, bon nombre vont décrocher un poste dans un nouveau domaine. La période de février au début d'avril, celle de juin à la mi-juillet et le mois de novembre pourraient donner lieu à des développements prometteurs.

Les progrès réalisés au travail vont apporter une amélioration de leur situation financière et certains Coqs de Terre vont bénéficier d'une source additionnelle de revenu, peut-être en exploitant une idée, en trouvant un travail d'appoint ou en acceptant un cadeau. Malgré les perspectives financières prometteuses, le Coq de Terre devra toutefois bien gérer son argent. En raison de ses engagements courants et des projets et achats qu'il envisage, il devra faire des provisions à l'avance pour les dépenses plus importantes. Par ailleurs, s'il envisage de faire une transaction importante, il devrait vérifier les conditions et les obligations qui s'y rattachent et comparer les options disponibles. L'année est certes favorable, mais là où des conséquences financières sont en jeu, ce n'est pas le moment de se précipiter ou d'être négligeant. À tous les Coqs de Terre, prenez note et, si nécessaire, prenez le temps d'obtenir des conseils appropriés.

Les possibilités de création cette année sont un élément qui apportera de la satisfaction. Que ce soit pour mettre ses idées de l'avant au travail ou pour poursuivre un intérêt personnel, c'est un temps inspirant pour le Coq de Terre qui lui permettra de faire bon usage de ses talents particuliers.

Avec toutes les activités prévues cette année, toutefois, il doit garder un équilibre et se donner du temps pour le repos et la détente. De plus, pour être au meilleur de sa forme, il doit faire attention à son alimentation et à son régime d'exercices et chercher des conseils au besoin s'il y a place à l'amélioration. Avec tout le potentiel que l'année du Dragon renferme pour lui, il se doit d'être à son meilleur.

Sa vie sociale affichera également une recrudescence d'activité cette année et, avec ses talents de communicateur, il prendra un plaisir particulier aux conversations, surtout lorsqu'il discute des événements et des idées. Certaines discussions pourraient l'inspirer tout particulièrement et lui donner de nouvelles possibilités à envisager. Pour tout Coq de Terre à l'affût d'une nouvelle amitié ou d'une liaison, l'année du Dragon peut également lui apporter de merveilleuses occasions. Le mois d'avril, la période de la fin juin à août et le mois de décembre pourraient être les plus socialement actifs, mais sur le plan personnel, bon nombre de Coqs de Terre vont être très sollicités tout au long de l'année.

La vie familiale du Coq de Terre sera également bien remplie, avec quelques changements en vue. En raison de l'évolution de sa situation professionnelle ou de celle de son partenaire, il pourrait y avoir quelques accommodements à faire. Avec une bonne collaboration, toutefois, de nouvelles routines peuvent être rapidement instaurées et, dans certains cas, entraîner des avantages inattendus. Le Coq de Terre appréciera les rapports souvent privilégiés qu'il entretient avec ses proches et quelques occasions familiales mémorables pourraient avoir lieu. La vie familiale du Coq de Terre constitue un autre aspect positif de cette année souvent déterminante.

Dans l'ensemble, l'année du Dragon renferme de grandes possibilités pour le Coq de Terre. En mettant ses idées de l'avant et en misant sur son expérience et sur ses qualités personnelles, il peut faire d'importants progrès au travail et avoir quelques réussites personnelles. En 2012, il sera grandement favorisé et l'année sera excellente et satisfaisante.

## Conseil pour l'année

C'est une année au potentiel énorme. Bien que vous soyez favorisé, toutefois, essayez de garder votre équilibre de vie et réservez du temps pour vos proches et pour profiter de vos réussites.

# Des Coqs célèbres

Gilles Archambault, Javier Bardem, Jean-Paul Belmondo, Dan Bigras, Cate Blanchett, Joe Bocan, Michel-Marc Bouchard, Raymond Bouchard, Georges Brassens, Geneviève Brouillette, Michael Caine, Enrico Carruso, Jean Chrétien, Eric Clapton, Joan Collins, Daniel Day-Lewis, Yves Desgagnés, Clémence DesRochers, Sacha Distel, Gloria Estefan, William Faulkner, Mohamed Al-Fayed, Roger Federer, Errol Flynn, Benjamin Franklin, Catherine Frot, Steffi Graf, Melanie Griffith, Richard Harris, Goldie Hawn, Katherine Hepburn, Marc Hervieux, Michael Heseltine, Paris Hilton, Michaëlle Jean, Diane Keaton, Søren Kierkegaard, Catherine Lara, Robert Lepage, W. Somerset Maugham, Yves Montand, Van Morrison, Willie Nelson, Yoko Ono, Chantal Petitclerc, Michelle Pfeiffer, Roman Polanski, Natalie Portman, Priscilla Presley, Nancy Reagan, Maurice Richard, Joan Rivers, Geneviève Rochette, Gisèle Schmidt, George Segal, Carly Simon, Britney Spears, Natasha St-Pier, Johann Strauss, Mara Tremblay, Sir Peter Ustinov, Richard Wagner, Serena Williams, Nanette Workman, Nikki Yanovsky, Neil Young, Catherine Zeta-Jones.

# Le Chien

# La personnalité du Chien

*Mes valeurs et mes croyances*
*sont mes guides*
*dans un monde en changement perpétuel.*

Le Chien naît sous les signes de la loyauté et de l'inquiétude. Il est ferme dans ses principes et c'est un être aux opinions arrêtées. Défenseur de toutes les bonnes causes, il abhorre toute forme d'injustice et ne ménage rien pour venir en aide aux moins choyés que lui. Sa bonne foi et sa probité ne se démentent jamais.

Le Chien est direct et s'exprime sans détour. Comptez sur lui pour aller droit au but, car il déteste l'équivoque. Entêté à l'occasion, il donne cependant aux autres la chance d'exposer leurs vues ; il se veut aussi équitable que possible dans ses décisions. Libéral de ses conseils, il sera le premier à offrir ses services en cas de besoin.

Le Chien inspire confiance en toutes circonstances, et nombreux sont ceux qui admirent son intégrité et son approche résolue. C'est un excellent psychologue : en un clin d'œil, il arrive à se former une impression très juste des personnes qu'il rencontre. Grâce à son intuition, il prévoit souvent la tournure des événements.

Alors que son abord amical et chaleureux pourrait laisser croire que le Chien est très sociable, en fait il déteste les réceptions mondaines et les grands groupes ; il leur préfère les repas entre amis et les entretiens au coin du feu. Avec lui, la conversation ne languit jamais, et souvent il la pimente d'anecdotes ou d'histoires amusantes livrées avec l'art du raconteur. Il a la repartie vive et l'esprit toujours en éveil.

Le Chien sait rester calme dans les moments critiques et, bien qu'il soit tout sauf tiède, ses colères sont généralement de courte durée. Constant dans ses affections, c'est un être à qui l'on peut se fier. Toutefois, si jamais il se sent trahi ou rejeté, attention : il a la mémoire longue et le pardon difficile !

En ce qui concerne ses champs d'intérêt, ils ont tendance à être très ciblés. Ainsi préfère-t-il se spécialiser pour devenir expert dans un domaine particulier, car il n'a rien du touche-à-tout. Étant donné son grand souci des autres, les professions où prime l'élément humain, comme le service social, la médecine, le droit ou l'enseignement, lui conviennent en général très bien. Il a toujours besoin d'un but précis vers lequel orienter ses efforts, sans quoi il risque de végéter sans accomplir rien qui vaille. Cependant, une fois qu'il sait où canaliser son ardeur, peu d'obstacles lui résistent.

Le Chien est facilement inquiet et porte sur les choses un regard plutôt pessimiste. Bien souvent, ses craintes sont sans fondement. En fait, il est lui-même son propre bourreau ; mieux vaudrait qu'il essaie de se défaire de cette tendance qui lui nuit.

Il n'est ni matérialiste ni particulièrement motivé à amasser une grande fortune. Du moment qu'il réussit à bien faire vivre sa famille, et qu'il peut s'offrir un peu de superflu à l'occasion, il est satisfait. Si d'aventure il se retrouve avec un surplus d'argent, il a tendance à dépenser sans compter et quelquefois sans discernement. Peu doué pour les opérations financières, il serait préférable qu'il consulte des experts avant de s'engager dans un investissement à long terme.

En dépit de ses grandes qualités, le Chien n'est pas toujours facile à vivre. D'humeur changeante, il se montre exigeant envers lui-même comme envers les autres, mais le bien-être des siens passe toujours en premier et il ne ménage rien pour le leur assurer. Il s'entend particulièrement bien avec les natifs du Cheval, du Cochon, du Tigre et du Singe, et peut également connaître une relation harmonieuse avec le Rat, le Bœuf, le Lièvre, le Serpent ou un autre Chien. Par contre, le Dragon se révèle souvent trop flamboyant à son goût, tandis que la Chèvre, imaginative, le déconcerte, et que le Coq, naïf, l'irrite au plus haut point.

La femme Chien est reconnue pour sa beauté. Chaleureuse et bienveillante de nature, elle se montre toutefois secrète et réservée avec ceux qu'elle connaît peu. Son intelligence est remarquable, et elle cache facilement, sous des dehors calmes et tranquilles, une ambition considérable. C'est une sportive qui aime la vie au grand air. On la qualifie fréquemment de dénicheuse d'aubaines : son flair pour les bonnes affaires est étonnant. Elle s'impatiente facilement lorsque les événements ne se déroulent pas à sa guise.

En général, le Chien sait s'y prendre avec les enfants, et son dévouement ainsi que sa nature affectueuse en font un bon parent. Rarement est-il plus heureux que lorsqu'il se sent utile, que ce soit à l'égard d'une personne ou de la société. Si seulement il parvient à moins s'inquiéter, il trouvera que la vie lui réserve de grandes satisfactions, entre autres celles d'être entouré de bons amis et de semer le bien autour de lui.

# Les cinq types de Chiens

Aux douze signes du zodiaque chinois viennent s'ajouter cinq éléments qui les renforcent ou les tempèrent. Les effets de ces cinq éléments sont décrits ci-après, accompagnés des années au cours desquelles ils exercent leur influence. Ainsi, les Chiens nés en 1910 et en 1970 sont des Chiens de Métal, ceux qui sont nés en 1922 et en 1982, des Chiens d'Eau, etc.

## Le Chien de Métal (1910, 1970)

Le Chien de Métal est audacieux, direct et sûr de lui. C'est avec une grande détermination qu'il entreprend tout ce qu'il fait. Confiant quant à ses capacités, il n'hésite pas à se prononcer ou à défendre une cause qui lui tient à cœur. Il semble parfois austère, et les contretemps qui surviennent sont prompts à l'irriter. Ses champs d'intérêt ont tendance à être très circonscrits : en diversifier l'éventail et participer davantage à des activités de groupe serait tout à son profit. En amitié, il est d'une loyauté qui ne se dément pas.

## Le Chien d'Eau (1922, 1982)

Le Chien d'Eau a une personnalité franche et extravertie. Il possède un réel talent de communicateur et persuade aisément les autres de se rallier à ses plans. Toutefois, on ne peut nier sa nature quelque peu insouciante ; il lui arrive en effet de manquer de discipline ou de rigueur en certains domaines. D'une grande générosité à l'égard de sa famille et de ses amis, il aime s'assurer qu'ils ne manquent de rien, mais il contrôle parfois mal ses dépenses. Le Chien d'Eau a un don avec les enfants et il jouit d'un large cercle d'amis.

## Le Chien de Bois (1934, 1994)

Le Chien de Bois a tout du travailleur acharné et consciencieux. Il fait bonne impression partout où il va. Moins indépendant que les autres types de Chiens, il préfère le travail en équipe au travail solitaire. Il jouit d'une grande popularité et possède un excellent sens de l'humour ; il s'intéresse avidement aux activités de son entourage. Amateur de raffinement, c'est avec une âme de collectionneur qu'il s'intéresse aux tableaux, aux meubles anciens, aux timbres ou à la monnaie. S'il a le choix, il préfère généralement vivre à la campagne plutôt qu'en ville.

## Le Chien de Feu (1946, 2006)

Le Chien de Feu possède une nature démonstrative et il se lie d'amitié avec une étonnante facilité. C'est un travailleur honnête et consciencieux, qui aime prendre une part active à tout ce qui se passe autour de lui. Les idées nouvelles aiguisent sa curiosité et, bien épaulé par l'appui et les conseils de son entourage, il trouvera souvent le succès là où d'autres ont échoué. Notons toutefois chez lui une certaine tendance à l'entêtement; s'il arrive à la maîtriser, par ailleurs, rien ne devrait empêcher le Chien de Feu de connaître fortune et renommée.

## Le Chien de Terre (1958)

Le Chien de Terre est talentueux et plein d'astuce. L'esprit de méthode et l'efficacité qu'il déploie au travail font qu'il peut aller loin dans la profession qu'il choisit. Plutôt calme et réservé, d'apparence habituellement très soignée, il est très persuasif et sait arriver à ses fins sans trop susciter d'opposition. C'est un être bon et généreux, toujours prêt à aider ses semblables et qui jouit de l'estime de ses collègues et amis.

# Perspectives pour le Chien en 2012

L'année du Lièvre (du 3 février 2011 au 22 janvier 2012) est généralement favorable pour le Chien et les derniers mois vont être bien occupés.

Le Chien a une nature loyale et authentique et pendant toute l'année du Lièvre, beaucoup de gens auront apprécié sa gentillesse. Les années du Lièvre sont très favorables aux histoires de cœur. Les possibilités amoureuses en cette fin d'année seront excellentes pour ceux qui sont sans attaches, alors que pour ceux qui viennent de commencer une liaison, la relation va souvent s'approfondir.

Il y aura également une intensification des occasions sociales dans cette période et le Chien va prendre plaisir à renouer avec d'anciennes connaissances et à participer à des événements de marque.

C'est également une période enrichissante à la maison. Les proches vont apporter leur soutien, et des surprises ou des nouvelles de la famille sont possibles vers la fin de l'année. La question du logement pourrait être soulevée à cette époque.

Pendant l'année du Lièvre, de nombreux Chiens auront eu l'occasion de réaliser des progrès dans leur travail. Les derniers mois pourraient demander plus de flexibilité, le temps de s'ajuster aux nouvelles charges de travail et aux routines, mais la période peut également s'avérer productive. Pour les Chiens qui sont à la recherche d'un travail ou d'un changement, la période de la fin septembre à la fin octobre pourrait présenter des possibilités prometteuses.

Globalement, l'année du Lièvre aura amené de bonnes occasions pour le Chien et en les saisissant, il aura fait de bons progrès pendant l'année.

L'année du Dragon commence le 23 janvier et sera variable pour le Chien. Ces derniers sont prévoyants et préfèrent voir venir et planifier à l'avance. Ils ne sont pas du genre à agir impulsivement ou à s'adapter adéquatement aux changements soudains, et cela correspond justement à la façon de faire de l'année du Dragon. Celle-ci peut être mouvementée et rapide, et la succession d'événements va préoccuper de nombreux Chiens. Même si l'année peut être exigeante, toutefois, elle peut faire ressortir les qualités personnelles et offrir de bonnes leçons.

Une des caractéristiques principales du Chien est sa nature consciencieuse. Il est préoccupé par ce qu'il fait et prend ses responsabilités au sérieux. Puisqu'il est si attentionné, cependant, il peut également se faire du mauvais sang. Durant l'année du Dragon, s'il se sent préoccupé ou sous pression, il doit en parler à d'autres. Comme le dit le dicton : « Une inquiétude partagée est une inquiétude moindre. » Si le Chien accepte de partager ses inquiétudes, il pourra mieux les mettre en perspective et recevra du soutien. Il ne devrait pas avoir à se sentir seul cette année car les gens de son entourage sont nombreux à pouvoir l'écouter.

Dans son travail, il fera souvent face à des pressions accrues. D'abord, sa propre charge de travail pourrait subitement augmenter. Ensuite, la bureaucratie, les pénuries de personnel ou l'instauration de nouvelles procédures pourraient compliquer sa tâche. Peu importe les exigences qu'une partie de l'année lui réserve, toutefois, la meilleure option pour le Chien est de s'atteler à la tâche et de faire de son mieux. Dans l'incertitude qui règne, il sera perçu comme fiable et cela sera apprécié.

Par ailleurs, même s'il n'est pas réjoui par certaines initiatives, le Chien peut en bénéficier. De nouveaux postes pourraient être créés ou il pourrait avoir la chance de travailler dans une autre fonction. Malgré ses réticences, le Chien ne doit pas résister au changement car celui-ci sera souvent à son avantage à long terme.

Même si les conditions ne sont pas idéales cette année, bon nombre de Chiens vont demeurer avec leur employeur actuel et auront la chance de changer leur rôle. Pour ceux qui décident de quitter ou qui cherchent du travail, l'année du Dragon peut être exigeante. D'abord, la concurrence sera féroce. Ensuite, les ouvertures pourraient être limitées. Malgré tout cela, le Chien a aussi la qualité d'être tenace. S'il reste à l'affût et s'il se met de l'avant, il aura finalement gain de cause. Par ailleurs, l'année pourrait réserver des surprises. Même si certains Chiens ne se font pas offrir le poste qu'ils cherchaient au départ, ce qui arrive cette année peut mettre leur carrière sur une nouvelle trajectoire prometteuse. Les tribulations de l'année du Dragon peuvent receler des avantages cachés. Le mois de mars et la période d'août à octobre pourraient créer des possibilités prometteuses.

Côté finances, le Chien devra être prudent. Lorsqu'il fait des achats importants, il devrait s'assurer que ses besoins sont pleinement satisfaits et examiner les conditions et les conséquences. S'il y a des incertitudes, il devrait demander des clarifications. De la même façon, lorsqu'il fait des achats au magasin, il devrait réfléchir à ses besoins. S'il n'y prend pas garde, ses dépenses pourraient grimper et il regrettera les achats précipités. En matière de finances, il doit maintenir une certain discipline.

Sur une note plus positive, le Chien peut tirer une grande satisfaction de ses intérêts cette année. Non seulement ils distrairont de ses pressions, mais ils lui donneront la chance de se détendre et de prendre plaisir à une autre activité. Il mérite de se réserver du temps pour lui cette année, en poursuivant un intérêt ancien ou nouveau. Tout Chien qui a négligé ses intérêts serait avisé de corriger le tir tôt dans l'année et de chercher un nouvel intérêt ou passe-temps.

De plus, le Chien doit se préoccuper de son bien-être. S'il estime qu'un changement dans son alimentation ou son régime d'exercices serait bénéfique, il devrait consulter un médecin sur la meilleure façon de procéder. L'année s'annonce exigeante et il doit s'occuper de sa personne.

Le Chien préfère souvent garder un petit cercle d'amis et nouer des amitiés sur une longue période de temps. Pendant l'année du Dragon, il sera particulièrement reconnaissant de la manière dont certains amis le conseillent ou lui viennent en aide. Dans cette année parfois exigeante, il importe qu'il se prévale de leur aide et de leur savoir-faire.

Certains intérêts ou activités poursuivis par le Chien cette année peuvent comporter une agréable composante sociale. Les mois d'avril, de mai, de juillet et d'août pourraient enregistrer la plus forte activité sociale.

En ce qui concerne les histoires de cœur, toutefois, c'est une année qui exige la prudence et une conscience avertie. Pour les Chiens qui sont amoureux, surtout si la liaison remonte à l'année du Lièvre, la relation doit être entretenue. Pour ceux qui commencent une liaison cette année, il faut prévoir du temps pour arriver à une compréhension mutuelle. L'empressement, la pression ou de grandes attentes dès le début peuvent mener à une rupture. À tous les Chiens, prenez note et soyez patients et attentifs.

La vie familiale du Chien sera occupée dans l'ensemble. Grâce à sa nature attentionnée, il se préoccupera souvent des activités de ses proches et veillera sur eux. Là encore, il importe qu'il n'en prenne pas trop sur ses épaules. Par ailleurs, en raison de l'évolution rapide de certains événements à la maison, il faudra faire preuve de flexibilité pour certains projets. Malgré les pressions que l'année imposera, toutefois, le Chien s'amusera tout de même et vivra de bons moments.

En général, le Chien ne sera pas toujours à l'aise avec la rapidité de l'année du Dragon et les pressions qu'elle exerce. Les événements peuvent survenir rapidement et l'année manquera de stabilité et d'ordre au goût du Chien. Toutefois, il peut acquérir une expérience précieuse et profiter d'occasions qui auraient été impossibles auparavant. Malgré les moments parfois difficiles à vivre, c'est une année où il faut suivre le cours des événements et tirer le meilleur parti des situations *telles qu'elles sont*. Il importe également pendant les périodes occupées que le Chien garde son équilibre de vie et se réserve du temps pour ses proches, ses amis et ses intérêts. L'année sera exigeante, mais aura ses avantages et préparera le Chien pour les temps meilleurs à venir l'année prochaine.

## Le Chien de Métal

Les qualités du Chien de Métal vont être éprouvées pendant cette période intéressante mais parfois exigeante. Les années du Dragon peuvent présenter des changements soudains et cela préoccupera souvent le Chien de Métal. Toutefois, l'année peut également servir de catalyseur pour de nouvelles possibilités.

C'est très certainement le cas pour la situation du Chien de Métal au travail. Il vivra sans doute des changements en raison de l'évolution de son domaine, d'une nouvelle réglementation ou d'une restructuration à l'interne. Peu de Chiens de Métal vont être à l'abri des développements de l'année. Or, même si le Chien de Métal prévoit des difficultés à l'avenir (y compris dans l'accomplissement de ses tâches), il doit faire de son mieux dans les circonstances. Par ailleurs, en acceptant le changement au lieu de s'y opposer, le Chien de Métal pourrait profiter de certaines occasions qui se présentent maintenant, peut-être en assumant de nouvelles tâches ou en travaillant dans un autre service. L'année du Dragon va certainement créer des ouvertures qui peuvent ajouter à l'expérience du Chien de Métal.

Dans l'état actuel des choses, certains Chiens de Métal pourraient décider de chercher un emploi ailleurs, en changeant possiblement de profession. Ils s'y sentent peut-être contraints par les événements, mais s'ils examinent soigneusement leurs options, ils peuvent voir émerger des possibilités stimulantes. Ce n'est pas le moment pour le Chien de Métal d'être borné dans ses réflexions ; il doit plutôt s'ouvrir aux possibilités.

Cela s'applique également aux Chiens de Métal qui sont à la recherche d'un emploi. Le marché du travail étant souvent difficile, ils devraient élargir la gamme des postes envisagés et rester à l'affût des ouvertures. Avec une disposition à apprendre et à s'adapter, bon nombre vont réussir à se trouver un poste dans une nouvelle fonction. Malgré son caractère vexatoire, l'année du Dragon est en mesure de créer des occasions. Le mois de mars et la période de la mi-juillet à la fin août pourraient donner lieu à d'importants développements.

Vu les pressions exercées cette année, il importe également que le Chien de Métal s'occupe de son bien-être, y compris son style de vie, son régime d'exercice et son alimentation. Quelques changements pourraient faire une réelle différence.

Il devrait également se donner du temps pour ses intérêts personnels. Cela lui permettra non seulement de maintenir son équilibre, mais lui donnera la chance de s'amuser en s'éloignant de sa routine quotidienne.

Les perspectives de voyage sont bonnes et le Chien de Métal devrait essayer de prendre des vacances pendant l'année. Le repos et le changement de paysage peuvent lui faire un grand bien. Les occasions de voyager peuvent survenir sans préavis et pour en profiter, le Chien de Métal devra faire quelques accommodements. Les années du Dragon favorisent la spontanéité.

En matière de finances, le Chien de Métal doit être discipliné et établir un budget rigoureux pour ses projets pendant l'année. De plus, s'il contracte un engagement ou règle de la paperasse, il devrait vérifier les détails et s'informer au sujet de tout ce qui le préoccupe. C'est une année pour être consciencieux et vigilant et pour exercer un contrôle rigoureux sur ses affaires.

Le Chien de Métal préfère restreindre son cercle d'amis. Certains amis de longue date pourraient lui apporter un soutien appréciable et pendant cette année mouvementée, il importe que le Chien de Métal s'en prévale. Par ailleurs, s'il a la chance de participer à des événements qui lui plaisent, il devrait s'en prévaloir. Cela peut lui permettre d'équilibrer et de varier son style de vie. Les Chiens de Métal nouvellement amoureux, toutefois, doivent demeurer attentifs et attentionnés en tout temps. Les nouvelles relations doivent être soigneusement entretenues pour être durables.

Dans sa vie familiale, le niveau d'activité sera important et il importe d'établir une bonne communication et une collaboration harmonieuse. Le fait d'unir les efforts sera profitable. Pour les Chiens de Métal qui sont parents, on va célébrer les réalisations des enfants et prendre plaisir à observer leur croissance. De plus, les intérêts communs, les courtes pauses et autres excursions peuvent occasionner des moments de bonheur. Comme toujours, le Chien de Métal jouera un rôle important dans le déroulement des activités et il sera apprécié par ses proches pour sa prévoyance et son attention.

Globalement, l'année du Dragon peut être exigeante pour le Chien de Métal. Il pourrait subir des pressions, souvent en lien avec le travail, et avoir à s'adapter au changement. En se montrant à la hauteur des défis *et des occasions* que l'année apportera, toutefois, il peut acquérir une précieuse expérience. En ce sens, l'année du Dragon peut être considérée comme un tremplin important pour les temps plus positifs et fructueux à venir.

## Conseil pour l'année

Donnez-vous un peu de temps cette année – pour vos propres intérêts, vos loisirs et votre équilibre de vie. Par ailleurs, demeurez à l'affût des possibilités de l'année du Dragon. Celles-ci peuvent avoir une incidence immédiate et à venir.

## Le Chien d'Eau

Cette année marque le commencement d'une nouvelle décennie pour le Chien d'Eau. À l'orée de la trentaine, il voudra non seulement profiter au maximum de l'année, mais progresser vers l'atteinte de ses buts. Comme le dit le proverbe chinois : « Avec des aspirations, vous pouvez aller n'importe où ; sans aspirations, vous n'irez nulle part. » Le polyvalent Chien d'Eau a certes ses aspirations bien à lui, mais il se rendra compte qu'une partie de ce qu'il espère réussir n'est pas pour tout de suite et devra attendre le plus long terme. Les années du Dragon peuvent créer des obstacles tout en donnant au Chien d'Eau une excellente occasion d'élargir son expérience et de découvrir de nouvelles forces. Au lieu de considérer l'année comme celle du progrès, il devrait la voir comme celle qui apporte l'illumination. Les leçons qu'elle véhicule peuvent avoir une portée considérable.

De nombreux Chiens d'Eau auront atteint un point de jonction intéressant dans leur carrière. Après avoir acquis une bonne connaissance pratique de leur métier, ils voudront porter leur carrière à un autre niveau. Toutefois, les événements dans une année du Dragon peuvent suivre des chemins tortueux. En raison des changements qui affectent de nombreuses sociétés et organisations, le Chien d'Eau pourrait juger qu'il est dans son meilleur intérêt de changer ses tâches, possiblement en étant muté dans un autre service. S'il est disposé à le faire, il va non seulement acquérir une expérience fondamentale, mais se découvrir des talents qu'il ignorait. Ce qu'il peut accomplir durant cette année agitée sera souvent à son avantage à plus long terme.

La majorité des Chiens d'Eau demeureront avec leur employeur actuel pendant l'année. Pour ceux, en revanche, qui souhaitent quitter celui-ci ou qui cherchent du travail, l'année du Dragon peut réserver d'importants développements. En ratissant plus large dans la gamme de postes possibles et en se tenant au courant, ils pourraient se voir offrir un poste qui convient bien à leurs talents. La clé de la réussite cette année est de demeurer flexible et d'agir rapidement si des occasions se présentent. Le mois de mars et la période d'août à octobre pourraient donner lieu à des développements d'un intérêt certain.

Les progrès réalisés au travail pourraient se traduire par une augmentation de salaire pour de nombreux Chiens d'Eau. L'année exigera toutefois de la discipline en matière de finances. En raison de ses engagements actuels et de certains projets onéreux, dont des dépôts qu'il pourrait devoir faire, le Chien d'Eau devrait surveiller ses dépenses de près. Avec un bon budget, toutefois, certains projets importants peuvent être réalisés.

Par ailleurs, les perspectives de voyage étant plutôt favorables cette année, celle justement de son trentième anniversaire, le Chien d'Eau pourrait être tenté de faire un voyage spécial qui pourrait s'avérer un des faits marquants de l'année.

Avec son style de vie actif, il importe également qu'il porte attention à son bien-être. Il a tendance à mener un train d'enfer, avec de grosses journées suivies parfois de longues nuits, et devrait s'assurer d'avoir suffisamment de repos et d'exercice (surtout s'il est sédentaire une bonne partie de la journée) et de s'alimenter correctement. Un surmenage pourrait le laisser vulnérable aux affections mineures. À tous les Chiens d'Eau, prenez note et occupez-vous de votre santé.

Par ailleurs, même si les journées du Chien d'Eau sont souvent bien remplies, il devrait réserver du temps pour poursuivre ses intérêts personnels. En plus des bénéfices de l'exercice que cela pourrait entraîner, il y a aussi un aspect social agréable à ne pas négliger. Pour les Chiens d'Eau qui s'adonnent à des activités de création, c'est une excellente année pour faire la promotion de leurs productions. Les années du Dragon favorisent l'originalité, et les idées et talents nombreux du Chien d'Eau pourraient créer des possibilités prometteuses.

Le Chien d'Eau va également apprécier le soutien de ses amis au cours de l'année et devrait viser à garder un contact régulier avec eux. Leurs réflexions, leur soutien et leurs nouvelles peuvent souvent l'aider et l'encourager. Par ailleurs, vu les changements qu'il subira sans doute dans sa situation, il devrait profiter au maximum de toute occasion de rencontrer des gens et accepter les invitations mondaines qu'il reçoit. En demeurant actif, il peut tirer une grande satisfaction de sa vie sociale et les mois d'avril, de mai, de juillet et d'août seront sans doute les plus actifs.

Pour ceux toutefois qui s'aventurent dans les premiers pas d'une liaison amoureuse, il importe d'être attentionné et patient. Le fait d'avoir l'air préoccupé ou de tenir les sentiments d'autrui pour acquis pourrait entraîner des difficultés et indisposer la personne aimée. Il faut porter une attention toute particulière aux liaisons amoureuses cette année. À tous les Chiens d'Eau, prenez note.

Dans la vie familiale du Chien d'Eau, l'année s'annonce pleine et stimulante. En plus de souligner son trentième anniversaire, il aura souvent divers projets qu'il voudra faire avancer. L'année est favorable aux efforts concertés et le Chien d'Eau a intérêt à discuter de ses idées, y compris des conséquences et des coûts, et à être disposé à partager une bonne partie de ce qu'il fait. De cette façon, l'année sera certes occupée mais satisfaisante, surtout du fait que certains espoirs personnels et en lien avec sa maison seront réalisés.

Globalement, la trentième année du Chien d'Eau peut être déterminante. C'est un temps pour rester à l'affût, s'adapter et tirer le meilleur parti de la situation. Ce que le Chien d'Eau peut apprendre au cours de l'année peut lui fournir une base solide pour progresser à l'avenir, surtout dans l'année plus favorable qui suivra, celle du Serpent. Il sera également encouragé par le soutien qu'il reçoit de son entourage, sa vie familiale lui occasionnera des moments de bonheur et il verra la réalisation de certains projets qui lui sont chers. La nouvelle décennie qui commence s'annonce prometteuse, au regard de ses aspirations personnelles.

## Conseil pour l'année

Vous êtes tourné vers l'avenir, mais restez tout de même flexible pendant cette année au rythme accéléré. Par ailleurs, réservez du temps pour vos intérêts et pour les autres. Avec un bon équilibre de vie, votre trentième année peut être enrichissante et d'une grande valeur à long terme.

## Le Chien de Bois

Il y a un proverbe chinois très utile au Chien de Bois cette année : « L'apprentissage est sans fin. » Peu importe la situation actuelle du Chien de Bois, cette année peut être un tournant dans sa vie et en tirant le maximum des occasions, il peut se faire beaucoup de bien.

Pour les nombreux Chiens de Bois qui sont aux études, il y aura beaucoup à faire et quelques décisions importantes à prendre. Le Chien de Bois doit être discipliné dans ses études et utiliser son temps le plus efficacement possible. En gardant le cap sur son travail et en commençant tôt sa révision et sa préparation pour les examens, il va non seulement relâcher quelque peu la pression, mais obtenir de meilleurs résultats. Pour ceux qui ont des examens importants à passer, c'est un temps pour demeurer concentré.

Par ailleurs, de nombreux Chiens de Bois auront des décisions importantes à prendre, par exemple pour choisir des cours ou un nouvel établissement pour leurs études. Pour bon nombre d'entre eux, certaines parties de l'année vont être exigeantes mais, en même temps, cela peut marquer le début d'une nouvelle phase stimulante pour le Chien de Bois. Lorsqu'il prend des décisions, il importe qu'il discute de ses options avec ceux qui ont les connaissances et l'expérience pour le conseiller. Cela facilitera les choix à faire et mènera à de meilleures décisions.

L'année peut également être déterminante au regard des perspectives de travail. Pour les Chiens de Bois déjà en poste, la nature de leur travail pourrait changer. Il pourrait y avoir de nouvelles procédures à apprendre, des changements dans la routine qui exigeront une adaptation et apporteront possiblement de plus grandes responsabilités à assumer. Une partie de ce qu'on demandera au Chien de Bois sera exigeante mais lui donnera néanmoins une bonne occasion de faire ses preuves. Ce faisant, bon nombre de Chiens de Bois vont se découvrir des aptitudes particulières qu'ils vont vouloir poursuivre plus avant.

Pour les Chiens de Bois qui décident de passer à autre chose, ainsi que pour ceux qui cherchent un emploi, l'année du Dragon pourrait être exigeante. Obtenir un poste exigera des efforts importants. Lorsqu'ils remplissent des demandes d'emploi, ces Chiens de Bois devraient donc se renseigner sur le poste de manière à mettre l'accent sur leurs compétences et intérêts pertinents tout en indiquant leur volonté d'apprendre. En y mettant un effort supplémentaire, des possibilités vont s'ouvrir qui permettront au Chien de Bois de progresser dans l'avenir. Le mois de mars et la période d'août à octobre pourraient créer des développements prometteurs, mais de toute façon les occasions doivent être saisies rapidement lorsqu'elles se présentent.

Malgré les pressions imposées par l'année du Dragon, celle-ci aura son lot de moments agréables, dont certains vont concerner les intérêts personnels du Chien de Bois. Que sa préférence soit pour le sport et les activités physiques ou les projets concrets ou créatifs, il va s'y plaire beaucoup tout au long de l'année et trouvera que cela peut mener à d'autres possibilités. Dans cette année qui favorise la nouveauté, certains Chiens de Bois pourraient être tentés de pratiquer de nouveaux loisirs. De plus, il pourrait y avoir des occasions de voyage et la chance de visiter des destinations intéressantes.

En raison de ses projets et de ses activités multiples, le Chien de Bois devra toutefois être prudent avec l'argent. Trop d'achats impulsifs pourraient l'obliger à couper sur ses autres activités. C'est une année qui exige de resserrer les cordons de la bourse.

Le Chien de Bois appréciera son cercle d'amis intimes au courant de l'année et sera souvent reconnaissant pour leur soutien et leur compréhension. Certains auront des préoccupations semblables aux siennes et le fait d'en discuter peut être utile pour tous. En raison de ses intérêts, le Chien de Bois aura également la chance de rencontrer de nouvelles personnes cette année, et certaines vont devenir des amis chers. Pour certains Chiens de Bois, une liaison amoureuse est possible cette année. Toutefois, pour qu'elle soit durable, il faudra être très attentionné et à l'écoute. Les histoires de cœur peuvent être problématiques dans les années du Dragon.

Même si le Chien de Bois aura de quoi s'occuper avec ses propres préoccupations, il devrait s'impliquer dans sa vie familiale. En restant ouvert et en prêtant main-forte lorsqu'il le faut, il contribuera à la bonne entente et pourra prendre part à davantage d'activités au cours de l'année. De plus, en cette quatre-vingtième année, il pourrait y avoir des surprises et le Chien de Bois sera souvent emporté par l'affection dont il fait l'objet.

Globalement, l'année du Dragon sera importante pour le Chien de Bois. Toutefois, il devra faire des efforts. En faisant preuve de discipline et d'engagement et en étant disposé à aller de l'avant, le Chien de Bois peut ouvrir la voie aux réussites qui l'attendent dans les années qui viennent.

## Conseil pour l'année

Ayez confiance en vous. Il y aura des moments et des décisions difficiles cette année mais c'est maintenant qu'il faut faire des efforts pour bénéficier des possibilités qui s'annoncent pour plus tard. Bonne chance.

## Le Chien de Feu

Cette année renferme des possibilités importantes pour le Chien de Feu. Les années du Dragon sont propices au changement et au renouvellement, et au cours de l'année, de nombreux Chiens de Feu vont réfléchir longuement à leur avenir. Pour faciliter leur travail de réflexion, ils devraient s'appuyer sur leurs proches. Avec leurs conseils et parfois leur assistance pratique, certaines décisions pourraient être prises plus facilement et certains projets démarrés. Même si certains Chiens de Feu ont effectivement tendance à garder leurs réflexions secrètes, cette année exige une attitude plus ouverte.

Les Chiens de Feu à la retraite ou qui vont prendre leur retraite cette année auront souvent des intérêts particuliers qu'ils sont prêts à poursuivre. Toutefois, ils pourraient découvrir d'autres possibilités intéressantes, y compris la chance de se joindre à un groupe d'adeptes ou d'utiliser des installations dans leur communauté. Comme ces Chiens de Feu vont le découvrir rapidement, ce n'est pas une année pour l'immobilisme et ils auront de réelles occasions de faire avancer leurs intérêts et leurs passe-temps.

Une partie des activités du Chien de Feu cette année pourrait comporter un agréable élément social et tout Chien de Feu qui souhaite une vie sociale plus active devrait envisager de se joindre à un groupe d'intérêt dans sa communauté. En se renseignant dans des centres communautaires ou à la bibliothèque, ils pourraient découvrir que les activités dans leur secteur sont plus nombreuses qu'ils le pensaient.

L'année du Dragon favorise également les voyages et le Chien de Feu devrait accepter les offres en ce sens qui lui plaisent. Au cours de l'année, il pourrait visiter des destinations intéressantes et s'il est en mesure de jumeler les voyages avec un intérêt particulier ou un événement, cela rendra son voyage encore plus enrichissant.

Avec les plaisirs, toutefois, l'année du Dragon peut amener son lot de difficultés. En particulier, le Chien de Feu pourrait se retrouver dans un imbroglio bureaucratique qui, même s'il est sans conséquence, pourrait lui coûter du temps et lui causer des soucis. Pour éviter que des difficultés surviennent, il se doit d'être consciencieux lorsqu'il règle sa paperasse. La prudence est également de mise en matière de finances. S'il envisage un achat important ou des travaux à faire, le Chien de Feu doit en vérifier les implications. De nombreux Chiens de Feu auront des frais de subsistance supplémentaires à payer cette année et certains vont décider que le temps est venu de déménager. Là encore, ces Chiens de Feu doivent surveiller leurs dépenses de près et demander des conseils s'ils ont des inquiétudes.

Le Chien de Feu devrait également se préoccuper de son bien-être au cours de l'année. Il devrait entre autres suivre les procédures recommandées ou chercher de l'aide s'il a des travaux ardus à faire. Il pourrait également juger utile de surveiller son alimentation et d'obtenir des conseils s'il n'est pas à son meilleur.

En raison des nombreux projets et possibilités de l'année, la vie familiale sera bien remplie. Toutefois, avec les appuis nécessaires et des efforts concertés, le Chien de Feu peut apprécier la façon dont certains projets se concrétisent. Il va également suivre les activités des membres de la famille avec intérêt et sera prêt à les aider en cas de difficultés ou de contraintes. Encore une fois, sa compréhension et sa capacité d'entretenir de bons rapports avec les autres vont être appréciées. Les Chiens de Feu qui sont grands-parents vont prendre plaisir aux activités de leurs petits-fils et petites-filles et souvent un lien fort peut s'établir entre les deux générations.

Il y aura également de bonnes occasions sociales pour le Chien de Feu cette année, et ses intérêts et ses activités locales vont lui permettre de sortir plus souvent. Pour profiter de l'année, cependant, le Chien de Feu doit demeurer actif et donner suite à ses idées. Les mois d'avril, de mai, de juillet et d'août pourraient voir de belles occasions sociales.

Globalement, l'année s'annonce pleine et intéressante pour le Chien de Feu, mais il se doit de saisir le moment et d'agir, tout en impliquant les autres dans ses desseins. Il doit aussi prendre conscience des aspects plus difficiles de l'année du Dragon et demeurer consciencieux et attentif. Ce n'est pas une année pour prendre des risques et s'il a des doutes ou des difficultés, il devrait demander conseil. L'année peut être satisfaisante, mais le Chien de Feu doit procéder avec prudence et avec le soutien des autres.

## Conseil pour l'année

Intéressez-vous à ce qui se passe autour de vous et ne restreignez pas votre approche. Les années du Dragon servent à essayer de nouvelles activités et à élargir vos occupations.

## Le Chien de Terre

Le Chien de Terre est très perceptif et est capable de bien évaluer les gens et les situations. En raison du tourbillon d'événements qui caractérise si souvent les années du Dragon, il pourrait décider de se tenir tranquille et de se concentrer sur ses priorités. Il n'est pas du genre à favoriser les changements soudains et se méfiera de certains développements pendant l'année.

Cette affirmation s'applique tout particulièrement à sa situation au travail. Avec son expérience et sa conscience des problèmes potentiels, il aura souvent des réticences à propos des propositions à l'étude. Toutefois, malgré la difficulté, il devra faire de son mieux dans les circonstances. Par ailleurs, même si de nombreux Chiens de Terre pourraient ne pas être à l'aise avec les changements qui ont lieu, il peut y avoir des avantages. De nouvelles tâches pourraient leur fournir un défi tout en leur donnant de l'expérience dans un autre domaine. Au travail, les années du Dragon peuvent créer des malaises, mais elles renferment de multiples possibilités.

De nombreux Chiens de Terre vont demeurer avec leur employeur actuel au cours de l'année. Cependant, pour ceux qui décident de chercher un autre poste ou qui cherchent du travail, l'année du Dragon peut représenter un défi. Les résultats et les récompenses échappent bien souvent aux Chiens dans les années du Dragon et il faut demeurer à l'affût et persévérant. C'est ici que la nature résolue du Chien de Terre va entrer en ligne de compte et en sondant diverses possibilités, dont possiblement une rééducation professionnelle, il pourrait tôt ou tard trouver un poste souvent très différent de son ancien travail. Le mois de mars et la période d'août à octobre pourraient être riches en possibilités.

Dans le domaine des intérêts personnels du Chien de Terre, toutefois, l'année du Dragon pourrait donner lieu à des développements prometteurs. En effet, en perfectionnant ses habiletés et ses connaissances dans ce domaine, il peut en tirer une grande satisfaction. Certains Chiens de Terre pourraient être tentés par une nouvelle activité au cours de l'année et s'ils sont en mesure d'impliquer d'autres personnes et de profiter de leurs encouragements et de leur compagnie, ils devraient le faire.

En raison des pressions qu'il pourrait subir cette année, le Chien de Terre serait également avisé de se préoccuper de son bien-être. Des exercices appropriés et réguliers et un régime sain et équilibré font partie de ces préoccupations. S'il estime que des modifications sont nécessaires ou si son énergie habituelle lui fait défaut, il devrait se faire conseiller.

En raison des perspectives de voyage favorables, le Chien de Terre devrait, si possible, prendre des vacances pendant l'année. Le fait de se détendre et de passer du temps avec ses proches peut lui faire un grand bien. Il pourrait également y avoir des petits voyages vite organisés ou des week-ends à l'extérieur, dont des visites chez la famille ou les amis, qui vont plaire beaucoup au Chien de Terre. Contrairement à la préférence du Chien de Terre, certains événements de l'année du Dragon ne pourront pas être prévus à l'avance et il doit tirer le meilleur parti des occasions qui se présentent.

En matière de finances, le Chien de Terre devra être vigilant. En raison de certains projets familiaux et des achats qu'il a prévus, il pourrait y avoir des dépenses importantes à faire à certains moments de l'année. Lorsque c'est possible, le Chien de Terre devrait réserver une allocation à l'avance pour les plus grosses dépenses et maintenir une discipline pour les besoins quotidiens. Par ailleurs, lorsqu'il a de la paperasse à régler, il devrait prendre le temps de s'informer des détails et vérifier tout ce qui n'est pas clair. L'empressement ou le risque inutile pourrait créer des problèmes. À tous les Chiens de Terre, prenez note.

Le Chien de Terre a tendance à être sélectif dans sa vie sociale mais pendant cette année chargée, il importe qu'il garde un contact régulier avec ses amis, soit par des rencontres, des courriels ou des appels téléphoniques. En raison de certaines incertitudes qu'il pourrait avoir cette année, les conseils de certains amis de longue date pourraient lui être particulièrement utiles. Par ailleurs, les sorties sont une autre façon de maintenir son équilibre de vie. Les mois d'avril, de mai, de juillet et d'août pourraient être les plus socialement actifs.

Les histoires de cœur exigent attention et patience cette année. Les Chiens de Terre sans attaches qui rencontrent quelqu'un pendant l'année devraient se laisser du temps pour qu'une bonne entente s'installe, au lieu d'avoir de grandes attentes dès le début.

Dans sa vie familiale, le Chien de Terre sera très sollicité. Il y aura beaucoup à faire et les jeunes membres de la famille en particulier vont apprécier le soutien du Chien de Terre, surtout du fait que certains pourraient quitter la maison pour les études ou le travail ou avoir d'autres décisions importantes à prendre. Au cours de l'année, l'attention et le bon jugement du Chien de Terre vont gagner la reconnaissance de bien des gens.

Même s'il s'emploie à venir en aide à ses proches, toutefois, il importe également que le Chien de Terre leur donne la chance de lui renvoyer l'ascenseur. Plus l'ambiance en est une d'ouverture et de collaboration, plus la vie familiale sera heureuse. La période sera occupée, mais il y aura également des moments de bonheur à partager en famille, et les intérêts communs, les projets familiaux et les voyages feront partie des plaisirs.

Globalement, l'année du Dragon sera exigeante et le Chien de Terre ne sera pas toujours enchanté par son évolution rapide. Toutefois, s'il est prêt à s'adapter au besoin, il peut souvent profiter des occasions qui émergeront. L'année ne sera certes pas facile mais apportera la possibilité d'une croissance personnelle. Les relations du Chien de Terre avec les autres seront importantes et le soutien mutuel qui en découle lui permettra de vivre de beaux moments.

## Conseil pour l'année

Avancez avec prudence. Restez au fait des développements, communiquez avec d'autres et soyez prêt à vous adapter au besoin. Malgré vos réticences initiales à propos de la tournure des événements, il y a des gains importants à faire. Par ailleurs, réservez du temps pour vos propres intérêts et pour vos proches. Vous aurez de quoi vous occuper cette année mais vos efforts pourraient vous récompenser largement et vous procurer des compétences, des idées et de l'expérience pour l'avenir.

# Des Chiens célèbres

Andre Agassi, Elizabeth Arden, Brigitte Bardot, Marc Béland, Andrea Bocelli, David Bowie, André Brassard, Normand Brathwaite, Bertolt Brecht, George W. Bush, Kate Bush, Laura Bush, José Carreras, Paul Cézanne, Cher, Sir Winston Churchill, Petula Clark, Bill Clinton, Émile Proulx-Cloutier, Leonard Cohen, Robin Cook, Marie-Josée Croze, Jamie Lee Curtis, Pierre Curzi, René-Richard Cyr, Dalida, Claude Debussy, Judi Dench, Raymond Devos, Mireille Deyglun, Serge Dupire, Blake Edwards, Pierre Falardeau, Sophie Faucher, Sally Field, Joseph Fiennes, Robert Frost, Nathalie Gadouas, Judy Garland, George Gershwin, Barry Gibb, Victor Hugo, Holly Hunter, Michael Jackson, Patrick Labbé, Plume Latraverse, Louise Lecavalier, René Lévesque, Macha Limonchick, Jennifer Lopez, Sophie Lorain, Federico García Lorca, Sophia Loren, Shirley MacLaine, Andie McDowell, Norman Mailer, Madonna, Winnie Mandela, Kate McGarrigle, Golda Meir, Freddie Mercury, Liza Minelli, David Niven, Huguette Oligny, Claude Poissant, Sydney Pollack, Julien Poulin, Elvis Presley, Sylvester Stallone, Robert Louis Stevenson, Sharon Stone, Anne Sylvestre, Voltaire.

# Le Cochon

# La personnalité du Cochon

C'est l'action,
la générosité
et la participation
qui donnent à la vie son essence
et ses possibilités.

Le Cochon est né sous le signe de l'honnêteté. On le reconnaît à sa gentillesse, à sa compassion, mais également à ses prodigieux talents de conciliateur. En effet, comme rien ne lui déplaît davantage que la discorde et les frictions, il s'emploiera sans relâche à dissiper les malentendus et à trouver les terrains d'entente qui rétabliront l'harmonie.

Il se fait également remarquer dans la conversation, car il est sincère et va droit au but. Mensonges et hypocrisie le hérissent ; il croit en la justice et préconise le maintien de l'ordre public. Malgré ses convictions, le Cochon est enclin à la tolérance et aura vite fait de pardonner à tout un chacun ses torts. Rancune et esprit de vengeance ne font pas partie de son vocabulaire.

En règle générale, le Cochon jouit d'une cote de popularité enviable. Le commerce de ses pairs lui étant fort agréable, il se sent parfaitement à l'aise dans les situations de groupe et aime participer aux actions communes. Il n'est pas rare qu'il se joigne à un club ou à une association, et il compte alors parmi les membres les plus loyaux ; inutile de le prier pour qu'il apporte sa contribution, il en sera ! D'ailleurs, cet ardent défenseur des causes humanitaires n'a pas son pareil pour recueillir des fonds au profit d'une bonne œuvre.

Le Cochon est un travailleur infatigable et consciencieux. Sa fiabilité et son intégrité inspirent spécialement le respect. Durant sa jeunesse, il touchera un peu à tout, mais c'est généralement lorsqu'il a le sentiment d'être utile qu'il est le plus heureux. Ainsi, lorsqu'il en va de l'intérêt général, il donne de son temps sans compter ; on ne sera pas surpris que ses collègues et ses supérieurs le jugent inestimable.

Son sens de l'humour est notoire. À vrai dire, le Cochon est un amuseur-né qui a toujours en réserve un sourire, une plaisanterie ou quelque remarque fantaisiste susceptible de dérider. D'ailleurs, bon nombre des natifs de ce signe choisissent de faire carrière dans le monde du spectacle, ou suivent avec passion la vie des vedettes.

Malheureusement, il s'en trouve qui profitent de sa bonne nature et de sa générosité, car le Cochon a toutes les peines du monde à refuser de rendre service. Malgré la répugnance que cela lui inspire, il serait parfois dans son intérêt de dire non quand les autres dépassent les bornes. Il lui arrive également de pécher par excès de naïveté ou de crédulité. Mais quand d'aventure il éprouve une vive déception, il sait en tirer une leçon : on ne l'y reprendra pas, il fera dorénavant preuve d'indépendance. C'est souvent à la suite d'une telle déception que le Cochon fait carrière à titre d'entrepreneur ou de travailleur autonome. Du reste, grâce à son sens aigu des affaires, il peut jouir d'un compte en banque bien pourvu malgré une certaine propension à dépenser.

Le Cochon est également reconnu pour sa capacité à surmonter assez promptement les revers. Sa confiance et sa force de caractère l'incitent en effet à redoubler d'efforts dans l'adversité. S'il s'estime capable de s'acquitter d'une tâche ou s'il a un but en tête, il s'y attellera avec une détermination implacable – même au point de se montrer têtu ! Peu importe qu'on l'adjure de changer d'idée, une fois sa décision prise, il en démordra rarement.

Malgré toute l'ardeur qu'il peut déployer au travail, le Cochon sait aussi s'amuser. En réalité, c'est un bon vivant qui, avec l'argent durement gagné, s'offrira volontiers un voyage somptueux, un festin (car il est fin gourmet) ou diverses activités récréatives. Il apprécie également les soirées sans prétention et, si la compagnie lui plaît, il ne tardera pas à mettre de l'ambiance. En revanche, dans le cadre d'une réception mondaine où il ne connaît personne, il est susceptible de se renfermer.

Le Cochon aimant aussi son petit confort, c'est généralement chez lui qu'on trouve ce qu'il y a de plus récent sur le marché, les derniers appareils ménagers haut de gamme, par exemple. Dans la mesure du possible, il s'établit à la campagne plutôt qu'en ville et veille à disposer d'un bon lopin de terre, car il est souvent un jardinier aussi enthousiaste qu'accompli.

Auprès du sexe opposé, le Cochon remporte beaucoup de succès. Il ne manque pas d'en profiter, d'ailleurs, jusqu'à ce qu'il fasse son nid. Par contre, une fois qu'il s'est engagé, sa loyauté envers son partenaire est absolue. C'est avec la Chèvre, le Lièvre, le Chien, le Tigre et un autre Cochon qu'il s'accorde le mieux, mais étant donné son caractère facile, il peut nouer de bonnes relations avec tous les signes du zodiaque, hormis le Serpent. Le côté rusé, secret et circonspect de ce dernier ne fait pas bon ménage, on s'en doute, avec la franchise et l'honnêteté du Cochon.

La femme Cochon, pour sa part, est un parangon de dévouement. Elle déploie la dernière énergie pour s'assurer que son partenaire et ses enfants ne manquent de rien, car leur bonheur fait le sien. Sa maison est impeccablement tenue… ou terriblement désordonnée. Curieusement, c'est tout l'un ou tout l'autre avec les Cochons : soit ils se passionnent pour les tâches ménagères, soit ils les abhorrent. Par ailleurs, la femme Cochon a d'exceptionnels talents d'organisatrice qui, alliés à sa nature sympathique et avenante, lui permettent d'atteindre la plupart de ses objectifs. C'est également une mère de famille aimante et consciencieuse. De surcroît, elle est toujours habillée avec goût.

Dans l'ensemble, le Cochon aura certainement tout pour être heureux, car la chance tend à lui sourire. Pour peu qu'il ne se laisse pas manger la laine sur le dos et qu'il ne craigne pas de s'affirmer, il aura une belle vie ; ses amis seront nombreux, il fera du bien autour de lui et gagnera l'admiration de tous.

# Les cinq types de Cochons

Aux douze signes du zodiaque chinois viennent s'ajouter cinq éléments qui les renforcent ou les tempèrent. Les effets de ces cinq éléments sont décrits ci-après, accompagnés des années au cours desquelles ils exercent leur influence. Ainsi, les Cochons nés en 1911 et en 1971 sont des Cochons de Métal, ceux qui sont nés en 1923 et en 1983, des Cochons d'Eau, etc.

## Le Cochon de Métal (1911, 1971)

Le Cochon de Métal se démarque par ses grandes ambitions et la résolution dont il sait faire preuve. Solidement constitué, plein d'énergie, il se consacre à une foule d'activités. C'est sincèrement et sans détour qu'il partage ses opinions ; à l'occasion toutefois, sa confiance lui fait prendre ce qu'on lui dit pour de l'argent comptant. Il ne manque pas d'humour et raffole des soirées et réunions mondaines. Chaleureux et sociable de nature, il est entouré de bons amis.

## Le Cochon d'Eau (1923, 1983)

Le Cochon d'Eau a un grand cœur. Généreux et loyal, il veille à rester en bons termes avec tous. Il est prêt à se mettre en quatre pour venir en aide ; malheureusement, d'aucuns en profitent. Un peu plus de discernement et de fermeté face à ce qui lui déplaît le servirait assurément. Bien qu'il ait une prédilection pour les choses paisibles de la vie, il cultive un éventail de centres d'intérêt. Il apprécie particulièrement les activités de plein air, les soirées entre amis et les événements mondains. Sa capacité d'abattre beaucoup de travail, et ce, d'une manière consciencieuse, lui assure le succès dans sa profession. C'est également un habile communicateur.

## Le Cochon de Bois (1935, 1995)

Amical et persuasif, le Cochon de Bois s'attire aisément la confiance d'autrui. Il aime s'impliquer dans tout ce qui se passe autour de lui, avec pour conséquence qu'il accepte parfois un trop grand nombre de responsabilités. D'une loyauté exemplaire envers sa famille et ses amis, il éprouve également une grande satisfaction à aider les moins fortunés que lui. Il est enclin à l'optimisme et a un bon sens de l'humour. Sa vie est agréable et bien remplie.

## Le Cochon de Feu (1947, 2007)

Le Cochon de Feu a un goût marqué pour l'aventure et dispose d'inépuisables réserves d'énergie. C'est avec confiance et détermination qu'il aborde la vie. Il ne craint ni d'exprimer ses opinions ni de courir des risques afin d'atteindre ses buts. Cependant, sa fougue l'emporte quelquefois alors qu'un peu de prudence serait salutaire pour certains de ses projets. Sur le plan matériel, il jouit d'une bonne étoile et il n'hésite pas à partager les avantages dont il est pourvu ; la générosité du Cochon de Feu est d'ailleurs légendaire. Il voue également une grande affection à ses proches.

## Le Cochon de Terre (1959)

Le Cochon de Terre est doué d'une nature bienveillante. Plein de bon sens et réaliste, il ne ménagera pas ses efforts pour satisfaire ses employeurs ou pour donner corps à ses ambitions. C'est un organisateur-né ainsi qu'un individu habile en affaires. Son sens de l'humour et son agréable compagnie lui valent de nombreux amis. Il aime que sa vie sociale soit animée, mais il a parfois tendance à se permettre des excès de table.

# Perspectives pour le Cochon en 2012

L'année du Lièvre (du 3 février 2011 au 22 janvier 2012) est prometteuse pour le Cochon et en vaquant à ses occupations de sa manière redoutable habituelle, il peut compter sur des résultats intéressants dans les derniers mois.

Au travail, de nombreux Cochons auront décidé de se concentrer sur leurs occupations et de perfectionner des compétences particulières pendant l'année. Les années du Lièvre sont généralement positives pour les Cochons et la période de la fin août au début octobre pourrait donner lieu à des développements potentiellement importants.

Les efforts du Cochon au travail peuvent mener à une augmentation salariale, mais en raison de quelques dépenses importantes vers la fin de l'année, il devrait surveiller ses sorties de fonds de près. De plus, s'il a une inquiétude à propos d'une question financière ou bureaucratique, il serait avisé de se faire conseiller.

Grâce à sa joie de vivre, le Cochon peut compter sur un nombre grandissant d'occasions sociales au moment où l'année du Lièvre tire à sa fin. Les mois d'août, de décembre et de janvier pourraient être passablement occupés par des rencontres avec les amis et des sorties mondaines. Pour ceux qui sont sans attaches, quelqu'un rencontré au travail ou pendant la poursuite d'un intérêt personnel pourrait ajouter beaucoup d'éclat à l'année.

La vie familiale du Cochon sera également occupée. Idéalement, il devrait planifier à l'avance pour éviter le chevauchement des activités. De cette manière, on évitera les paniques de dernière minute et on aura plus de temps pour apprécier ce qui arrive. Un proche pourrait également avoir une surprise pour le Cochon vers la fin de l'année du Lièvre.

L'année du Dragon commence le 23 janvier et sera moyenne pour le Cochon. Même si les Cochons sont travaillants et affectionnent un style de vie souvent très vivant, ils ne seront pas toujours à l'aise avec le pas rapide de l'année du Dragon. Ils préfèrent une vie plus rangée, mais l'année du Dragon peut apporter des changements subits. Même si la période ne sera pas nécessairement facile pour le Cochon, il peut quand même s'en sortir avec de réels gains à son actif.

Au travail, il devra garder la tête froide. Dans bien des lieux de travail, des changements seront en cours, avec des restructurations et de nouvelles initiatives dans certaines industries. Un nombre important de Cochons vont voir les événements d'un mauvais œil et vont se concentrer autant que possible sur leurs propres tâches particulières. Ce n'est pas le moment d'ignorer ce qui se passe autour d'eux ni de fonctionner de façon trop indépendante, cependant. Dans les années du Dragon, les Cochons doivent embrasser une vision globale de la situation, surtout pour ce qui est des développements qui pourraient les affecter. En se tenant informés, ils vont non seulement être mieux préparés à s'adapter aux changements mais pourraient également en profiter. Ils doivent agir rapidement pour se mettre de l'avant lorsqu'une occasion se présente et les possibilités vont être au rendez-vous cette année. Même s'ils postulent pour un poste beaucoup plus haut placé que celui qu'ils occupent actuellement, ils doivent viser haut et montrer leur désir de progresser. C'est alors qu'ils risquent de réussir, même contre toute attente. En raison de la succession rapide des événements cette année, un peu d'audace peut parfois rapporter.

De nombreux Cochons auront l'occasion de progresser dans leur lieu de travail actuel cette année. Pour ceux, en revanche, qui voudraient un changement, ainsi que pour ceux qui cherchent du travail, l'année du Dragon peut ouvrir quelques possibilités prometteuses. En restant à l'affût des disponibilités et en se renseignant sur les postes, ils pourraient être affectés à un poste en passant par des chemins tortueux. Ils pourraient apprendre l'existence d'une ouverture purement par hasard ou se faire offrir un poste pour lequel leurs perspectives n'étaient pas bonnes. Peu importe comment cela survient, dans une année du Dragon, les actions du Cochon peuvent porter fruit de manière inattendue. Les occasions peuvent survenir presque à tout moment, mais la période d'avril à juin et le mois de novembre pourraient mener à des développements prometteurs au travail.

Une des forces du Cochon est sa capacité de bien s'entendre avec les gens et au courant de l'année, ses talents peuvent lui être très utiles. Dans sa situation professionnelle en particulier, il devrait viser à collaborer étroitement avec les autres et utiliser toutes les occasions pour établir son réseau. En se faisant mieux connaître, il peut grandement aider sa réputation.

Cela s'applique également aux autres activités qu'il pourrait entreprendre. Avec ses intérêts personnels, le Cochon serait avisé de participer à des événements et de rencontrer d'autres adeptes. Il saura impressionner les autres, nouer d'importantes amitiés et établir des contacts. Les années du Dragon favorisent l'activité. Même si le Cochon peut ne pas toujours être à l'aise avec la rapidité des événements, s'il saisit ses occasions, il peut personnellement bénéficier d'une bonne partie de ce qu'il accomplit pendant l'année.

Par ailleurs, l'année du Dragon peut donner lieu à bon nombre d'occasions mondaines et le Cochon pourrait prendre plaisir aux événements brillants qui ont lieu. Les mois de mars, de mai, de juillet et de décembre pourraient enregistrer la plus forte activité sociale, dont des possibilités amoureuses excitantes pour ceux qui sont sans attaches. Pour les Cochons qui sont tombés amoureux pendant l'année du Lièvre, la relation va sans doute devenir plus enrichissante. Pour les relations avec les autres, l'année s'annonce positive et agréable.

Le Cochon attache également une grande importance à sa vie familiale et au cours de l'année, cela peut lui procurer beaucoup de joie. Vu les pressions subies pendant l'année, il pourrait en arriver à considérer sa maison comme un sanctuaire privé. Par conséquent, il va souvent s'absorber dans de multiples activités domestiques. Dans bien des foyers tenus par des Cochons, le temps sera propice pour s'attaquer à des projets communs et concrétiser des rêves. Par ailleurs, pendant les périodes plus exigeantes, l'aide et la compréhension que le Cochon reçoit de ses proches peuvent faire une différence appréciable.

Côté finances, de nombreux Cochons vont jouir cette année d'une augmentation de salaire qui arrive à point. Certains vont également trouver que leurs intérêts personnels ou d'autres activités peuvent ajouter à leurs revenus. Les années du Dragon affichent généralement des bilans financiers positifs pour le Cochon. Pour en profiter, toutefois, il devra gérer ses comptes avec soin et prendre son temps lorsqu'il envisage des achats importants. Les décisions financières majeures ne doivent pas être précipitées. Si possible, il devrait mettre de l'argent de côté pour des vacances ou pour s'accorder une pause pendant l'année. En raison de son style de vie affairé, un repos et un changement de paysage pourraient lui faire du bien.

L'année du Dragon sera active pour le Cochon et il ne sera peut-être pas à l'aise avec son évolution rapide et parfois imprévisible. En restant à l'affût, toutefois, il peut souvent tourner les situations à son avantage. Il a, après tout, un bon flair pour dénicher les occasions. Cela, ajouté à ses habiletés et à sa nature sociable, va lui être très utile cette année. Cette période ne sera pas des plus faciles pour lui, mais il y aura *à coup sûr* des avantages, des moments joyeux et des progrès accomplis. Globalement, malgré les pressions, l'année s'annonce prometteuse et souvent satisfaisante sur le plan personnel.

## Le Cochon de Métal

Le Cochon de Métal aura vécu bien des choses ces dernières années et l'année du Dragon lui donnera la chance de profiter de sa situation actuelle et de récolter quelques succès. Malgré l'aspect progressiste de cette période, cependant, il y aura des pressions et le Cochon de Métal devra rester à l'affût et agir rapidement selon l'évolution de la situation. Les occasions seront au rendez-vous, mais dans l'année du Dragon, il n'y a pas de temps à perdre.

Cette affirmation est particulièrement vraie dans le cas du travail du Cochon de Métal. Les années du Dragon favorisent le changement et l'innovation et de nouveaux modèles et façons de faire vont souvent être instaurés. En restant au fait des développements, le Cochon de Métal pourrait repérer une occasion d'assumer de plus grandes responsabilités ou de changer ses tâches. Si tel est le cas, il doit agir rapidement pour afficher son intérêt. Cette année exige très certainement une intervention rapide et déterminée.

Même si de nombreux Cochons de Métal affichent de bons progrès, toutefois, l'année du Dragon peut tout de même être problématique. Des délais ou des défaillances d'équipement pourraient causer des difficultés et certains objectifs pourraient être difficiles à atteindre. Ces contretemps inquiétants vont toutefois donner la chance au Cochon de Métal de montrer sa débrouillardise et, par là même, d'améliorer sa réputation. Les années du Dragon ne rendent pas toujours la vie facile aux Cochons de Métal, mais permettent d'éprouver utilement leurs qualités.

Pour les Cochons de Métal qui décident de changer d'emploi ainsi que pour ceux qui sont à la recherche d'un travail, l'année du Dragon peut également leur procurer des possibilités prometteuses. Pour en profiter, cependant, ces Cochons de Métal ne doivent pas être trop restrictifs dans leurs choix de travail. En cherchant d'autres moyens d'utiliser leurs compétences et en allant chercher des conseils et des renseignements, ils pourraient voir émerger quelques possibilités prometteuses. Là encore, dès que ces Cochons de Métal aperçoivent un poste vacant qui leur plaît, ils devraient s'empresser d'y donner suite. La vitesse, l'enthousiasme et l'initiative seront des facteurs importants cette année. La période d'avril au début juillet et le mois de novembre pourraient donner lieu à des développements encourageants au travail.

Les progrès réalisés par bon nombre de Cochons de Métal au travail vont les aider financièrement, et certains pourraient également bénéficier d'un boni ou d'un cadeau. Malgré cette amélioration de la situation financière du Cochon de Métal, cependant, ses dépenses pour la famille, ses frais de subsistance, ses voyages et d'autres projets feront en sorte qu'il devra exercer un contrôle rigoureux sur ses sorties d'argent. S'il est tenté par un trop grand nombre d'achats impulsifs, il pourrait devoir réviser certains projets. En matière de finances, l'année peut afficher une amélioration, mais la rigueur est de mise.

Grâce à sa nature sociable, le Cochon de Métal connaît beaucoup de gens et sa vie sociale pourrait être particulièrement agréable cette année. Les loisirs ou les événements locaux pourraient attirer son attention, et sa vie sociale et récréative va l'aider à garder son équilibre et lui fera du bien. Les mois de mars, de mai et de juillet et les deux derniers mois de l'année vont être les plus socialement actifs.

Par ailleurs, dans cette année de possibilités, le Cochon de Métal qui aperçoit un intérêt ou une activité qui lui plaît devrait se renseigner davantage. Les années du Dragon sont généreuses envers les gens bien disposés et intéressés. De plus, certains Cochons de Métal pourraient être tentés d'essayer un nouveau programme d'exercices ou un nouveau régime alimentaire ; en vérifiant si cela leur convient, ils pourraient là encore en tirer profit.

Le Cochon de Métal apprécie grandement sa vie familiale et va encore une fois consacrer beaucoup de temps et d'attention aux activités familiales. Certes, les pressions seront là, comme pour toute année, et il y aura des ajustements à faire lorsque les routines seront amenées à changer. Avec une bonne collaboration et une bonne entente, toutefois, ces questions ne vont pas entacher les nombreux moments positifs de l'année. Pour les Cochons de Métal qui sont parents, tout soutien additionnel qu'ils donnent à leurs enfants, dont de l'aide pour leurs études, peut faire une énorme différence et raffermir leurs bons rapports.

Globalement, l'année du Dragon exigera des efforts de la part du Cochon de Métal. Les résultats ne seront pas toujours faciles à obtenir, mais en restant à l'affût, en s'impliquant et en étant disposé à fournir les efforts requis, il peut profiter de quelques développements favorables. S'il aperçoit une occasion, cependant, il doit la saisir avant qu'elle ne disparaisse. Le soutien apporté par les autres va l'aider grandement et sa vie familiale lui apportera confort et encouragements.

## Conseil pour l'année

Adaptez-vous. Les situations évoluent rapidement cette année et il faut faire vite pour en profiter. Aussi, utilisez vos qualités personnelles de façon utile. Votre capacité à entretenir de bonnes relations avec les autres peut vous aider maintenant et dans un avenir proche. C'est une année aux possibilités prometteuses, mais il faut faire un effort et rester à l'affût.

## Le Cochon d'Eau

Le Cochon d'Eau est de nature généralement optimiste et est souvent prêt à faire des essais pour voir évoluer les choses. Cette approche le servira bien cette année. En restant ouverts aux possibilités que l'année du Dragon apporte, de nombreux Cochons d'Eau vont réaliser de bons progrès et profiter de développements personnels agréables.

Une des caractéristiques de l'année du Dragon est d'admettre des changements rapides de situation, et le Cochon d'Eau devra rester à l'affût de ce qui se passe. Ce faisant, il sera plus conscient des possibilités émergeantes et des situations où il aurait peut-être à intervenir. Tous les Cochons d'Eau doivent rester informés *et* impliqués.

Bon nombre pourraient avoir des ouvertures dans leur lieu de travail actuel. S'ils se mettent de l'avant, ils pourront faire des avancées importantes. Sur le plan professionnel, ce n'est pas une année pour l'immobilisme, mais le moteur du changement repose entièrement sur le Cochon d'Eau lui-même. Dans l'année du Dragon, il doit être audacieux, rapide et décidé.

Pour les Cochons d'Eau qui souhaitent un changement ou qui cherchent du travail, l'année du Dragon peut réserver des possibilités prometteuses. Là encore, il faut rester à l'affût et se renseigner sur ce qui est disponible. La disponibilité du Cochon d'Eau pour tenter l'aventure va bien lui servir, cependant, et s'il fait preuve d'enthousiasme pendant son entrevue, en mettant l'accent sur son désir d'apprendre, il pourrait profiter d'une occasion importante qui lui permettra de pénétrer dans un nouveau domaine. La période d'avril à juin et le mois de novembre pourraient réserver des développements prometteurs et pour bien des Cochons d'Eau, l'année marquera un nouveau stade dans leur vie professionnelle.

Bien que l'année soit propice à l'avancement, toutefois, elle réservera son lot d'obstacles. Certains projets ou objectifs pourraient être mis à rude épreuve. Or, c'est en affrontant les difficultés qu'on bâtit une réputation. Comme beaucoup de Cochons d'Eau vont le découvrir, la réussite cette année est une question de dur labeur.

Les progrès réalisés par le Cochon d'Eau au travail vont également l'aider financièrement, mais il devra maintenir une discipline budgétaire et résister aux achats impulsifs. Les économies qu'il réussit à faire vont l'aider à réaliser ses rêves et ses projets.

Grâce à sa nature ouverte et sociable, le Cochon d'Eau jouit de bonnes relations avec bien des gens et il sera très sollicité au cours de l'année. En plus de prendre plaisir à la société de ses amis existants, il pourrait élargir son cercle social par le travail et les intérêts qu'il poursuit. Sur le plan personnel, il sera en pleine forme cette année. Tout Cochon d'Eau qui déménage dans un nouveau secteur et souhaiterait se faire de nouveaux amis ou pratiquer des activités différentes devrait s'intéresser aux événements locaux et aux installations disponibles. Il pourrait trouver un groupe d'intérêt ou une activité qui lui plaît particulièrement. Les mois de mars, de mai, de juillet et de décembre pourraient réserver la plus forte activité sociale.

Même si le Cochon d'Eau constatera des développements encourageants dans bien des aspects de sa vie au cours de l'année du Dragon, l'aspect central demeurera sa vie familiale. Pour les Cochons d'Eau avec un partenaire, il y aura beaucoup à partager et des projets stimulants à faire avancer. C'est très certainement une année qui favorise la vie commune et les projets communs. Les Cochons d'Eau qui sont parents ou qui le deviennent cette année vont souvent prendre plaisir à veiller sur les besoins de leurs bébés ou tout-petits et à observer leur croissance. Les perspectives positives de l'année sont telles que certains Cochons d'Eau qui sont sans attaches au début pourraient faire vie commune dans les derniers mois. Sur le plan personnel, les années du Dragon peuvent souvent être exceptionnelles.

Globalement, l'année du Dragon peut offrir des occasions stimulantes au Cochon d'Eau, mais pour en profiter, il devra rester au fait des développements et agir rapidement. En se préparant convenablement, il peut tirer un meilleur parti de son potentiel et améliorer grandement ses perspectives. L'année du Dragon peut également être une période de changement et, pour certains Cochons d'Eau, un temps pour changer la nature de leur travail ou adopter de nouveaux intérêts. Sur le plan personnel, le Cochon d'Eau sera souvent encouragé par le soutien qu'il reçoit et sa vie familiale et sociale va lui apporter beaucoup de bonheur. Bref, l'année sera occupée et offrira des possibilités importantes.

## Conseil pour l'année

Vous êtes peut-être consciencieux, mais ne vous absorbez pas dans vos activités courantes au point de rester fermé aux développements. Tenez-vous au courant. Par ailleurs, restez disponible à la nouveauté. C'est une année de changements qui vous permettra de progresser et de faire bon usage de vos forces.

## Le Cochon de Bois

L'année du Dragon peut offrir des possibilités importantes au Cochon de Bois. Les années du Dragon sont vives et dynamiques et de nombreux Cochons de Bois vont rapidement en saisir le principe pour progresser et vivre des expériences enrichissantes d'une grande valeur.

Les Cochons de Bois aux études doivent demeurer concentrés et disciplinés. Lorsqu'il prépare ses examens et ses cours, le Cochon de Bois doit se donner beaucoup de temps, idéalement en établissant un horaire de travail. Plus il est organisé, mieux il réussira. Les années du Dragon récompensent l'engagement sincère.

Par ailleurs, au cours de ses études, des occasions peuvent souvent se présenter pour le Cochon de Bois, y compris la chance d'apprendre un nouveau sujet ou une habileté additionnelle. En restant ouvert aux occasions, et en faisant bon usage des installations disponibles, le Cochon de Bois peut grandement en profiter.

« L'apprentissage est sans limite », d'après le proverbe chinois, et cette année est le temps de perfectionner ses compétences.

Même si le Cochon de Bois est préoccupé par ses études, il pourrait lui être utile de se tourner vers l'avenir et de réfléchir à la direction qu'il veut suivre plus tard. Il pourrait, par exemple, envisager divers sujets d'étude ou le type de métier qui l'intéresse. En réfléchissant et en discutant avec son entourage, y compris sa famille et ses professeurs, il pourrait trouver de bonnes idées qui vont lui donner un objectif à atteindre. Les décisions et les réussites (y compris les titres de compétences) de l'année du Dragon peuvent avoir une valeur à long terme.

Les intérêts personnels du Cochon de Bois ont également leur importance et peuvent lui procurer beaucoup de bonheur. S'il y a lieu, il devrait là encore profiter le plus possible des installations locales. Les années du Dragon favorisent la nouveauté et si un intérêt ou une activité autre attire son attention, le Cochon de Bois devrait y donner suite. C'est une année de possibilités.

Tout au long de l'année, le Cochon de Bois devrait s'efforcer de discuter de ses activités courantes et de ses préoccupations avec son entourage. Celui-ci sera ainsi plus en mesure de l'aider et de le comprendre. Par ailleurs, dans sa vie familiale, s'il prend part aux activités au lieu de s'isoler, il pourra en profiter plus pleinement. Le message essentiel pour le Cochon de Bois cette année est d'être actif et de s'impliquer.

Le Cochon de Bois va également apprécier grandement son cercle d'amis cette année. En plus de se soutenir mutuellement, on peut s'amuser ferme en partageant des activités. Les mois de mars, de mai, de juillet et de décembre pourraient réserver des rencontres particulièrement vivantes ainsi que de bonnes occasions de rencontrer des gens. Un mot d'avertissement s'impose toutefois : le Cochon de Bois doit se méfier des commérages et des rumeurs. S'il n'y prend pas garde, il pourrait être induit en erreur. S'il est préoccupé par des ouï-dire, il devrait vérifier les faits lui-même.

Par ailleurs, même si le Cochon de Bois mène une vie active, les pressions qu'il subit dans ses occupations, et les longues soirées qu'il fait parfois, font en sorte qu'il doit se préoccuper de son bien-être et de son alimentation. S'il n'y prête pas attention, il pourrait devenir vulnérable aux affections mineures. À tous les Cochons de Bois, prenez note.

Pour les Cochons de Bois au travail ou à la recherche d'un emploi, l'année du Dragon peut réserver des développements prometteurs. S'il est déjà employé, le Cochon de Bois sera souvent sollicité pour assumer de plus grandes responsabilités. En se montrant motivé, il peut faire de bons progrès et obtenir un soutien adéquat. Qu'il reste avec son employeur actuel ou qu'il décide de passer à autre chose, l'année est propice à la consolidation de son expérience.

Pour les Cochons de Bois qui sont à la recherche d'un emploi, un stage d'apprentissage ou un poste de stagiaire pourraient être de bons choix. De nombreux Cochons de Bois pourraient se voir offrir des occasions importantes au cours de l'année ; dès qu'ils graviront la première marche, ils pourront faire fructifier leur expérience. La période de la fin mars au début juillet et le mois de novembre pourraient réserver des possibilités prometteuses.

Le Cochon de Bois est entreprenant et débrouillard et même si ses moyens sont limités, il s'en tirera bien financièrement cette année. Il réalisera toutefois que pour faire tout ce qu'il a envie de faire, il doit s'imposer une discipline. Certains Cochons de Bois vont vouloir profiter des occasions de voyage pendant l'année et devraient faire des économies à cet effet.

Globalement, l'année du Dragon sera exigeante pour le Cochon de Bois et pour bien s'en tirer, il devra y mettre l'effort et rester discipliné. Toutefois, s'il garde ses aspirations bien en vue (dont certaines vont faire l'objet de choix cette année), il sera bien récompensé pour son assiduité. En somme, une année constructive et intéressante.

## Conseil pour l'année

Appuyez-vous sur le soutien d'autrui et tirez le meilleur parti des ressources disponibles. En perfectionnant vos habiletés et vos connaissances, vous pourrez ouvrir des possibilités prometteuses pour maintenant et pour plus tard.

## Le Cochon de Feu

L'année du Dragon offre une latitude considérable au Cochon de Feu et en donnant suite à ses idées, il sera content de la tournure des événements. Il ne doit pas être trop rigide dans sa planification, cependant. Les événements dans l'année du Dragon peuvent parfois prendre une tournure étrange et c'est le moment d'être flexible, actif et à l'affût.

Pour les Cochons de Feu au travail, l'année peut être déterminante. Certains vont décider de prendre leur retraite et vont vouloir concrétiser certaines idées longuement entretenues. D'autres pourraient diminuer leurs engagements professionnels et profiter de leurs loisirs. D'autres, par contre, vont décider de mettre leurs connaissances spécialisées à profit et vont se donner de nouveaux objectifs au travail. Pour de nombreux Cochons de Feu, l'année sera décisive et il faudra tenir compte de bien des facteurs. Si le Cochon de Feu est incertain quant aux options qui s'offrent à lui, surtout en rapport avec les conséquences financières, il devrait clarifier les choses. Celui lui servira bien.

Qu'il demeure au travail ou qu'il s'en retire, le soutien que ses collègues démontrent à son égard sera un aspect intéressant de l'année pour le Cochon de Feu. À présent, bon nombre de Cochons de Feu sont bien respectés et ceux qui prendront leur retraite pourraient être pris de court devant la sympathie qu'on leur témoignera. De la même façon, ceux qui demeurent au travail trouveront que leurs collègues apprécient leurs connaissances. Certains pourraient même devenir des mentors. En raison du caractère décisif de l'année dans la vie professionnelle du Cochon de Feu, les relations avec ses collègues pourraient s'avérer déterminantes et utiles.

Les questions financières vont tenir le haut du pavé pendant l'année et exigeront une attention particulière. Un assez bon nombre de Cochons de Feu vont bénéficier d'une prime, d'un cadeau ou d'un bénéfice d'une politique favorable. Le Cochon de Feu devra toutefois réfléchir soigneusement à la meilleure façon d'utiliser ce montant qui tombe à point nommé. Autrement, il y a risque que tout montant supplémentaire passe inaperçu dans les dépenses courantes. Idéalement, si le Cochon de Feu a des projets spécifiques en vue, il devrait économiser à cet effet. Les Cochons de Feu qui prennent leur retraite trouveront également utile de réfléchir aux ajustements qui devront être faits. Sur le plan des finances, le Cochon de Feu peut bien s'en tirer cette année avec une bonne gestion.

Les voyages pourraient également être au programme cette année et si le Cochon de Feu veut visiter une destination particulière ou s'il tombe sur une occasion de voyage qui l'intéresse, il devrait y donner suite. En raison de la spontanéité qui caractérise l'année du Dragon, certains Cochons de Feu pourraient également partir pour une courte pause sans préavis.

Un autre aspect important de l'année sera la façon dont le Cochon de Feu profite de certains intérêts personnels. Les Cochons de Feu qui ont pris leur retraite ou leur semi-retraite auront souvent des projets. Peu importe sa situation actuelle, toutefois, l'année du Dragon peut offrir au Cochon de Feu des possibilités prometteuses. En plus du plaisir qu'il prend à ses activités courantes, il pourrait se laisser tenter par une nouvelle activité ou par un sujet d'intérêt, et il appréciera la nouveauté. C'est une année où il faut profiter le plus possible de ce qui est offert, y compris en termes d'installations locales.

Certains des intérêts du Cochon de Feu comporteront un important élément social et il pourrait se faire de nouveaux amis et des contacts importants. Les mois de mars, de mai, de juillet et de décembre pourraient lui offrir de bonnes occasions sociales.

La vie familiale du Cochon de Feu sera également bien remplie cette année et plusieurs personnes, dont lui-même, auront des choix importants à faire. Étant donné l'importance des enjeux, il importe que toutes les personnes concernées soient ouvertes et prêtes à discuter, à écouter et à s'appuyer l'une l'autre. C'est ici que la capacité d'empathie du Cochon de Feu et ses vastes connaissances peuvent être d'un grand secours et les membres plus jeunes de la famille vont particulièrement apprécier ses conseils et son aide concrète. Le Cochon de Feu sera très certainement au centre de la vie familiale cette année.

Il devrait également faire preuve de flexibilité pour ce qui est de certains projets. De nouvelles idées peuvent souvent surgir, qui représentent une amélioration sur son idée initiale. En restant à l'affût et en s'adaptant, le Cochon de Feu sera souvent ravi par la tournure des événements.

Même s'il se tient occupé et actif, il serait utile qu'il se préoccupe de son bien-être. S'il estime qu'il devrait améliorer son régime alimentaire ou son programme d'exercice, il devrait se faire conseiller sur la meilleure façon de le faire. Cela pourrait le revigorer.

Dans l'ensemble, l'année du Dragon sera agréable pour le Cochon de Feu. En étant disposé à saisir les occasions et en donnant suite à ses idées, il peut espérer quelques développements favorables. Tout au long de l'année, il profitera du soutien et de la bonne volonté de son entourage, pourvu qu'il soit prêt à partager ses réflexions et ses activités. Cette année peut être déterminante et enrichissante.

## Conseil pour l'année

Votre nature sociable et curieuse peut bien vous servir cette année. Envisagez d'adopter un nouvel intérêt ou d'entreprendre de nouveaux projets satisfaisants. Passez vos temps de loisir à faire des choses agréables et profitables. Les conséquences de vos actions pourraient être multiples.

## Le Cochon de Terre

Le Cochon de Terre est à la fois ambitieux et débrouillard et devrait bien réussir cette année. Toutefois, malgré les perspectives favorables, il devra s'adapter à l'évolution de la situation. Ce n'est pas le moment d'être inflexible ou trop rigide.

L'habileté du Cochon de Terre à entretenir des relations avec les autres va bien lui servir cette année. Il devrait tirer le meilleur parti de ses occasions de rencontrer des gens pour se faire un carnet de contacts et améliorer sa position sociale. Plus il connaît de gens qui le connaissent, plus il y aura d'ouvertures pour lui.

Cette affirmation s'applique tout particulièrement à sa situation professionnelle. De nombreuses sociétés vont vivre des changements et s'il est un bon joueur d'équipe et travaille bien avec les autres, le Cochon de Terre va non seulement améliorer sa position actuelle, mais consolider ses perspectives. Pour réussir dans cette année mouvementée, il doit demeurer visible, actif et impliqué.

Grâce à la vaste expérience et aux connaissances à l'interne que de nombreux Cochons de Terre auront accumulées au fil des années, ils pourront à présent avoir la chance d'assumer un plus grand rôle. Celui-ci pourrait toutefois différer quelque peu de ce qu'ils espéraient. De plus, pour en profiter pleinement, ces Cochons de Terre devront se montrer flexibles et, dans certains cas, élargir considérablement leurs compétences. C'est une année marquée au coin du progrès, mais avec des périodes exigeantes qui demanderont un effort soutenu.

La plupart des Cochons de Terre vont demeurer avec leur employeur actuel pendant l'année. Pour ceux, toutefois, qui estiment que le temps est propice au changement, ainsi que pour ceux qui cherchent du travail, l'année du Dragon peut offrir des possibilités intéressantes. Ces Cochons de Terre ne devraient pas trop se limiter dans les postes souhaités. Là encore, l'offre peut ne pas correspondre à la visée initiale, mais le Cochon de Terre aura la chance de faire ses preuves d'une nouvelle façon et de manière à pouvoir progresser à l'avenir. La période de la fin mars au début juillet et le mois de novembre pourraient réserver des occasions particulièrement prometteuses, mais dès que le Cochon de Terre se met à parcourir les options, des développements peuvent rapidement se mettre en marche. C'est une année fébrile qui apportera des changements et des occasions à saisir.

Les progrès réalisés par bon nombre de Cochons de Terre au travail vont leur permettre d'augmenter leurs revenus et certains pourraient bénéficier d'un versement ou d'un cadeau additionnel. Cependant, le Cochon de Terre pourrait aussi avoir des dépenses domestiques importantes ainsi que d'autres projets à mettre en marche, et il devra user de discipline dans ses dépenses courantes et bien planifier. Par ailleurs, s'il peut utiliser une embellie financière pour réduire ses dettes et ses versements d'intérêts, cela peut lui être utile. Une bonne gestion financière fera toute la différence cette année.

Si possible, le Cochon de Terre devrait inclure des voyages dans sa planification. Un changement de paysage peut lui faire du bien et il pourrait être possible de jumeler ses vacances avec une manifestation culturelle ou un événement. L'année du Dragon favorise la spontanéité et certains Cochons de Terre pourraient être tentés par des occasions de voyage de dernière minute. Là encore, les années du Dragon réservent des surprises et des possibilités inattendues.

Cette période sera également inspirante et de nombreux Cochons de Terre voudront faire avancer leurs intérêts dans une nouvelle direction. Ils pourraient s'intéresser à un aspect nouveau d'un passe-temps existant, se fixer un nouveau défi ou tenter l'aventure en essayant une occupation complètement nouvelle. C'est le moment pour tout Cochon de Terre qui a négligé ses intérêts de se réserver du temps pour commencer quelque chose de nouveau.

Le Cochon de Terre accueillera favorablement les occasions sociales de l'année et appréciera le soutien de ses amis proches. Certains d'entre eux pourraient détenir une expérience ou des connaissances utiles pour traverser les changements. Au cours de l'année, il importe que le Cochon de Terre soit ouvert et recueille l'opinion des autres. Au fil des changements qui surviennent pendant l'année, il aura également la chance de nouer de nouvelles amitiés. Les mois de mars, de mai, de juillet et de décembre pourraient être les plus socialement actifs.

Avec tout ce qui se passe cette année, le Cochon de Terre appréciera grandement le temps passé en famille avec ses proches et les projets communs. Là encore, son empathie et son talent pour impliquer toute la maisonnée seront particulièrement appréciés. En plus d'aider les autres pour ce qui pourrait s'avérer des décisions importantes, le Cochon de Terre pourrait célébrer le mariage d'un proche ou devenir grand-père ou grand-mère. L'année s'annonce bien remplie, avec des moments privilégiés à vivre en famille, surtout vers la fin de l'année du Dragon. Les mois de décembre et de janvier en particulier pourraient afficher un tourbillon d'activité.

En raison de son style de vie affairé, il importe toutefois que le Cochon de Terre s'occupe de son bien-être. S'il lésine sur ses exercices ou néglige son alimentation, il pourrait se sentir moins en forme. À tous les Cochons de Terre, prenez note.

Le Cochon de Terre est de nature déterminée et débrouillarde et dans l'année du Dragon, son travail acharné et son désir de progresser peuvent créer d'excellentes d'occasions. Même si celles-ci ne sont pas toujours ce qui était escompté et pourraient exiger quelques ajustements et des efforts soutenus, le Cochon de Terre appréciera le fait de pouvoir faire avancer sa situation. Par ailleurs, les relations positives qu'il entretient avec beaucoup de gens vont non seulement l'aider dans bien des choses qu'il entreprend, mais également donner lieu à des moments de joie. L'année du Dragon peut réserver des surprises et des tournures inattendues, mais le Cochon de Terre possède les qualités et les forces pour bien s'en tirer. Et en effet, il s'en tirera bien.

## Conseil pour l'année

Grâce à votre nature ambitieuse, vous serez motivé à accomplir beaucoup de choses cette année. Toutefois, même si votre expérience vous donne une longueur d'avance, ne vous fermez pas à d'autres voies pour avancer. Restez à l'affût et prêt à vous adapter. Par ailleurs, pendant cette année au rythme accéléré, profitez au maximum des occasions qui se présentent. Cette année a le potentiel d'être réussie et enrichissante pour vous.

# Des Cochons célèbres

Bryan Adams, Woody Allen, Julie Andrews, Fred Astaire, Sir Richard Attenborough, Hector Berlioz, Jane Birkin, Humphrey Bogart, James Cagney, Maria Callas, Paul Cézanne, Richard Chamberlain, Julien Clerc, Hillary Rodham Clinton, Glenn Close, David Coulthard, Oliver Cromwell, Billy Crystal, le Dalaï-Lama, Ted Danson, Yvon Deschamps, Richard Dreyfuss, Claude Dubois, Gilles Duceppe, Jean Duceppe, Ralph Waldo Emerson, Sylvie Ferlatte, Henry Ford, Clara Furey, Daniel Gadouas, André Gagnon, Charlotte Gainsbourg, Vincent Gratton, Ernest Hemingway, Henri VIII, Alfred Hitchcock, Elton John, Guy Laliberté, Tommy Lee Jones, Carl Gustav Jung, Boris Karloff, Stephen King, Nastassja Kinski, Kevin Kline, Roger Larue, Véronique Le Flaguais, David Letterman, Normand Lévesque, Jerry Lee Lewis, Marcel Marceau, Ricky Martin, John McEnroe, Ewan McGregor, Marc Messier, Mika, Wolfgang Amadeus Mozart, Fernand Nault, Camilla Parker-Bowles, Luciano Pavarotti, Jean-Pierre Perreault, le prince Rainier de Monaco, Maurice Ravel, Ronald Reagan, Jean-Paul Riopelle, Arthur Rubenstein, Salman Rushdie, Françoise Sagan, Pete Sampras, Arantxa Sanchez-Vicario, Carlos Santana, Arnold Schwarzenegger, Steven Spielberg, Karine Vanasse, Suzanne Vega, Jules Verne, Jacques Villeneuve, Kim Yaroshevskaya, la duchesse d'York.

# Appendice

Vous trouverez dans cette section la liste des signes qui correspon-
dent aux heures du jour, grâce à laquelle vous pourrez trouver
votre ascendant et découvrir ainsi un autre aspect de votre personnalité. Enfin, pour compléter les chapitres du début sur la personnalité et l'horoscope de chaque signe, j'ai inclus un guide sur
la meilleure façon de tirer parti de votre signe et de l'année.

# Relations personnelles

1. Excellente relation. Belle harmonie.
2. Très bonne relation. Nombreux champs d'intérêt communs.
3. Bonne relation, fondée sur le respect et la compréhension.
4. Relation satisfaisante, qui exige parfois des efforts et des compromis.
5. Relation malaisée. Problèmes de communication et divergences des champs d'intérêt.
6. Relation difficile. Personnalités conflictuelles.

| | Bœuf | Tigre | Lièvre | Dragon | Serpent | Cheval | Chèvre | Singe | Coq | Chien | Cochon | Rat |
|---|---|---|---|---|---|---|---|---|---|---|---|---|
| Bœuf | 3 | | | | | | | | | | | |
| Tigre | 6 | 5 | | | | | | | | | | |
| Lièvre | 2 | 3 | 2 | | | | | | | | | |
| Dragon | 5 | 4 | 3 | 2 | | | | | | | | |
| Serpent | 1 | 6 | 2 | 1 | 5 | | | | | | | |
| Cheval | 5 | 1 | 5 | 3 | 4 | 2 | | | | | | |
| Chèvre | 5 | 3 | 1 | 4 | 3 | 2 | 2 | | | | | |
| Singe | 3 | 6 | 3 | 1 | 3 | 5 | 3 | 1 | | | | |
| Coq | 1 | 5 | 6 | 2 | 1 | 2 | 5 | 5 | 5 | | | |
| Chien | 4 | 1 | 2 | 6 | 3 | 1 | 5 | 3 | 5 | 2 | | |
| Cochon | 3 | 2 | 2 | 2 | 6 | 3 | 2 | 2 | 3 | 1 | 2 | |
| Rat | 1 | 4 | 5 | 1 | 3 | 6 | 5 | 1 | 5 | 3 | 2 | 1 |

# Relations professionnelles

1. Excellente relation, fondée sur une parfaite compréhension mutuelle.
2. Très bonne relation de complémentarité.
3. Bonne relation. Entente susceptible d'être créée.
4. Relation satisfaisante moyennant un but commun. Des compromis sont souvent nécessaires.
5. Relation malaisée, peu susceptible de donner des résultats. Manque de confiance ou de compréhension. Rivalité entre les signes.
6. Relation difficile, caractérisée par la méfiance. À éviter.

| | Bœuf | Tigre | Lièvre | Dragon | Serpent | Cheval | Chèvre | Singe | Coq | Chien | Cochon | Rat |
|---|---|---|---|---|---|---|---|---|---|---|---|---|
| Bœuf | 3 | | | | | | | | | | | |
| Tigre | 6 | 5 | | | | | | | | | | |
| Lièvre | 3 | 3 | 3 | | | | | | | | | |
| Dragon | 4 | 3 | 3 | 3 | | | | | | | | |
| Serpent | 2 | 6 | 4 | 1 | 5 | | | | | | | |
| Cheval | 5 | 1 | 5 | 3 | 4 | 4 | | | | | | |
| Chèvre | 5 | 3 | 1 | 4 | 3 | 3 | 2 | | | | | |
| Singe | 3 | 4 | 5 | 1 | 5 | 4 | 4 | 3 | | | | |
| Coq | 1 | 5 | 5 | 2 | 1 | 2 | 5 | 5 | 6 | | | |
| Chien | 5 | 2 | 3 | 6 | 4 | 2 | 5 | 3 | 5 | 4 | | |
| Cochon | 3 | 3 | 2 | 3 | 5 | 4 | 2 | 3 | 4 | 3 | 1 | |
| Rat | 1 | 3 | 4 | 1 | 3 | 6 | 5 | 2 | 5 | 4 | 3 | 2 |

# Votre ascendant

Votre ascendant exerce une forte influence sur votre caractère, aussi son étude complétera-t-elle ce que vous avez déjà appris sur votre signe et sur la manière dont votre élément l'affecte. Vous parviendrez ainsi à une meilleure compréhension de votre véritable personnalité, comme le veut la tradition astrologique chinoise.

Pour déterminer votre ascendant, il suffit de chercher le signe qui correspond à l'heure (normale et non avancée) de votre naissance dans le tableau ci-dessous.

| Heure de naissance | Ascendant |
| --- | --- |
| 1 h à 3 h | Bœuf |
| 3 h à 5 h | Tigre |
| 5 h à 7 h | Lièvre |
| 7 h à 9 h | Dragon |
| 9 h à 11 h | Serpent |
| 11 h à 13 h | Cheval |
| 13 h à 15 h | Chèvre |
| 15 h à 17 h | Singe |
| 17 h à 19 h | Coq |
| 19 h à 21 h | Chien |
| 21 h à 23 h | Cochon |
| 23 h à 1 h | Rat |

Bœuf : L'ascendant du Bœuf amplifie la prudence, la retenue et la stabilité, qualités souhaitables pour tous les signes. Il accentue également l'assurance et la résolution, ce qui convient particulièrement bien aux natifs du Tigre, du Lièvre et de la Chèvre.

Tigre : Cet ascendant exerce une influence dynamisante sur le signe, qui est alors plus extraverti, entreprenant et impulsif. L'ascendant du Tigre est généralement favorable aux natifs du Bœuf, du Tigre, du Serpent et du Cheval.

Lièvre : L'ascendant du Lièvre modère le signe, favorisant chez lui la réflexion, la sérénité et la discrétion. Le Rat, le Dragon, le Singe et le Coq en tirent un grand avantage.

Dragon : Cet ascendant insuffle courage, détermination et ambition. Ces qualités sont précieuses aux natifs du Lièvre, de la Chèvre, du Singe et du Chien.

Serpent : Sous l'influence de l'ascendant du Serpent, le signe se montre plus réfléchi, intuitif et autonome. Le Tigre, la Chèvre et le Cochon y gagnent.

Cheval : L'ascendant du Cheval rend plus prononcés l'esprit d'aventure, l'audace et, occasionnellement, l'inconstance. Ses effets sont bénéfiques pour le Lièvre, le Serpent, le Chien et le Cochon.

Chèvre : Le natif ayant cet ascendant est plus enclin à se montrer tolérant, facile à vivre et réceptif. Ses talents artistiques s'en trouvent également accrus. L'ascendant de la Chèvre a d'heureux effets sur le Bœuf, le Dragon, le Serpent et le Coq.

Singe : Légèreté et sens de l'humour vont de pair avec cet ascendant. Le signe qui en bénéficie est également plus entreprenant et communicatif. L'ascendant du Singe convient à merveille aux natifs du Rat, du Bœuf, du Serpent et de la Chèvre.

Coq : L'ascendant du Coq confère un esprit méthodique, une ouverture aux autres et beaucoup d'entrain. Il rend le signe plus efficace. Le Bœuf, le Tigre, le Lièvre et le Cheval en tirent grand profit.

Chien : Cet ascendant encourage le signe à faire preuve de bon sens, d'impartialité et de loyauté. Il exerce une excellente influence sur les natifs du Tigre, du Dragon et de la Chèvre.

Cochon : Le natif sous l'influence de cet ascendant est plus sociable, heureux de son sort, et même complaisant. Il est également enclin à aider autrui, car l'ascendant du Cochon accentue la bienveillance. Le Dragon et le Singe en bénéficient particulièrement.

Rat : L'ascendant du Rat incite le signe à se montrer extraverti, sociable et prudent en matière d'argent. Il a une influence particulièrement favorable sur les natifs du Lièvre, du Cheval, du Singe et du Cochon.

# Comment tirer profit de votre signe et de la nouvelle année ?

Chacun des douze signes du zodiaque chinois se démarque par des qualités et des forces qui lui sont propres. En les découvrant, vous saurez les utiliser à bon escient ; de même, en connaissant vos points faibles, vous serez en mesure d'apporter des correctifs au besoin. J'ose espérer que la section qui suit vous sera utile. Ce guide vous propose également quelques conseils, afin de vous aider à profiter pleinement de l'année du Dragon.

# Le Rat

Le Rat déborde de talents, parmi lesquels son entregent constitue sans doute sa plus grande force. À son charme et à sa sociabilité s'ajoute un sens inné de la psychologie. Le Rat est également perspicace et n'a pas son pareil pour repérer les bonnes occasions.

Cependant, pour réellement tirer parti de son potentiel, il lui faut s'imposer un peu de discipline. Par exemple, il serait salutaire qu'il ne cède pas à la tentation (parfois très forte) de s'engager dans un trop grand nombre de projets en même temps. Mieux vaudra pour lui établir ses priorités et cibler ses efforts; les résultats n'en seront que plus heureux. Par ailleurs, étant donné sa prestance, il gagnera à briguer des postes lui permettant d'exercer son art des relations humaines. Les secteurs de la vente et du marketing lui conviendront à merveille.

Le Rat gère habilement son bien. Même s'il est généralement enclin à la mesure, il lui arrive de se laisser aller à des folies. Bien sûr, ce travailleur appliqué les mérite, mais qu'il fasse preuve de retenue lorsque ses envies d'extravagance se multiplient!

Famille et amis tiennent une grande place dans sa vie. S'il se montre envers eux loyal et bienveillant, il tend par contre à taire ses propres inquiétudes. En s'ouvrant davantage au sujet de ses préoccupations, il bénéficierait d'une aide précieuse. Ses proches lui vouent une grande estime et seraient volontiers prêts à l'épauler, si seulement il se montrait moins secret.

Agile d'esprit, imaginatif et sociable, le Rat a assurément beaucoup à offrir. Il lui faudra d'abord et avant tout se fixer des objectifs clairs. Une fois décidé, plus rien ne peut lui résister; plus rien, ni personne… vu son charme fou! S'il canalise intelligemment ses énergies, il ira loin dans la vie.

# Conseils au Rat pour 2012

## Perspectives générales

Actif et débrouillard, le Rat peut profiter grandement de l'année du Dragon. Pour en bénéficier pleinement, il devra se mettre de l'avant et agir rapidement, mais d'excellentes possibilités vont s'ouvrir pour lui. S'il a confiance en lui-même, maintient sa détermination et use de sa force de persuasion, il peut accomplir beaucoup de choses dans cette année positive et progressiste.

## Perspectives de carrière

Ce n'est pas une année pour l'immobilisme et de nombreux Rats vont consolider leur expérience et faire des avancées importantes dans leur carrière. Les occasions peuvent survenir rapidement dans l'année du Dragon et le Rat devra rester à l'affût et agir rapidement.

## Finances

Le Rat peut bénéficier d'une hausse salariale et faire quelques achats avantageux. Toutefois, il devrait gérer ses finances avec soin, y compris en faisant des provisions pour le plus long terme. Une bonne planification portera fruit.

## Relations avec les autres

Né sous le signe du charme, le Rat va rencontrer des gens, se faire des amis, profiter de ses nouveaux contacts et jouir d'excellentes possibilités amoureuses pendant cette année active. En particulier, de nouveaux intérêts et activités peuvent mener à de nouvelles amitiés et le soutien, l'amour et l'amitié des autres vont aider et encourager le Rat.

# Le Bœuf

Volonté et détermination sont l'apanage du Bœuf. Le moins qu'on puisse dire, c'est qu'il sait ce qu'il veut ! Sans compter qu'il poursuit ses buts avec une persévérance à toute épreuve. Sa ténacité tout comme sa fiabilité sont d'ailleurs une source d'inspiration pour autrui. Le Bœuf aimant avant tout l'action, il accomplit souvent de grandes choses dans sa vie, et s'il peut corriger ses points faibles, il atteindra l'excellence.

La fermeté avec laquelle il s'applique à réaliser ses objectifs peut parfois se traduire par une certaine étroitesse d'esprit et une attitude rigide. En effet, le Bœuf ne se montre pas toujours ouvert aux changements ; de plus, il préfère de loin faire les choses à sa manière, plutôt que de dépendre des autres. Il lui serait salutaire de se montrer plus coopératif et de cultiver son esprit d'aventure. La résistance qu'il manifeste face aux situations nouvelles peut lui être préjudiciable, alors que, s'il fait l'effort de s'adapter, ses progrès s'en verront facilités.

Le Bœuf gagnerait également à élargir l'éventail de ses champs d'intérêt ainsi qu'à aborder la vie avec plus de légèreté. Il est parfois préoccupé par ses activités au point de négliger ceux qui l'entourent ; à vrai dire, son application et son sérieux peuvent être excessifs, le rendant quelque peu rébarbatif. Un peu d'humour ne lui ferait pas de mal ! Toutefois, le Bœuf est un être de parole, sa loyauté envers sa famille et ses amis étant irréprochable. On l'admire, on le respecte et sa volonté de fer lui vaudra une vie réussie.

# Conseils au Bœuf pour 2012

## Perspectives générales

L'année sera mi-figue, mi-raisin et le Bœuf devra garder la tête froide et être prêt à s'adapter au besoin. Ce n'est pas le moment d'être borné ou inflexible, en particulier du fait que les changements qui surviennent vont souvent permettre au Bœuf d'acquérir une nouvelle expérience et poser les fondements de progrès futurs.

## Perspectives de carrière

Les habiletés du Bœuf seront mises à l'épreuve cette année. Si, toutefois, il se concentre sur ses objectifs et profite de formations et d'autres occasions d'élargir ses compétences, il va acquérir une expérience qui va l'aider à l'avenir. L'année sera certes exigeante, mais peut aussi être d'un apport précieux.

## Finances

C'est une année qui exige d'être consciencieux et vigilant, surtout lorsqu'il s'agit de paperasse à régler. Le Bœuf doit prévoir son budget à l'avance pour certains projets et besoins et, si possible, faire des provisions pour des vacances ou d'autres petits plaisirs.

## Relations avec les autres

Même si certains Bœufs sont solitaires, le contact avec autrui peut être très important cette année. Le Bœuf en impressionnera plus d'un et s'il fait preuve d'ouverture, il pourra compter sur l'appui et sur les conseils des autres. Pour certains, de nouvelles amitiés ou des perspectives amoureuses pourraient s'avérer déterminantes. Un mot d'avertissement : vu les pressions, les délais et les tracas de l'année, le Bœuf devra surveiller ses humeurs. Des mots prononcés trop hâtivement pourraient être regrettés plus tard.

# Le Tigre

Toujours entreprenant et plein d'entrain, le Tigre aime mener une vie bien remplie. Très sociable, il est doté d'un esprit alerte et innovateur et cultive une foule de champs d'intérêt. Cependant, en dépit de son enthousiasme et de sa bonne volonté, il exploite parfois mal son potentiel, qui est considérable.

Sa versatilité l'entraîne à papillonner d'une activité à l'autre, et il peut facilement disperser ses énergies en voulant tout faire à la fois. Une certaine rigueur, alliée à une bonne discipline personnelle, lui permettrait d'être plus productif. Il devrait donc s'interroger quant au meilleur emploi qu'il peut faire de ses talents, se fixer des objectifs, et n'en pas dévier. En effet, s'il arrive à surmonter ses tendances à l'instabilité et sait faire preuve de persévérance, il parviendra plus rapidement à des résultats.

Son caractère liant n'empêche pas le Tigre de vouloir garder sa liberté d'action. Personne ne songerait à la lui retirer; toutefois, il trouverait la vie plus facile s'il se montrait prêt à travailler de concert avec les autres. La grande confiance qu'il a en son jugement le porte parfois à faire fi des opinions exprimées. Il aurait intérêt à ne pas abuser de son désir d'indépendance: cela pourrait lui jouer de vilains tours!

Somme toute, le Tigre possède bien des atouts: il est audacieux, original et vif d'esprit. Sa personnalité chaleureuse et son amabilité en font une personne qu'on admire et qu'on aime. S'il apprend à maîtriser sa nature inconstante, il est promis à de belles réussites.

# Conseils au Tigre pour 2012

## Perspectives générales

Cette année peut renfermer un énorme potentiel, mais pour en profiter, le Tigre doit rester à l'affût, agir rapidement lorsqu'il aperçoit des occasions à saisir et veiller à ne pas tenter le diable. Bref, une année positive mais où il faut demeurer vigilant.

## Perspectives de carrière

Avec son esprit d'entreprise, ses idées et son approche, le Tigre peut bien faire cette année. Avec le flot d'événements et les bonnes possibilités qui se présentent, il a intérêt à faire un effort supplémentaire. De nouvelles compétences peuvent améliorer considérablement sa situation présente et future.

## Finances

En raison des frais de subsistance et de quelques achats importants probables cette année, il faudra bien contrôler les finances avec un budget détaillé.

## Relations avec les autres

Dans cette année chargée, le Tigre doit porter attention à ses relations avec les autres et passer des moments privilégiés avec ses proches. S'il est préoccupé, négligeant ou tendu et irritable, cela pourrait entraîner des difficultés. L'année peut être bonne et il y aura beaucoup de bons moments, mais le souci des autres sera très important.

# Le Lièvre

Le Lièvre est un être raffiné, doté d'un goût sûr. Il a beaucoup d'entregent et tout l'intéresse. Il apprécie les bonnes choses de la vie et fait ce qu'il faut pour se les procurer.

Fin et plein de charme, il possède néanmoins certains traits qui méritent surveillance. Son conservatisme peut l'inciter à trop de prudence. Son horreur du changement risque de lui coûter des occasions prometteuses. Par ailleurs, certains Lièvres sont prêts à de grands détours pour éviter les situations potentiellement difficiles : certes, personne n'aime les problèmes, mais, dans la vie, il faut accepter les risques de s'affirmer si l'on veut avancer. Par moments, il serait donc tout à l'avantage du Lièvre de faire preuve d'audace et d'assurance dans la poursuite de ce qu'il désire.

Le Lièvre attache une grande importance aux relations interpersonnelles et, bien que d'un commerce généralement agréable, il prend facilement ombrage de la critique. Le natif du signe devrait s'exercer à être moins susceptible : la critique est souvent un bon maître, si on sait l'écouter, et les problèmes sont riches d'enseignements, si on les regarde en face.

# Conseils au Lièvre pour 2012

## Perspectives générales
Les capacités du Lièvre seront mises à l'épreuve cette année. L'année du Dragon sera rapide et amènera des pressions et des changements. Or, en s'adaptant et en faisant de son mieux, le Lièvre pourra non seulement apprendre beaucoup, mais réussira souvent à tourner les événements à son avantage. L'année ne sera peut-être pas facile, mais l'assiduité du Lièvre peut lui rapporter beaucoup et contribuera aux succès dont il jouira en 2013.

## Perspectives de carrière
De nombreux Lièvres vont subir une augmentation de leur charge de travail lorsque des changements seront introduits ou lorsqu'ils assumeront de nouvelles tâches. Cela peut cependant donner l'occasion au Lièvre d'élargir son expérience et de travailler avec les autres. Ce qu'il apprend aujourd'hui va lui donner une bonne préparation pour l'avenir.

## Finances
Par nature, le Lièvre est généralement prudent en matière de finances et dans l'année du Dragon, il ne doit pas abaisser sa garde. Ce n'est pas une année pour prendre des risques et dans toute transaction financière, le Lièvre doit être consciencieux et vérifier tout ce qui n'est pas clair. Une vigilance accrue est de mise cette année.

## Relations avec les autres
Affable, le Lièvre apprécie ses relations avec les autres et au cours de l'année, sa vie familiale et sociale peut lui apporter beaucoup de bonheur. C'est une année pour les activités communes, les rencontres et, pour certains, de nouvelles amitiés et liaisons. La nature attentionnée et gentille du Lièvre alliée à sa capacité d'entretenir de bons rapports avec les autres seront particulièrement appréciées et de nombreux Lièvres seront en pleine forme.

# Le Dragon

Enthousiaste, entreprenant et d'une grande probité, le Dragon possède nombre de qualités admirables. Entre autres, il donne toujours le maximum et, même si toutes ses initiatives ne sont pas couronnées de succès, il persiste et signe. C'est un être qui suscite le respect et l'admiration. Sa vie est en général bien remplie.

Toutefois, le Dragon est à l'occasion brusque et trop direct. On le juge parfois dominateur à cause de sa forte personnalité. Il serait dans son intérêt d'écouter un peu plus les conseils qu'on lui donne plutôt que de se fier à lui seul.

De plus, il laisse parfois son enthousiasme prendre le dessus et il peut se montrer impulsif. Il saura donner sa pleine mesure s'il sait établir ses priorités et agir avec méthode et discipline. Plus de tact et de diplomatie ne lui feraient pas de tort non plus !

N'empêche, son entrain et son allure enjouée font que le Dragon est fort populaire. Lorsqu'il bénéficie d'augures favorables (et c'est souvent le cas du Dragon), il peut s'attendre à une vie riche et excitante. Ses talents sont nombreux et, s'il les utilise bien, le succès sera à sa portée.

# Conseils au Dragon pour 2012

## Perspectives générales

Enthousiaste, déterminé et chanceux, le Dragon cherchera à profiter au maximum de son année. Il devra utiliser son temps et ses énergies sagement, en établissant ses priorités et en saisissant les occasions. Si toutefois il fait des efforts et garde confiance en lui, il pourra passer une année réussie et déterminante sur le plan personnel.

## Perspectives de carrière

De grandes occasions lui font signe et le Dragon doit demeurer à l'affût et donner suite à toute possibilité qui l'intéresse. Il devrait également profiter de toute occasion qu'il a d'élargir ses compétences. C'est un temps de croissance et de possibilités déterminantes où les initiatives, les idées et l'action positive obtiendront leur récompense.

## Finances

Les efforts du Dragon et son esprit d'entreprise peuvent entraîner une augmentation de salaire et il peut également être chanceux lorsqu'il entreprend certaines transactions. Il devrait toutefois éviter de faire trop d'achats impulsifs et régler ses dossiers financiers rapidement.

## Relations avec les autres

Être sociable, le Dragon sera en excellente forme cette année. Il y aura de bons moments à passer en famille et avec les amis et des perspectives amoureuses prometteuses. C'est une année pour être actif et prendre plaisir à la société des autres et aux intérêts personnels anciens et nouveaux.

# Le Serpent

Le Serpent est avantagé par sa vive intelligence, son esprit curieux et son discernement. Il cultive des champs d'intérêt variés. D'une nature paisible et réfléchie, il planifie généralement avec grand soin. Ses nombreuses habiletés lui valent de beaux succès, mais certains traits de caractère peuvent entraver ses avancées.

Sa circonspection lui fait parfois perdre du terrain par rapport à d'autres, plus confiants, qui se jettent dans l'action. De plus, son côté solitaire et sa soif d'indépendance ne jouent pas toujours à son avantage. Il devrait donc se montrer plus avenant et inviter la collaboration d'autrui à ses projets. Le Serpent est certes talentueux, sa personnalité, riche et chaleureuse, mais tout cela transparaît avec difficulté vu sa réserve, voire sa tendance à s'effacer. Pourquoi ne pas se montrer à sa juste valeur ?

Il faut reconnaître cependant que le Serpent est son propre maître. À n'en pas douter, il sait ce qu'il veut et poursuivra ses objectifs avec courage et ténacité. Il n'en tient qu'à lui de faciliter son parcours. Au diable les réticences, Serpents, ouvrez-vous aux autres et avancez avec aplomb, quitte à prendre un risque de temps en temps… Quelques risques n'ont jamais fait de tort à personne !

# Conseils au Serpent pour 2012

## Perspectives générales

Le Serpent doit s'attendre à l'inattendu. Même si le Serpent aime bien suivre un plan soigneusement détaillé, les années du Dragon avancent à pas rapides et sont novatrices. C'est une année où il faut s'adapter et tirer le meilleur parti des occasions *dès qu'elles se présentent*. Plus important encore, ce qui est accompli cette année aura souvent une incidence majeure sur les réussites en réserve pour 2013, l'année éponyme du Serpent.

## Perspectives de carrière

C'est une année importante. Même si les ouvertures diffèrent de ce à quoi il s'attendait, les développements de l'année peuvent lui procurer une nouvelle expérience précieuse, dont possiblement l'entrée dans un nouveau domaine de travail. C'est une année où il faut s'ouvrir aux possibilités. Bien des choses peuvent découler de ce que le Serpent accomplit maintenant.

## Finances

En raison de ses dépenses personnelles, des frais de subsistance, des coûts de transport et de tout autre projet caressé par le Serpent, il devrait gérer son budget avec rigueur et éviter une trop grande quantité d'achats impulsifs. Il devrait également prendre bien soin de ses objets précieux et de ses biens personnels.

## Relations avec les autres

Une excellente année. Toutefois, le Serpent doit combattre ses tendances à l'indépendance et consulter les autres plus souvent. C'est une année pour s'impliquer et rester visible, pas trop en retrait. La vie familiale et sociale peut être enrichissante et beaucoup de gens vont apprécier la nature réfléchie et le bon jugement du Serpent. Une nouvelle amitié peut, pour certains, s'avérer déterminante.

# Le Cheval

Grâce à sa polyvalence, à sa grande capacité de travail et à son naturel sociable, le Cheval impressionne partout où il passe. Il a la parole facile, une personnalité attachante, aussi noue-t-il aisément des amitiés. On le reconnaît également à son esprit vif et à son sens de la repartie. Il tente volontiers sa chance et aime explorer de nouvelles idées.

Voilà donc un être fort sympathique et qui ne manque pas de caractère; mais, bien sûr, il a ses points faibles. Ainsi, il ne va pas toujours jusqu'au bout de ce qu'il entreprend, car il se laisse distraire par de trop nombreux centres d'intérêt. Un peu plus de persévérance serait fort indiqué. Le Cheval a tout pour réussir avec brio, mais il doit apprendre à s'en tenir aux plans qu'il s'est fixés. Pour exploiter à fond ses talents, il devra maîtriser sa tendance à l'éparpillement.

Le natif de ce signe aime la compagnie, il voue une grande affection à sa famille et à ses amis. Malheureusement, combien de fois n'a-t-il pas regretté un mot déplacé ou un accès de colère? Tout au long de sa vie, et plus particulièrement dans les situations tendues, le Cheval gagnera à maîtriser son tempérament fougueux et à cultiver l'art de la diplomatie. S'il se montre intempestif, en geste ou en parole, il risque de mettre en péril précisément ce à quoi il tient dans ses relations avec autrui, soit le respect mutuel et l'harmonie.

Le Cheval est avantagé par de multiples talents, alliés à une personnalité avenante et pleine d'entrain. En s'efforçant de tempérer sa versatilité, il aura toutes les chances de mener une vie riche et très satisfaisante.

# Conseils au Cheval pour 2012

## Perspectives générales

Actif, résolu et aventurier, le Cheval trouvera l'année du Dragon surprenante, intéressante et pleine de possibilités. Tout au long, il doit se méfier des risques et réfléchir aux conséquences de ses actions. En restant bien au fait et flexible, toutefois, il peut en faire une période profitable.

## Perspectives de carrière

Les progrès sont dans les cartes mais cela peut mettre de la pression additionnelle et exiger quelques ajustements. Pour bien réussir, le Cheval doit relever le défi et saisir ses occasions d'apprendre et d'ajouter à son expérience. L'engagement et l'initiative seront reconnus et récompensés cette année.

## Finances

Même si le revenu du Cheval est appelé à augmenter, c'est une année pour éviter de prendre des risques. En matière de finances, le Cheval doit être consciencieux et vigilant et, si possible, faire des provisions pour des dépenses plus importantes et des voyages.

## Relations avec les autres

C'est une année prometteuse. Les proches et les amis vont lui venir en aide, mais pour en profiter pleinement, le Cheval doit écouter leur point de vue et leur réserver des moments privilégiés. Pour ceux qui sont sans attaches, les perspectives amoureuses sont excellentes, alors que ceux qui commencent une nouvelle liaison vont souvent constater que celle-ci prend son envol. Une année stimulante personnellement, avec une vie familiale et sociale occupée et souvent enrichissante.

# La Chèvre

D'un naturel chaleureux, amical et compatissant, la Chèvre s'accorde bien avec ses semblables, qui la considèrent généralement comme facile à vivre. Elle apprécie les belles choses et déborde d'imagination. On la reconnaît à son tempérament artistique. Elle affectionne les activités créatives et de plein air.

Cependant, malgré sa personnalité attachante, se cache chez elle une nature nerveuse et pessimiste. La Chèvre s'inquiète facilement : sans l'appui et les encouragements de son entourage, elle peut douter d'elle-même et tergiverser.

Afin de réellement exploiter ses talents, elle devra gagner en assurance, se montrer plus résolue et cultiver sa sérénité. Elle a tant à offrir ! Pourquoi ne pas se promouvoir et faire preuve d'audace ? Par ailleurs, la Chèvre aurait intérêt à clarifier ses priorités ainsi qu'à mener ses projets avec méthode et discipline. Faire les choses au petit bonheur la chance restreint souvent ses progrès.

Bien qu'elle attache toujours un grand prix au soutien des autres, elle gagnerait à affirmer son indépendance, en surmontant l'appréhension que suscite chez elle l'idée d'agir pour son propre compte. Car, en définitive, la Chèvre est talentueuse, sincère et aimable ; en s'efforçant de toujours donner le meilleur d'elle-même, elle sera promise à une vie enrichissante et agréable.

# Conseils à la Chèvre pour 2012

## Perspectives générales

La Chèvre doit bien se tenir ! Une année occupée et volatile s'annonce. En dépit des moments d'inconfort, toutefois, il y a aura des occasions d'apprendre. Si la Chèvre se montre à la hauteur du défi présenté par cette année qui roule en accéléré, les avantages peuvent être appréciables.

## Perspectives de carrière

Il y aura d'importants développements cette année qui donneront à la Chèvre une bonne occasion d'élargir ses compétences et d'assumer de nouvelles tâches parfois inusitées. La période sera exigeante mais avec un peu de volonté et une capacité de s'adapter, la Chèvre peut favoriser sa situation présente et future.

## Finances

Pour faire tout ce qu'elle veut faire cette année, la Chèvre devra bien contrôler son budget et faire des provisions à l'avance pour les achats importants. Certaines Chèvres pourraient rentabiliser leurs intérêts personnels pour suppléer à leurs revenus.

## Relations avec les autres

La nature sincère et amène de la Chèvre peut lui attirer de nouveaux amis et beaucoup de soutien cette année. Lorsqu'elle est sous pression ou confrontée à une décision, cependant, la Chèvre devrait consulter son entourage. Ses relations positives avec nombre de ses proches seront un net avantage cette année en plus de lui procurer des moments de plaisir, de divertissement et de soutien.

# Le Singe

Dynamique, entreprenant et créatif, le Singe fait de l'effet. Il cultive une foule de champs d'intérêt. Toujours prêt à s'amuser, il se mêle à son entourage avec aisance. De plus, sa perspicacité lui permet comme nul autre de tourner les événements à son avantage.

Cependant, son esprit souple et ses nombreux talents s'accompagnent également de quelques points faibles. Par exemple, un rien le distrait et il peut manquer de persévérance. Il a également tendance à ne se fier qu'à son propre jugement. Bien entendu, sa confiance en lui constitue un atout inestimable, mais il gagnerait à accorder un peu plus de considération à l'opinion des autres. De plus, si le Singe aime être au courant de tout, il peut en revanche se montrer évasif et secret en ce qui concerne ses propres sentiments ou ses activités. Une plus grande franchise jouerait en sa faveur.

Le natif de ce signe est doté d'un extraordinaire esprit d'entreprise, mais, pour arriver à ses fins, il cède parfois à la tentation de prendre des raccourcis ou de recourir à la ruse. Or, qu'il prenne garde, cela risque de se retourner contre lui !

Il n'en reste pas moins que sa débrouillardise et sa force de caractère le promettent à une existence à la fois intéressante et variée. Si le Singe parvient à canaliser ses énergies avec à-propos et à refréner sa propension à l'éparpillement, une vie couronnée de succès l'attend. Sans compter que sa personnalité avenante lui vaudra de belles amitiés.

# Conseils au Singe pour 2012

## Perspectives générales

Le Singe appréciera le niveau d'activité de l'année du Dragon et en restant à l'affût et en s'adaptant au besoin, il peut en profiter grandement. C'est une période aux possibilités importantes et ses initiatives vont être bien récompensées.

## Perspectives de carrière

Le changement est dans l'air et le Singe sera souvent bien placé pour relever de nouveaux défis. C'est une année pour aller de l'avant, agir promptement lorsque les occasions se présentent et ajouter à ses compétences et à son expérience. La débrouillardise et l'esprit vif du Singe et les bonnes relations qu'il entretient avec beaucoup de gens vont bien lui servir cette année.

## Finances

Le salaire pourrait augmenter, mais le Singe devrait s'imposer une discipline et contrôler ses dépenses.

## Relations avec les autres

Le Singe sera en demande et la famille, les amis et les collègues vont apprécier ses nombreuses habiletés. Il aura une excellente occasion d'élargir son cercle social et, dans certains cas, de commencer une liaison amoureuse. Tout au long de l'année, toutefois, le Singe devrait consulter les autres avant d'agir. Grâce à l'aide, au soutien et aux encouragements qu'il reçoit, il peut en faire – et en profiter – beaucoup plus.

# Le Coq

Le Coq en impose par sa fière allure, son style incisif et résolu. Doté d'un esprit délié, il se tient toujours au fait de l'actualité et s'exprime avec clarté et conviction. Sa minutie et son efficacité lui attirent le respect d'autrui. L'intérêt qu'il porte à ses semblables est sincère et bienveillant.

Malgré tout ce qui l'avantage, le Coq gagnerait à travailler sur certains aspects de sa personnalité. Ainsi, sa franchise et ses excès de zèle peuvent lui nuire, à tel point qu'il regrette parfois ses paroles ou ses gestes irréfléchis. De plus, vu ses exigences très élevées, il lui arrive de se montrer tatillon et même pédant. Cela peut se traduire par une attention démesurée à des questions secondaires, alors qu'un emploi plus judicieux de son temps serait souhaitable. Tous les natifs du Coq auraient intérêt à maîtriser ce mauvais penchant. Enfin, malgré ses talents de planificateur, le Coq manque parfois de réalisme quant à ses attentes. Au moment de l'élaboration de ses projets (et plus généralement dans le cadre de toute activité), il ferait bien de demander conseil au lieu de garder ses idées pour lui. La contribution des autres constituera un apport salutaire à ses initiatives.

En somme, le Coq est pourvu de remarquables talents, son dynamisme et son dévouement sont exemplaires ; afin de tirer profit de ses qualités, il s'efforcera de concentrer ses efforts sur l'essentiel et de mettre un frein à sa nature quelque peu impulsive. Avec un peu d'application, il ira loin dans la vie et, grâce à ses centres d'intérêt multiples et à son caractère sociable, il gagnera l'amitié et le respect de ses pairs.

# Conseils au Coq pour 2012

## Perspectives générales

Cette année est positive et progressiste, et le Coq devrait agir résolument et en profiter au maximum. Grâce à ses habiletés, à son style et à ses qualités personnelles, il a beaucoup de choses en sa faveur. Il doit cependant faire l'effort essentiel pour mener ses projets à bien.

## Perspectives de carrière

D'excellentes occasions s'annoncent. S'il est déjà bien établi au travail, le Coq peut faire progresser sa carrière à un autre niveau. S'il est insatisfait ou à la recherche de travail, il peut obtenir un important nouveau poste avec possibilités d'avancement. C'est une année pour rester à l'affût, passer à l'action et progresser.

## Finances

Les revenus peuvent augmenter et certains Coqs vont également bénéficier d'argent providentiel cette année. Les frais de subsistance et d'autres projets pourraient peser lourd, toutefois, et le Coq doit gérer adéquatement son avoir, y compris en faisant un budget pour des dépenses importantes.

## Relations avec les autres

Une année occupée et agréable avec une vie familiale et sociale bien remplie. C'est le moment de favoriser les projets communs et le Coq devrait régulièrement consulter son entourage et l'impliquer dans ses diverses activités. Ses amis et ses contacts au travail peuvent lui être utiles, alors que pour ceux qui sont sans attaches, une liaison amoureuse est peut-être dans les cartes. L'année du Dragon peut être agréable et souvent exceptionnelle.

# Le Chien

Loyal, digne de confiance et fin psychologue, le Chien gagne à juste titre le respect et l'admiration d'autrui. Éminemment sensé, il ne tolère aucune forme d'hypocrisie ou de mensonge. D'ailleurs, on sait toujours où l'on en est avec lui, car il expose ses positions avec franchise et clarté. Également pourvu d'une nature compatissante, le Chien se révèle fréquemment un ardent défenseur des causes humanitaires.

Voilà donc un être qui compte de formidables qualités ; pourtant, certains traits de son caractère l'empêchent de jouir pleinement de la vie et d'aller aussi loin qu'il le pourrait. C'est que le Chien est l'inquiétude personnifiée, tout pour lui est matière à anxiété. S'il pouvait seulement corriger ce mauvais penchant ! En tout état de cause, lorsqu'il se sent tendu ou soucieux, il aurait avantage à se confier. Il ne lui sert à rien de ruminer seul ses tracas, d'autant qu'ils ne sont pas toujours fondés ! Le Chien a également tendance à voir le mauvais côté des choses, alors qu'un peu d'optimisme serait salutaire à ses initiatives. Après tout, ses habiletés sont telles qu'il aurait toutes les raisons d'être confiant. Enfin, son entêtement occasionnel, qui joue parfois à son détriment, mériterait surveillance.

S'il peut tempérer son pessimisme et son anxiété, le Chien profitera réellement de la vie et s'accomplira davantage. Sa fiabilité, sa nature sincère et loyale font de lui une personne remarquable que tous apprécient. Il fera du bien autour de lui et nouera de belles amitiés. Il n'en tient qu'à lui de croquer dans la vie à belles dents. Qu'il médite de temps en temps les paroles de Winston Churchill, un autre Chien : « Lorsque je repense à toutes mes inquiétudes passées, je me rappelle l'histoire du vieil homme qui, sur son lit de mort, remarqua que dans sa vie il avait eu beaucoup de problèmes, la plupart desquels n'avaient jamais existé. »

# Conseils au Chien pour 2012

## Perspectives générales

L'année du Dragon ne rendra pas la situation du Chien toujours facile. Cependant, il ne doit pas toujours craindre le pire. Malgré les pressions et la volatilité de l'année, des possibilités intéressantes peuvent émerger. « Après la pluie, le beau temps », affirme le dicton, et cela s'applique également à l'année du Dragon.

## Perspectives de carrière

Les événements peuvent survenir rapidement et le Chien devra garder la tête froide. Il réussira s'il se tient au courant et s'adapte aux situations. Ce qu'il réussit à accomplir cette année peut souvent augmenter considérablement ses compétences et pourrait même le mettre sur une nouvelle piste professionnelle.

## Finances

Le Chien doit être consciencieux en réglant sa paperasse et en gardant un contrôle rigoureux sur ses dépenses. Des manquements ou des achats hâtifs pourraient s'avérer regrettables ou tourner à son désavantage. S'il a des inquiétudes, il doit demander des conseils.

## Relations avec les autres

Le Chien a parfois tendance à garder ses pensées pour lui, mais il doit être prêt à consulter les autres et à agir de concert en cette année occupée et exigeante. C'est par un effort commun qu'on arrivera aux meilleurs résultats. L'année est propice aux voyages, et les vacances et autres voyages avec les proches peuvent apporter beaucoup de bonheur. Les nouvelles liaisons ont toutefois besoin d'une attention particulière.

# Le Cochon

D'un naturel cordial, sincère et confiant, le Cochon s'entend bien avec tous. La discorde hérisse cet être gentil et bienveillant. Doué d'un bon sens de l'humour, il aime fréquenter ses semblables et, surtout, profiter des bonnes choses de la vie !

Sa perspicacité fait de lui un être habile en affaires, et il n'est pas de ceux qui se laissent facilement abattre. Bien que ses projets ne trouvent pas invariablement l'aboutissement souhaité, le Cochon peut faire preuve d'une ténacité remarquable ; il n'est pas rare qu'il triomphe des obstacles qui se dressent sur son chemin. Aussi, au cours de sa vie, généralement fort active et variée, accomplit-il souvent de grandes choses. Cependant, en corrigeant ou en tempérant certains traits de son caractère, non seulement se simplifiera-t-il l'existence, mais il pourra même récolter de retentissants succès.

Ainsi, le Cochon accepte parfois de trop nombreux engagements. Il lui faut vaquer à ses occupations avec méthode et, malgré sa crainte de décevoir, se résoudre à procéder par ordre de priorité, le cas échéant. De surcroît, en usant d'un peu plus de discernement, il éviterait que d'autres n'abusent de sa nature généreuse. Ses excès de naïveté occasionnels lui ont d'ailleurs déjà joué de mauvais tours ; heureusement, le Cochon sait promptement tirer des leçons de ses erreurs. Sa tendance à l'entêtement mériterait également d'être surveillée ; lorsque les événements prennent une tournure qui lui déplaît, le Cochon peut se montrer inflexible, ce qui dessert quelquefois ses intérêts. Enfin, quoiqu'il soit légitime de vouloir profiter de l'argent durement gagné, ce bon vivant tirerait avantage à ne pas se permettre trop d'extravagances.

Toutefois, l'emportant de loin sur ces quelques défauts, l'intégrité du Cochon, son caractère avenant et sa vive intelligence font toujours bonne impression. S'il tire réellement parti de ses talents, sa vie sera sous le signe de la réussite, sans compter que son grand cœur lui attirera l'affection de son entourage.

# Conseils au Cochon pour 2012

## Perspectives générales

L'année sera bien occupée et le Cochon pourrait s'inquiéter de la rapidité des développements, mais les occasions vont abonder. Le Cochon doit rester à l'affût et informé et être prêt à s'adapter au besoin. S'il y met l'effort, il peut accomplir beaucoup de choses.

## Perspectives de carrière

Le changement va affecter beaucoup de Cochons. Malgré les moments d'inconfort et les situations exigeantes, toutefois, il y aura aussi de bonnes occasions d'aller de l'avant. Avec de la volonté et de la persévérance, il peut profiter grandement de l'année.

## Finances

Les revenus pourraient augmenter et bon nombre de Cochons vont jouir d'un bon coup financier, mais l'année du Dragon ne sera pas dépourvue de tentations et le Cochon devrait se méfier des achats impulsifs en trop grande quantité, particulièrement au regard de projets qu'il veut mettre en branle. Une année sous le règne de la discipline et d'un budget équilibré.

## Relations avec les autres

En demeurant actif et en saisissant toute occasion de rencontrer des gens et de mieux se faire connaître, le Cochon peut améliorer sa situation et ses perspectives tout en s'amusant. Au travail, il jouira d'un bon soutien et de nouveaux contacts vont lui être utiles. Dans ses loisirs, ses intérêts personnels peuvent mener à des occasions sociales. Sa vie familiale sera bien remplie avec des moments d'excitation. L'année sera occupée et le Cochon sera souvent en très bonne forme.

# Table des matières

Suivez les Éditions de l'Homme sur le Web

Consultez notre site Internet et inscrivez-vous à l'infolettre pour rester informé en tout temps de nos publications et de nos concours en ligne. Et croisez aussi vos auteurs préférés et l'équipe des Éditions de l'Homme sur nos blogues !

EDITIONS-HOMME.COM

Achevé d'imprimer au Canada
sur papier Enviro 100 % recyclé
sur les presses de Imprimerie Lebonfon Inc.